苏格兰启蒙运动中的
商业社会观念

苏格兰启蒙运动中的
商业社会观念

［英］克里斯托弗·贝里　著

THE IDEA OF COMMERCIAL SOCIETY IN
THE SCOTTISH ENLIGHTENMENT

CHRISTOPHER J. BERRY

张正萍　译

ZHEJIANG UNIVERSITY PRESS
浙江大学出版社

总　序

　　欧洲人的精神世界在脱离了希腊化的时代之后，进入了中世纪长达千余年的沉睡，直到被启蒙运动彻底唤醒。

　　启蒙本质上是人类在思想认识领域中进行的一场自我革命，按照康德的著名定义：启蒙就是人类脱离自己所加之于自己的不成熟状态。而不成熟状态就是不经别人引导，就对运用自己的理智无能为力。启蒙之所以必要，是因为人类在大多数情况下都会陷入若不经别人的引导就缺乏勇气与决心去运用自己理智的蒙昧状态。没有启蒙就不可能有自我清明的人生状态，也就不可能有真正的个人的幸福；没有过启蒙的公民，也就不可能有合乎人类根本目的的社会生活；没有启蒙思想推动的科学发现，就无法应用、评估和改进我们的各项制度和技术，并使之造福人类社会。一言以蔽之，18 世纪前后发生的启蒙运动改变了人类社会的基本面目，造就了今天的世界。

　　启蒙运动最伟大的意义在于它强有力地推动了人类的自我认识，确立了人的中心地位以及人类应有的自信与尊严。与此前曾发生过的各种人类解放运动不同，18 世纪的启蒙运动以其特有的方式牢固地确立了世界——自然的世界、人的世界、精神的世界的可认识性的观念，指出了人类摆脱自我蒙昧状态的方法和方向。启蒙时代的人们，无论是理性主义倾向的思想家或情感主义倾向的思想家，无论他们之间的分歧和差异如何深刻，如何看上去多么不可调和，都截然不同于以往。他们具有对人类自我认识能力及其限度的高度自觉和自信，甚至怀疑主义和不可知论也可看作是总体上和谐的启蒙大合唱的一个必要的声部。我以为，这也正是启蒙留给后人最宝贵的财富。人类近两个世纪的进步都是这个财富不断呈现的产物。因此，无论从何种意义上说，今天的人类皆可说是18世纪启蒙运动的孩子。

启蒙运动降下它巨大的帷幕至今已有近两个世纪的时间，人们对待它的态度似乎处在截然不同的两极。在当今世界的某些地方，或者是，启蒙思想作为一种似乎完成和实现了的观念不再能够引起大家热切的关注。学术界对它的研究止于思想史的需要，它与现实之间的关系仿佛已不再存在。或者甚至，反启蒙成为一种新的学术时尚。而在另外一些场合，随处可见的现象依然是，人类的精神处于基本蒙昧状态，迷信、偏见、原始观念团团包围着人们的心灵；思想解放、社会变革的必要性迫在眉睫，可希望依然渺茫。

新文化运动以来，中国又过了近一个世纪，以鲁迅先生为代表的一代知识分子对中国人的国民性所进行的反思与批评迄今也有快一个世纪了。在这伴随着急剧社会变革的百年之中，中国人的精神世界是否发生了根本性的转型，答案未必是完全肯定的。就康德意义上的启蒙而言，今天中国人的深层精神结构，与欧洲中世纪的情形相去不远。整个中国的社会变革基本上仍然是外生变量的结果，中国人的心灵、精神和心理世界还停留在前启蒙阶段。启蒙对于中国人而言还是一项未完成的自我革命。令人担忧的是，国人并未对此有充分的自觉。毋宁说，由于中国经济在最近几十年里的巨大成功，助长了中国人的一种未反思和批判的、盲目的文化优越感。这种优越感遮蔽了启蒙这一重要任务之于中国的迫切性。拿破仑当年曾说过，中国是一头睡狮，一旦醒来将震惊世界，此话也许说对了一半。它的另一半应该是：能够唤醒中国这头睡狮的除了启蒙，没有其他！

推动中国人的启蒙，乃是新时期知识分子作为群体得以安身立命的事业，也应该是他们展示历史责任感的伟大事业。做好这件事情的前提，无疑地，在于知识分子应完成自身的启蒙。

伟大的启蒙运动涉及人类生活的几乎全部领域，涉及的国家也众多。在长达一个世纪的时间里，思想和学术的论争此起彼伏，理论创新层出不穷。那个如火如荼的年代发生的一切对于中国这样正接着新的启蒙时代的国家，对于我们这些需要启蒙的人而言都是弥足珍贵的历史记忆。唤醒这个记忆，使其成为一面镜子，用来照鉴我们的事业，这是有必要的。

　　有鉴于此，我们志同道合的一帮学界朋友策划了几套关于启蒙的书籍，包括三个系列，即："启蒙运动典译丛"、"启蒙运动研究译丛"和"启蒙运动论丛"。"启蒙运动典译丛"旨在译介 18 世纪前后启蒙运动重要思想家的经典作品，其重点一是长期以来被中国学术界忽视的重要思想家的作品，不少是首次以中文本形式问世，二是因研究深入而重新翻译的新中文版。这套译丛自启动以来已有多种作品问世，在学界也引起了一定的积极反响。"启蒙运动研究译丛"则主要译介当代西方学术界研究启蒙运动的重要著作，正分批出版。"启蒙运动论丛"重点展示中国学者研究启蒙运动的学术成果，目前正在组织之中。

　　但愿，这三套丛书不仅能为国内知识界和思想界提供有关启蒙运动的新知识、新材料和新视角，还能推动中国学界的启蒙运动研究。同时，也许更重要的，能为中国自身的启蒙实践，为知识分子参与推动中国启蒙的行动提供重要的借鉴和启发。

罗卫东

2010 年秋

中译本序言

　　我非常高兴为这一中译本作序,特别感谢张正萍博士承担了这一任务,感谢浙江大学出版社和启真馆王志毅先生的支持。近年来,中国学者对苏格兰启蒙运动兴味渐浓,希望本书有助于这一思想研究渐入佳境。

　　本书是对我以前著作《苏格兰启蒙运动的社会理论》(爱丁堡大学出版社 1997 年版 / 浙江大学出版社 2010 年版)的补充。那本书中有一章是讲商业社会的,本书的目的便是提供全面而详尽的论述。我不是说"商业社会"的观念是苏格兰启蒙思想家唯一感兴趣的主题,但我的确认为这是他们思想中最为重要的一个方面。它是这些思想家众多研究(历史的、社会的、经济的、法律的、伦理的)的焦点,是各种辩论的核心。

　　在苏格兰思想家的社会语境中,他们支持经济上的"改善"和现代性,尤其是非人格化的法治之下的自由。他们在其思想中强调:人是社会的存在,作为一个历史事实,他们生活在各种不同的背景设置之中。这让他们意识到自己的社会就是一种变体,希望弄清楚是什么让这个社会与众不同(并树立起它相较以前社会的优越性)。苏格兰启蒙思想家对社会科学史的贡献有两个层面。一层在于将社会从总体上理解为一套随时间流逝而不断变化的制度和行为。另一层,更具体地说,在于他们认为商业社会代表了某种新事物。当然,他们并没有预言资本主义,但他们的确领悟到,一个人人都是商人的社会,标志着社会以及社会中的个人在运行方式上的质的区别。

克里斯托弗·贝里

2017 年 1 月

序

　　亚当·斯密在《国富论》的前几页中写道:"由此,人人依靠交换生活,换言之,在某种程度上,人人都是商人,确切地说,这个社会本身就变成了一个商业社会。"本书正是对这一评论的阐释。在这里,我认为"一个'社会'能够作为'商业的'典型"这个论断很有意义。它包括双重的概念化。这就是说,它既明确表明"社会"(而不是政体类型)这个概念作为合适的分析"单位",也表明"商业"作为一个独特组织方式的外包装。采用这个说法是为了支持这个特定的"商业社会观念"。

　　我要说明,这个"观念"在一般归到"苏格兰启蒙运动"群体的思想家中有着特殊反响。无论威廉·罗伯特·斯科特1900年出版的关于哈奇森的著作是否首次使用"苏格兰启蒙运动"一词,现在这个术语都已被接受了。虽然人们普遍同意其内容和概要,但确实还存在一些解释上的分歧和细微的差别。本书强调的是一个特殊的层面,并为其特殊意义提供充分的理由。本书不想把某种一致的视角强加于苏格兰人身上,但他们竞相辩论这个概念的意义和内涵确实是那些著作的显著要素之一。

　　在写作中,我用了一些"粗略的、现成的"参数。我的时间框架是从休谟《人性论》的出版(1739—1740)到斯密第六版《道德情感论》的出版(1790),但对于提到譬如此前哈奇森的著作和这段时间之后弗格森的作品,我并不感到疑虑不安。在这半个世纪之内,本文主题需要我有所选择——并不是所有的作品都有相关性。这意味着,休谟之后,斯密、米勒、弗格森、凯姆斯、罗伯逊是主要的人物,偶然也会提到邓巴和华莱士。我还特别适当地讨论了特恩布尔、布莱尔和达尔林普尔等少数几人。我也采用了另外两人的作品。吉尔伯特·斯图尔特虽然没有任

1

何公共机构的位置，而且大多数时间住在伦敦，但他是一位狂热又非常学术的辩论者，其态度与他未能得到一个大学位置不无关联。不过由于他详细记载了有关异议的文献，作为同胞，他的著作讨论了大量相同的问题。把他拉进苏格兰启蒙运动的圈子不会引起多少争议，如同我在拙作《苏格兰启蒙运动的社会理论》（爱丁堡大学出版社，1997）所做的那样。詹姆斯·斯图亚特也是一位"圈外人"；他是一位詹姆斯党人的同情者，大部分时光都在欧陆度过。然而，虽然其主要著作（尽管有着重要的差异）受他所接受的休谟的影响，的确也适当地讨论到了某些共同主题，苏格兰作者们恐怕会认为我对这些主题笔墨吝啬。

本书的主题，我思考了多年，也在很多出版物中反复提到。虽然我说这是部较早的作品（偶尔也会用到它），但我尽量不重复自己，而是重新考察商业社会这个观念；它当然比任何早期的讨论要更系统、更全面。我还欠了很多人情债。四十多年来，我很享受与罗杰·爱默生、尼克·菲利普森和已故的安德鲁·斯金纳的友情。在格拉斯哥，我也从与亚历山大·布罗迪和科林·基德的交往中获益匪浅，我还要感谢克雷格·史密斯，他阅读了本书的初稿，对于这项无私之举，我尤为感激。我也欣然接受卡内基信托基金的物质支持，它资助了我的日本之行，在日本我还获得日本科学基金的支持（多谢田中英朗）。感谢在重要草创期的这一支持，让我得以在不同大学"试讲"这本书中的某些观点（对促成本书的所有人，我都感激不尽）。

我在格拉斯哥大学度过了我全部的学术生涯，我将永远感激大卫·拉斐尔对我的委任。这本书虽然离斯密有点远，但我确信这么说是合适的，即正是在格拉斯哥大学，斯密成为了后来名垂史册的人物。斯密在其大学校长就职仪式上宣称那是他一生中"最幸福、最荣耀的"时光，激励他的这份情感，希望也成为我说这些话的情感。在此精神的感召下，我愿将此书献给格拉斯哥大学。

克里斯·贝里

缩　写

全部文献详情参见参考书目。

达尔林普尔

FP 《论不列颠封建财产权通史》

邓巴

EHM 《论野蛮和开化时代的人类史》，第二版，1781

弗格森

APMP 《灵魂学和道德哲学分析》

CorrF 《通信集》，V. 莫罗莱编辑，2 卷

ECS 《文明社会史论》，D. 福布斯编辑

IMP 《道德哲学原理》，第三版，Theommes 再版

MSS 《亚当·弗格森手稿》，V. 莫罗莱编辑

PMPS 《道德和政治科学原理》，2 卷，Olms 再版

Reflections 《关于民兵制形成之前的思考》

Remarks 《评普莱斯博士新近发表的小册子》

Rom 《罗马共和国发展和终结的历史》，5 卷，新版，1813

休谟

A 《人性论摘要》

DP 《论激情》，T. 比彻姆编辑

E 《论道德、政治、文学》，E.米勒编辑，这个版本的论文每篇都是确定的

E—AS 《论艺术和科学的兴起和发展》

E—BG 《英国政府是倾向于绝对君主制还是共和制》

E—BP 《论势均力敌》

E—BT 《论贸易均衡》

E—C 《论公民自由》

E—Com 《论商业》

E—CP 《论政党联盟》

E—FPG 《论政府的首要原则》

E—Int 《论利益》

E—IP 《论议会的独立性》

E—IPC 《完美共和国的观念》

E—JT 《论贸易的猜忌》

E—LP 《论新闻自由》

E—Mon 《论货币》

E—NC 《论民族性》

E—OC 《论原始契约》

E—OG 《政府的起源》

E—PAN 《论古代国家之人烟稠密》

E—PC 《论社会信用》

E—PD 《论一夫多妻制和离婚》

E—PG 《概论党派》

E—PGB 《论不列颠的政党》

E—PSc 《论政治可以析解为一门科学》

E—RA 《论技艺的进步》

E—ST 《论趣味的标准》

E—Tax 《论赋税》

E—v 《〈论道德、政治、文学〉末尾的变化表》

HE 《英国史》3卷

Letters 《大卫·休谟通信集》，2卷，J.克雷格编辑

M 《道德原理研究》，T. 比彻姆编辑

NHR 《宗教的自然史》，T. 比彻姆编辑

SBNA 附在《人性论》(*SBNT*) 后的《人性论摘要》

SBNM 《道德原理研究》，L. 塞尔比-比格和 P. 尼德希编辑

SBNT 《人性论》，修订版，L. 塞尔比-比格和 P. 尼德希编辑

SBNU 《人类理解研究》L. 塞尔比-比格和 P. 尼德希编辑

T 《人性论》，D. 和 M. 诺顿编辑

U 《人类理解研究》，T. 比彻姆编辑

哈奇森

PW 《哲学著作集》，R. 汤尼编辑

SIMP 《道德哲学的简要导论》，Liberty Press 版本

SMP 《道德哲学体系》，2 卷，Continuum 再版

凯姆斯

EBA 《论古代不列颠的几个主题》

EC 《批评原理》，第 9 版，2 卷

ELS 《对苏格兰普通法和成文法的阐释》

HLT 《历史法律论丛》，第 2 版

PE 《衡平法原理》

PMNR 《论道德和自然宗教的原理》，第 3 版，Liberty Press 版本

SHM 《人类史纲要》，第 3 版，2 卷

米勒

HV 《英国政府历史观》，4 卷，Liberty Press 版

Obs 《关于社会阶层差别的评论》

OR 《地位差别的起源》，第 3 版，W. 莱曼编辑

罗伯逊

HAm 《美洲史》，D. 斯图尔特编辑

HSc 《苏格兰史》，D. 斯图尔特编辑

India 《关于古代印度的历史专论》，D. 斯图尔特编辑

VP 《欧洲社会进程观》，D. 斯图尔特编辑

斯密

CL 《关于语言的最初形式的思考》，出自《修辞学和文学讲义》

Corr 《亚当·斯密通信集》，E.C. 莫斯纳和 I.S. 罗斯编辑，Liberty Press 版

ED 《〈国富论〉的部分早期手稿》，出自《法学讲义》A/B

EPS 《哲学论文集》，W. 怀特曼、J. 拜尔斯和 I. 罗斯编辑，Liberty Press 版

FA 《关于劳动分工的最初片断》，出自《法学讲义》A/B

HA 《引领和指导哲学研究的原理，以天文学史为例》，出自《哲学论文集》

Letter 《致〈爱丁堡评论〉的一封信》，出自《哲学论文集》

Life 《亚当·斯密博士的生平和著作》，杜格尔特·斯图尔特编辑，出自《哲学论文集》

LJA 《法学讲义 1762–3》，R. 米克，D. 拉斐尔和 P. 斯坦因编辑，Liberty Press 版

LJB 《法学讲义 1764》，R. 米克，D. 拉斐尔和 P. 斯坦因编辑，Liberty Press 版

LRBL 《修辞学和文学讲义》，J. 拜尔斯编辑，Liberty Press 版

TMS 《道德情感论》，A. 迈克菲和 D. 拉斐尔编辑，Liberty Press 版

WN 《国民财富的性质和原因研究》，R. 坎贝尔和 A. 斯金纳编辑，Liberty Press 版

斯图亚特

PPE 《政治经济学原理研究》，2 卷，A. 斯金纳编辑

斯图尔特

HD 《关于古代英国宪法的历史论述》

OPL 《关于公法和苏格兰宪政史的评论》

VSE 《论欧洲社会从蒙昧到优雅的进程》。第 2 版，Thoemmes 再版

特恩布尔
PMP 《道德哲学原理》，A. 布罗迪编辑，Liberty Press 版
MCL 《论道德法则和民法》（附在海内克丘斯编辑的《万民法体系》之后）

华莱士
CGB 《大不列颠目前政治状态的特征》，Kelley 再版
DNM 《论古代和现代人口数量》，第 2 版扩充版，Kelley 再版
Prospects 《对人类的展望》

目 录

1

苏格兰、改良与启蒙运动

苏格兰启蒙运动意味着一套制度和一组观念。正因如此，它们呈现出一个复杂整体的两个不同面向。优先解释其中一组而非另一组的做法是糟糕的形而上学——"奢侈"带来腐败的观点，和市场中出售的钻石扣数量一样"真实"。考虑到本书标题中包含的"观念"一词，所以后一组将是主要关注点。不过，鉴于对复杂性的了解（尽管是实践层面上的了解），开头这一章中第一部分描述大概的制度背景。就这个背景来说，有一点需要时时记在脑海中，即历史学家回顾性地确认的那些"客观性"事实，与主观呈现在生活于那个时代的人们面前的事物，并没有必然的对应关系。兑现乱七八糟的自欺想法并不现实，所以在这个概述中，我用"改良"作为选取素材的依据。这就是苏格兰人对社会自我意识的具体的、文本性的面向。而且，由于贴切地反映了复杂的总体性，"改良"以实例说明了苏格兰启蒙运动的制度维度和观念维度之间的联系；的确，如果不那么重要的话，启蒙运动中的"改良"更普遍些。第二部分勾勒的便是这个更宽广的画面以及随后几章将要谈到的一些主题的轮廓。

J. S. 穆勒在其《自传》（1873）的第一页提到自己身处的时代时说，这是一个转型的时代；尽管穆勒说这话有点陈词滥调，但的确，18世纪的苏格兰真真切切地发生了转型。殚精竭虑的"改良"意图

2　统摄着苏格兰的转型。这不是说这一意图没有先例。给个恰当的例证的话，乔治·辛克莱尔这位格拉斯哥大学第一位数学"教授"1666年离开大学时，在其他一些方案中将他的流体静力学知识运用到1670年引水供给爱丁堡的工程中（Wood 2003: 96）。显然，我会精挑细选地考察"改良意图"在获得俱乐部主持者、协会和印刷媒介支持的正式的法律、宗教和教育机构中及其非正式的网状关联中是如何被发现的。当然，这些机构存在于政治和经济结构之内。我将从这一结构的陈述性考察入手。

政治背景和经济状态

如果不带偏见地讨论一个事件是如何成为决定性事件的话，我将从1707年英格兰和苏格兰议会联合开始这一考察。[1] 这一事件的前因后果在当时的争议引起了大量小册子作家打笔仗，并一直持续，正如纪念三百周年的大量出版物一样（Whatley［2006］是最具洞察力的一位）。不太受争议的是，苏格兰相对贫穷[2]，联合背后的动机之一是苏格兰人需要能够不受限制地进入英国市场。贸易问题一直被认为"不过是竞争的宣传"，以让一个政治或宗教议题合理化（Riley 1978: 245; cf. Kidd 1993: 50）。实际上，联合条约中的大量条款某种意义上指向的都是经济问题。这包括货币和度量衡的标准化（XVI，XVII），统一征收货物税，随时间变化给予某些补贴（VI—XV），特别重要的是，给予"联合王国的所有臣民［……］在上述联合王国及其所及的统辖地、殖民地之内的任何港口、任何地方来往贸易和航海的充分自由和交流"（IV）。最后一个条款即将带来那个世纪末的戏剧性结果——格拉斯哥烟草贸易的发展。

联合之初的那些年，日子过得艰难（部分原因是帮助斯图亚特王朝继承人［老的王位觊觎者］在1714年汉诺威的乔治就职之后登上王位）。大约到18世纪中期，联合才真正带来经济收益，产生了急剧的变化（cf. Devine 1985）。格拉斯哥的发展最为显著，不过这个发展并不是个别现象。爱丁堡的人口从52,250增长到了

82, 500，敦迪的人口增长了一倍，阿伯丁的人口增长了 80%（Lenman 1981: 3）。格拉斯哥的人口从 1708 年的 12, 700（大概数字）（p3）增长到斯密读书时代 1740 年代的 17, 000；另外，根据亚当·安德森（Adam Anderson）的计算，这个"美丽的、不断发展的城市"在接下来的二十年，人口达到 27, 000（1764: II, 423）；根据《数据统计》（*Statistical Account*）记载，到 18 世纪末，格拉斯哥的人口超过了54,000，很快超过爱丁堡。这个城市在城市化之初就吸引了大量来自西部高地的乡村人口，虽然即便到 1800 年，多数成年苏格兰人还生活在少于 2, 500 人的聚落（Foyster and Whatley 2010: 3）。社会—经济的急剧变化，加剧了不同生存模式（罗伯逊在《美洲史》中提出的这个术语）表面上的尖锐对立，导致一些评论者推测"四阶段理论"（商业是第四个阶段，参见第 2 章）就是在这些显而易见的变化的刺激下应运而生的。

如果不考虑这个推测正确与否的话，下面这个评论是合理的，即苏格兰"文人"——他们作为同时代人都是相互认识的（Carlyle 1910: 312）——以及他们掌控的一些机构，几乎不可能不受"经济"的影响。除农业外，纺织业的生产尤其是亚麻生产是苏格兰的主要产业，并从 1730 年初期开始急剧扩张（Durie 1979）。同样的增长也发生在烟草贸易中，苏格兰在不列颠烟草贸易的份额从 1738 年的10% 增长到 1769 年的 52%（Smout 1969: 244）。格拉斯哥是个重镇，它的贸易从 1730 年代到 1770 年代增长十倍，意味着它超过了布里斯托，成为主要港口（Devine 1990: 73）。斯密认识很多格拉斯哥的"烟草老爷"，他在《国富论》中的一个段落中论及大商人变成乡村绅士的趋势（*WN* III.iv.3/411），这一评论确实反映了很多烟草商人的行为，比如约翰·格拉斯福德（和其他很多人一样，他用自己的名字给格拉斯哥的街道命名，这些名称一直沿用至今）。

"重"工业的发展，比如采矿、化工、熔铸，还没有起飞，直到18 世纪的最后四分之一才开始，而斯密所说的"工业"模式是小规模的，这一点常常被提到（Kennedy 2005: 132）。城镇化和纺织业生产真正需要的是市场的发展，就像斯密重点建议的那样。市场需要支持性的基础建设，包括物质和财政两方面。交通靠船和马车（斯密 1740 年拿到格拉斯哥的奖学金是骑马到牛津的）。在爱丁堡和伦敦之间有一趟相当高效的四轮马车，爱丁堡和格拉斯哥之间也有一趟，但更远一点的野外，乡村之间的交通就比较艰苦了，即使到 1788 年也仅仅只有 18 家付费公路的委托机构，而伯斯北部一家都没有（Durie 2010: 261）。大多数人的唯一交通方式是坐船，或许最显著的"改良"计划是由于爱丁堡和格拉斯哥的刺激而修建连接福斯河东部河湾和克莱德河西部的运河。这条运河于 1768 年开始修建，1790 年竣工，并获得了相当大的工程成就。据 1791 年《数据统计》载，"格拉斯哥教区"条目的作者宣称，凯尔文河上的多孔桥（现在还在发挥作用）"可能是世界上这类工程中最了不起的成就之一"（Sinclair 1973: VII, 354）。

和所有类似大规模的方案一样，福斯－克莱德运河也受财政问题的困扰。最重要的一个问题是 1772 年艾尔银行的破产。这家银行是 18 世纪成立的众多银行之一。苏格兰银行在议会联合之前就已经成立了，但皇家银行建立于 1727 年，其支持者是安德鲁·密尔顿和艾莱伯爵（Earl of Ilay）（即后来的第三代阿盖尔公爵）。这两家银行的关系并不稳定，也没有因 1746 年不列颠亚麻公司的成立而获得帮助。密尔顿在这家公司也插有一手（Durie 1979: 115）。成立这家公司是为了鼓励与货币经济同名的亚麻业，它作为银行的运转最终被其他两家银行认可。这几家银行都以爱丁堡为据点，格拉斯哥的商业发展刺激了那里的银行的产生，并激起了"银行战争"的爆发。正是在这种"私立"银行发展（对老旧机构不具备有限债务的状态）的背景之下，艾尔银行于 1769 年成立。它迅速扩张，在 1772 年占据了苏格兰钞票流通的三分之二（Cameron 1995: 63），这种急剧扩张导致其没能力抹平它的种种债务，旋即破产。更一般地说，这段插曲就是个活生生的例子，因为它以实例说明了传闻中危险的商业和信用的不稳定性——这一点和土地财产假想的稳定性恰好相反。我们会在第 6 章展开这一讨论。

现在，如果我们回到 1707 年，联合条约带来的最显而易见、最戏剧性的结果是大不列颠联合王国（就像现在的称呼一样）将有"一个统一的议会代表"（III）。条约（XXII）给予苏格兰人几乎很少直接的政治权力（上院只有 16 席，下院的补充席位约占 8%）。不过，条约的确允许苏格兰人保留他们自己的法律体系。后者完全不同于英格兰的普通法，一直以来与欧洲／罗马法体系关系更近；实际上，直到 18 世纪，在大学的法律教席成立之前，苏格兰的律师都是在国外接受教育的，特别是在杰出的荷兰莱顿大学和乌特勒支大学。与法律体系的保留必然相伴的是两个高等法院的延续：最高民事法庭（民事和诉讼法庭）和最高刑事法庭（刑事法庭），在条约（XIX）中被明确指出享有"和联合以前一样的权威和特权"。

这一解决方案的结果是提升了律师们的身份和地位，高级律师成为苏格兰行政管理中的重要人物。由于这个原因，"苏格兰政府中的行政真空"得以填补，由此"政治和法律几乎无法分开了"（Murdoch 1980: 55）。尽管如此，伦敦也有一个苏格兰秘书处，有一个不太正式的苏格兰"大臣""管理"着苏格兰的议会代表，保证他们支持这一行政管理。艾莱就是这些大臣中最引人瞩目、最有影响的一位。而且，正如我们将要提到的那样，他是一位引人注目的改良鼓吹者（和实践者）。苏格兰的实际统治掌握在副大臣手中。这个角色在 18 世纪上半叶由安德鲁·密尔顿扮演。1734 到 1748 年间，他是法官—书记大人（高级法院法官大人）和印章管理人（这是个闲差，却有效掌控民事管理），一直到 1766 年（Murdoch 1980: 12；还可参见 Shaw 1983: Chap.7）。他和艾莱／阿盖尔（后者死于 1761 年）是苏格兰最有权势的人，虽然这并不是说他们没有反对者或总是为所欲为。在这个世纪的最后四分之一的时间里，密尔顿的角色由亨利·邓达斯（Henry Dundas）（法官大人和印章管理人）扮演（参见 Dwyer and Murdoch 1983）。地方代表或代理人的角色也握在主要的苏格兰权贵手中，他们拔营到伦敦后，需要具体的个人——通常来说又是律师——来看护他们的利益。

站在更宽广的层面来看，主导 18 世纪上半叶政治格局的历史背景是汉诺威王朝继承了英格兰和苏格兰的王位。联合条约重新确认了

1689 年的和解法案（随着斯图亚特国王詹姆斯二世 / 七世的废黜 / 退位之后，关于威廉和玛丽就职的和解法案），即任何天主教徒都不能成为君主。而且，这个条约还预料到如果安妮（当时的君主）死后没有子嗣，王位应该传到汉诺威的索菲亚和她的"新教徒"继承人（Ⅱ）。乔治一世登上王位，让斯图亚特阵营的支持者们为支持他们的索位者查理而摩拳擦掌。这在苏格兰有一场特别的交易，因为斯图亚特王朝自 1603 年詹姆斯六世继承英国王位之后一直都是苏格兰人。

对新王朝的反对有两场正规的暴动和威胁性进攻，与此同时，还有两场意义重大的反叛：一场发生在 1715 年，由老的王位觊觎者领导，另一场发生在 1745 年，联合了新王位觊觎者漂亮王子查理。前一场获得了广泛的支持，能够利用伴随联合带来的显见的无利可图以及更有效的货物税体系的冲击而激起广泛的不满。但是，把反对联合的人和詹姆斯党人这两者视为关联性群体则是错误的（Whatley 2006: 343）。苏格兰启蒙运动的成员生活于汉诺威王朝，但他们主要属于下一代（举个例子，休谟生于 1711 年，斯密和弗格森生于 1723 年；只有凯姆斯［亨利·霍姆］生于 1696 年，华莱士生于后一年，属于这个年代的初期）。1715 年的叛乱者的确积攒了一些学院里的支持，尤其是在非低地地区的阿伯丁大学（国王学院和马歇尔学院），在这里，由于对反叛的重大支持而不得不采取肃清措施。

1745 年的反叛起初看来是摆了个吓唬英国政府的大样子。詹姆斯党人的军队几乎没遇到反抗就长驱直入英格兰，驻扎在离伦敦约一百英里处。斯密在其讲义中评论其商业影响时说，四五千名"赤手空拳、毫无装备的高地人"未遇任何抵抗就占领了"先进的地区"（*LJB* 331/450）。这场入侵看起来是一场欺骗。由于既没得到武装上也没得到后勤上的任何支持，军队返回了苏格兰，但苏格兰境内，出了高地，军队获得的支持少得可怜。这一时期，阿伯丁的大学是效忠的，但实际上一些成员武装起来反对反叛（Emerson 1992: 12）。文人们的确是汉诺威王朝的臣民，正如科林·基德（Kidd 1993: 115）指出的那样，他们使用他们的"历史社会学"反对"一场与武装抵抗和宗教狂热结合在一起的本土政治文化"。罗伯特·华莱士提到议会联合时给出了一种简洁有力的评价，"事实上，苏格兰人没有失去任何所谓的实质上的东西［……］［而且］获得了更稳定的安全、自由和富裕的福祉"（*CGB*117）。1746年粉碎叛乱的卡洛敦战役之后，一项政策被精心设计出来用以毁灭高地人的政治独立（Youngson 1972: 26）；这项政策被赋予感情色彩地描述为"国家赞助的恐怖主义"（MacInnes 1999: 81）或"文化浩劫"（Young 1979: 26）。

这项"政策"具有重要的意义，它不仅充分体现了制度和意识形态的联系，而且与"商业社会"的本质或恰切特征的讨论密切联系在一起。紧接着1745年通过了四项法案。这些法案包括"更有效地解除高地（大不列颠的这部分，即所谓的苏格兰）武装的法案"（19 Geo II c38），另一项法案是废除"传统的司法权"以便"补救已经产生的种种不便"，恢复国王司法审判的权力（20 Geo II c43）。这些"司法权"曾被联合条约（XX）明确保留下来，给予当地部落首领（"大贵族"）执行司法的权力（在"大贵族特权［barons of regality］"的例子中，包括处死的权力），确切地说，有权从臣属地招募"军队"（Shaw 1983: 169）。斯密在《国富论》（*WN* III.iv.8/416）解释商业社会产生的语境中提到地方司法权是由"洛基尔的卡梅隆先生，洛赫巴的一位绅士"执行的。这正是商业社会观念的核心特征之一，即法治的统一性有效地起作用（in place）。约翰逊博士带着彻头彻尾的偏见，戚戚然评论说，这一措施"粉碎了所有的地方法庭"，而且从"平等法的普遍利益延伸到低地和高地最深的岩壁、最昏暗的角落"（Johnson 1791: 101）（吉尔伯特·斯图尔特几年前也表达了相同的情感，和他对传统司法权"极为可耻"的评判放在一起）［*OPL* 39–40］。

第三项法律（20 Geo II c51）是没收反叛者的地产，随后再售。密尔顿是执行这项任务的第一推动者（Murdoch 1980: 38）。1752年的高地附属法案（25 Geo II c41）导致了1755年附属地产委员会的成立，包括密尔顿在内的律师是其主要成员，即便艾莱的影响减弱也是如此（Shaw 1983: 171）。其所展现的是，这项法律明确表示地产收入应该用于"开化居民的目的［……］，在居民中推动新教信仰、好政府、工业和制造业"。这种用语不是特例。国王销售法案（20

Geo II c51）的前言中认为可以判断"哪里有必要维持苏格兰高地居民的和平和进一步开化"。1753 年的法案再次以"鼓励和提高高地的亚麻制造"作为开始，并提到这将是"改善和开化高地的进一步手段"。苏格兰出生的亚当·安德森在其丰碑性的"商业史"中宣称前面一个法案是"一部很好的法律"（Anderson 1764: II, 401）。不只他一人这样认为。罗伯特·华莱士 1753 年认为高地"只能通过被产业化才能被开化"（DNM: 157）。[3] 这并不是说这类方案的有效性和适当性没有争论。正如 R.H. 坎贝尔（Campbell 1982: 19）敏锐地观察到的那样，这种形式的干涉似乎"散发着早期重商主义时代的味道"，反映了竞争这一主要精髓如何在"现代"商业社会中运行，就像我们在第 4 章将要看到的那样。

文人圈和这些法令法规在公开表达改良价值方面有着明显的关联性。华莱士在其《特征》（1758）评论道，"对制造业和农业的改良趣味和对工业的倾向爱好在苏格兰日益增进"（CGB: 109）。这一密切关系在委任职务方面有显而易见的体现，比如附属地产委员凯姆斯在 1752 年阿盖尔退下来之后被任命为法官大人。凯姆斯是苏格兰启蒙运动的主要人物。他还在其他董事会中榜上有名，比如鼓励渔业、技艺和制造业董事会（联合条约中的第 15 条确立），是福斯 - 克莱德运河以及爱丁堡新城计划的公开鼓吹者（Ross 1972: 322, 328-9）。而且，他本人是一位"改良者"（在他妻子的地产上）。他与约瑟夫·布莱克这位先是格拉斯哥后又成为爱丁堡大学的教授通信，讨论石灰在有效耕作中的特性问题（参见 Tytler 1993: II，附录 99）。凯姆斯还写了一本厚厚的手册，拟了一个发人深省的精彩标题——《绅士农场主，一个将农业置于理性原则的试验之下进行改良的尝试》（1776），此前他出版过一本关于《苏格兰亚麻农业的进步》（1766）的小册子，以及其他一些类似作品，并提出一些政策建议。《绅士农场主》这本书紧跟这个时代的步伐，提出成立一个"农业改良董事会"，由 9 名成员组成，他们在"农业技术和爱国精神方面最富盛名"，但仅限于居住在爱丁堡、能够定期出席会议的绅士（Kames 1776: 369ff）。《进步》因其内容明确唤起了"改良的精神"而成为由联合带来的

"自由与独立福祉"的产物（Kames 1766: 5）。[4]

教会

在讨论大学和各种各样的正式、半正式的"协会"在促进"改良"中所扮演的角色之前，我简要谈一下教会的作用。启蒙运动一个仍然常见的图景是将其描绘成宗教的敌人。在苏格兰，这种关系还是有细微差别的。文人们同样都憎恶迷信，但他们逐渐包容已被接受的教会。在更重要的意义上说，这种包容本身就与改良的驱动关联在一起。

联合条约附加了一条长长的声明——本法案将不会改变"这个王国和现有法律确定的教会的朝拜仪式、纪律和统治"。这将确保"真正的新教信仰"和"长老派教会统治"。1690 年的和解法案已确立长老派作为苏格兰教会统治的官方认可形式。这是名副其实的统治。从全国的大会议到每个教区的庭会（session），社会生活的方方面面都在传统风俗习惯的统辖之下。其中，小社区的生活，那些被怀疑为有罪的行为（通奸、酗酒、跳舞、不去教堂）属于"纪律"，包括处于罚金和公众羞辱。在制度层面上这点上有个生动的例子，即，是否信奉加尔文主义的《威斯敏斯特信条》的各条教义成为检验是否正统的依据，所有的大学老师都需要遵奉《威斯敏斯特信条》。

有一个例子说明了加尔文主义的势力，即 1696 年以亵渎上帝的罪名处决了一位 19 岁的学生托马斯·艾肯海德（Thomas Aikenhead）（即使在他撤回他公开宣称的观点——神学是"胡说八道、胡乱发明的废话"——之后）[引自 Hunter 1992: 224]。但是，对此事件反响（而且，这不是个别例子）的严重性或许反而表现了一种不断生长的意识，即时代在变，充分流露出正统宗教正失去其吸引力和权威的某种不安全感。[5] 而加尔文宗派的严苛性随着新世纪的到来确实得到了缓和，这表面上的宽松如果没有竞争也不会发生；但仍然有一个声势浩大的派别属于正统的福音派，即便他们近乎到了 1733 年分离宗的程度。

这种竞争某种程度上是教义之争。托马斯·哈利巴顿（Thomas Halyburton, 1674—1712）在圣安德鲁斯教授神学，其《回忆录》（*Memoirs* 1718: 199）中记载道，他在临终忏悔时确认了宗教分离的事情，"一种理性的宗教即将来到我们中间：我的意思是，通过理性，宗教就在于只需履行外在义务、遵循风俗习惯而无需借助虔信的力量；而且人们自此将走在效忠上帝的大道上，这是一种纯粹的自然神论"[6]。这一转变的象征性标记是 1737 年针对弗朗西斯·哈奇森的指控，因为他在教课时说"道德善的标准是促进其他人的幸福"，还说人类可以"不知道上帝，并且在知道上帝之前，就能够知道善与恶"，并借助格拉斯哥的长老派来抵制《威斯敏斯特信条》。哈奇森不仅成功地捍卫了他的观点，还操纵"他的"候选人担任下两任神学教授（其中第二任威廉·利奇曼（William Leechman）在激烈的竞争中胜出［Kennedy 1995: 57］）。因为哈奇森在其格拉斯哥的学生时代就充分了解到这个教席在约翰·西姆松（John Simson）那里经历的各种重大变故：1717 年西姆松被训斥，之后 1727 年又被官方暂停。这两起争辩持久但又指控不公的案例成为西姆松通过采取更广泛的方法逐渐削弱加尔文宗基础的事件，因为对那些培训教会牧师工作的人来说，这两件事意味着西姆松是一个危险的颠覆者。毫无疑问，就此而言有些事情比"正确的"神学更重要，因为政治和赞助也在其中发挥作用（关于西姆松的深入研究，参见 Skoczylas 2001）。这场斗争发生在大学之外，这一事实表明各种不同的机构是如何关联的，以及"改良"的"事情"又是如何不得不被制造出来的。[7]

这场争论或竞争也波及教会组织。特别刺激正统派的是长老派道德原则的明显背离，即会众（"长老们"——以希腊词代表这种统治形式）对牧师和他们的委任具有关键的监督作用。这种背离的明显根源是 1712 年的赞助法案。该法案重申，世俗赞助人在出现空缺时有权提名牧师，无论会众接受或拒绝。这些"赞助人"事实上是最大的地主，而王权本身不过是四分之一到三分之一教区的尽责代理人而已（McIntosh 1998: 12），赞助人这种权利的百分之十由城镇委员会掌握。一些领主试图行使他们的权利时会遭到大量长老派牧师的抵制。

总会议这个教会的统治实体较少直接支持领主的权利，这个事实就导致了温和派这个群体的产生。这个群体就是"启蒙"派。

威廉·罗伯逊是主要代表人物，他不仅是爱丁堡的牧师，还曾是爱丁堡大学的校长和皇家历史学家。他和其他人——包括休·布莱尔，爱丁堡未来的修辞学和文学教授——寻求塑造（重塑）总会议的权威。为了回应总会议（或者以它名义上的"委员会"）不谴责敦弗尔姆林（Dunfermline）长老派的不忠，罗伯逊等人写了一篇"持异见之理由"（1752）（摘录见 Rendall 1978: 213-14）。他们的核心观点是，在"社会"中，即使单个的个人不赞同，合法的规则也应该被尊重，因为没有这个原则，社会就不可能联合在一起。这一观点冒着说大话的风险成为法律原则第一的宣言，没有它，商业社会不能真正起作用。很多温和派都是律师，他们成功地让其同情者之一成为温和派领袖，虽然如果不是产生一个相反的"派"的话（McIntosh 1998: 104）。尽管如此，温和派借助精明的策略而非人数权重控制了总会议，1762 年罗伯逊自己成为温和派领袖。

根据理查德·谢尔（Sher 1985: 213, cf. 211）的说法，温和派有一套"连贯一致的思想方案"。说得更温和一点，他们正在为上文提到的所有人工作着。如伊安·克拉克（Klark 1970: 207）所说，对赞助人的默许是教会继续在"国家生活中占据核心位置"所不得不付出的"代价"。这又一次反映了总会议"甘之如饴"地帮助苏格兰的"管理"这种相互勾连的制度特性（Shaw 1983: 100）。总会议支持和（合法地）强制行使赞助人的权力，反过来，它又免于直接"干涉"。这种自由就有助于委任的候选人同情改良和"启蒙"（Brown 1997）。这并不是说，温和派的宗教信仰不真诚；在他们自己看来，他们正在完成还未瓦解的"革新"（Kidd 2004: 514）。与他们的批评者不同的是，更多事关语气而非教义（Voges 1986: 144）。地狱之火的布道可能指明了强调社会义务之路（基督教的邻人之爱），但这与温和派的信仰协调一致——他们信仰诸如温文尔雅这样的义务是"上帝为人性的基督启蒙计划的一部分"，并且符合盛行的倾向自然神论和基督教化的斯多葛伦理的启蒙音调。

大学

我们已经提到，罗伯逊和布莱尔是学者，并且是苏格兰启蒙运动绝对的重要思想家，他们在大学里拥有机构基础。就这方面而言，他们不是独一无二的，比如康德是柯尼斯堡的教授，林奈在乌普萨拉，杰诺韦西（Genovesi）在那不勒斯，但是苏格兰的教授们，像这里描述的几位，是社会机构联系的主要部分。就苏格兰国界的大小和人口来说，五所大学的存在——圣安德鲁斯、格拉斯哥、阿伯丁的国王学院（它在宗教改革之前就已存在）、爱丁堡和阿伯丁的马修学院（该所大学是宗教改革的据点）——是引人注目的。这些大学的传统任务是培养宗教牧师，这一任务在整个世纪一直持续（Cant 1982: 44）。这就帮助解释了为什么法律必须在海外学习以及医学教学的停滞不前。除了法律，荷兰的几所大学还教给很多苏格兰人他们的医学知识（亚历山大·门罗［Alexander Monro］生于 1722 年，是爱丁堡大学的第一位解剖学教授，他曾在莱顿学习）。18 世纪在法律教席和医学院的建立方面经历了惊人的变化，爱丁堡的正式建立是 1740 年，格拉斯哥则是 1760 年。

12　　　　一些现代化的改变发生了。拉丁语授课逐渐被弗朗西斯·哈奇森这位重要的开创者所抛弃。教学体系被彻底改革。传统的教学方法是一个老师（董事）在四年的学习时间里教同一个班的全部课程，这种方法被专门的教师和专门的课程这种专业体系取而代之（只有国王学院保留了传统教学方法）。由此，爱丁堡大学 1708 年率先废除董事制度，1710 年委任第一位法律教授，这在时间上没什么巧合。

　　课程也在经历改变。除了像讲授牛顿这些思想上的重要进展之外，还有一个明显的侧重就是强调知识的实践方面。保罗·伍德（Wood 2003: 103）指出，自然哲学家打出了"改良牌"，以便在大学和广泛社会中提高这门课程的地位。自此，除了法律和医学这两门职业课程的发展之外，像化学、植物学这些在农业改良和"工业"中有明显用途的课程也得以扩大，这种意图非常明显，威廉·卡伦在格拉斯哥期间写给凯姆斯的一封信中就承认了这一点（Thomson 1859: I, 596）。实际上，这两位在肥料化学上有很长的通信。后来，卡伦买了一块地，并在这块地产上将他的原理付诸实践（Donovan 1982: 100; Thomson 1859: II, 670）。卡伦还研究将化学运用到亚麻漂白（Guthrie 1950: 62）以及鲱鱼储存（用盐）上（Donovan 1982: 101）。同样，弗朗西斯·霍姆这位爱丁堡大学的药学教授，写了一本《农业和植物原理》（*The Principles of Agriculture and Vegetation,* 1756），来论证化学的重要性，以便能够形成农业原理（Home 1756: 4），而且，他和卡伦一样，也在亚麻漂白上做过实验（卡伦 1955 年向鼓励改良信托董事会提交过一篇关于这个主题的论文［Thomson 1859: I, 76］）。詹姆斯·瓦特被格拉斯哥大学聘为数学工具制造者（以他自己的设计）。他与教授们有着相当多的交流，尤其受益于卡伦和布莱克的著作，后两位是苏格兰启蒙运动中最杰出的化学家，而约翰·安德森这位自然哲学的教授让瓦特在大学的纽科门蒸汽机上工作（Law 1969: 13, 17）。

大学是赞助制度的主要部分，艾莱专门设法委任致力于现代化的教授。这不是说只有"同派的人"才能被委任。罗杰·爱默生这位学术赞助研究的领军人物概述道，"职位给予特殊人物的理由是有用、文雅，或者具有以下视野：国家应该从 1690 年严重萧条倒退的农村地区变成 1806 年……生机勃勃的样子"（Emerson 2008b: 9）。苏格兰启蒙运动的理论家们绝大多数都是大学教授，这个特别简单的事实是才干能力体现在这个体系中的初步证据。当然，否认其中出现的裙带关系和任人唯亲也是不对的。比如在格拉斯哥，罗伯特·蒂克将自然哲学的教席传给了他的儿子，就像人文教授安德鲁·罗斯将教席传给其子，亚历山大·威尔森的儿子接替他天文学教授的位子一样；这些还不是唯一的例子（Mackie 1954: 186）。这一模式被其他大学复制，但并不总是能成功的。卡伦为他的儿子游说邓达斯获得爱丁堡植物学教席就没有奏效（Thomson 1859: II, 232）。而且，委任懒惰的无能者几乎不会成功，因为他们将不会吸引学生交学费，如果不是这个理由就没有其他理由了（斯密在比较牛津大学时就赞成苏格兰的实践，作

13

为毕业于格拉斯哥的斯内尔奖学金获得者，斯密在牛津有着直接的体验）。

斯密本人在艾莱的赞同和凯姆斯的支持下于 1751 年得到了格拉斯哥大学的逻辑学教席。此前，凯姆斯让斯密得以在爱丁堡大学做了一些公开授课。罗杰·爱默生的研究揭示出，1728—1761 年间，艾莱或支持或默许了格拉斯哥大学 20 个职位的委任，这其中包括哈奇森、卡伦和布莱克（1995b: 38）。爱默生还估计艾莱"手中至少握有苏格兰大学 45 个委任状"（1995b: 30）。举个例子，凯姆斯写信给艾莱、密尔顿和爱丁堡市长乔治·杜蒙德，推荐卡伦到爱丁堡大学的化学教席（Thomson 1859: I, 87-8）。我们不应该认为这种支持就意味着委任是一种不假思索的过程。艾莱支持利奇曼的对手就职于格拉斯哥的神学教席，即便利奇曼和现代化者们的想法完全一致；实际上，和格拉斯哥大学的校长一样，艾莱也正在变成总会议的温和派。斯密的逻辑学位置具有竞争性，密尔顿就被人游说支持斯密的对手乔治·缪尔黑特（一年后他在艾莱的支持下获得人文教席）。格拉斯哥不是例外。这种任命模式在艾莱之后仍在持续。布特勋爵是黑伊的侄子，并继承了阿盖尔的政治机器，他在 1762 年指派罗伯逊为爱丁堡大学的校长，1760 年任命布莱尔为爱丁堡大学的教授，并在 1761 年将约翰·米勒指派到格拉斯哥大学的民法教席上。事实上，1764 年，爱丁堡大学 19 个职位中的 7 个，格拉斯哥大学 13 个职位中的 5 个，都得到了布特的支持（Emerson 1998: 159-60）。

着意运用大学从事改良的一个貌似例外是大卫·休谟。由于休谟被公认具备各方面的思想才能，他作为爱丁堡大学教席以及可能不如斯密逻辑学教席那么正式（斯密成为道德哲学教授之后这个位置就空缺了）的候选人均未获成功。在前一项提名中，休谟将失败归咎于市镇委员会（委任职务的实体）的内部政治歧见，在那里，人们提到他在宗教异端上的声名。在后一项提名中，休谟认为"牧师们强烈而严肃的抗议"以及没得到艾莱的支持是他失败的原因（Letters I, 164-5）。即使斯密是休谟的支持者之一，他也写信给另一个支持者威廉·卡伦坦承道，"我宁愿选择大卫·休谟做我的同事"，但又认为

"公众可能不赞同我的意见",而公众的意见是需要被考虑的(*Corr* 10/5)。这种描述即便极端,但也反映了大学"启蒙"的局限性,但休谟也不是社会的弃儿,因为1752年他得到了一个称心如意的法律图书馆管理员这一"当权派"职位。

俱乐部和协会

即使从苏格兰法律机构相互交织的特征这一草图来看,教会和协会也很醒目。思想精英们被织进了这块布中。一个明显的体现是数量激增的俱乐部成员和辩论协会的成员是同一批人,他们成为聚集在大学、法庭、教会和"改良"士绅周围的一个群体。1723年,一个协会顶着响当当名头的"农业知识改良者光荣协会"成立了。这个协会建立的实际目的是改革农业实践(如其名所示),不过它的活动非常广泛。"改良"的实践引进"英格兰的方法"(Ramsay 1888: II, 227),包括引进苜蓿这样的新种类庄稼、轮流耕种、施肥,同时还有新工具和租期的重新制定。从更广义的理解上来看,T.C. 斯莫特(1999: 219)断定,1720年代,兰凯勒的侯普提出的爱丁堡湖水灌溉"以启蒙的思想形式描述了改变遗留环境的可能性"。弗朗西斯·霍姆的《原理》包括论土壤、肥料和犁耕的篇章。个别地主,比如大卫·休谟的哥哥,以及我们提到的凯姆斯勋爵——他在布莱尔·杜蒙德管理他妻子的地产——这些人在系统地执行这些任务。霍姆在《原理》中以 15 "农业的进一步改良计划"做总结,关键的是,建立一个委员会作为研究的交换场所和传播者,有权"批准荣誉的和赚钱的额外经费"给那些"提出过最巧妙、最有用的实验"的人(Home 1756: 177)。"改良者协会"还促进了亚麻行业的发展,其主要成员也是渔业和制造业信托董事会的基础(1727)。这个董事会的活动和政策,是公开讨论的主题,既关涉"经济"也关涉"爱国"[8],这就像1745年后制度成为刺激"苏格兰高地经济"的相应机制的讨论一样。

事实上,这样的协会有很多,其中最富盛名的是1754年成立的爱丁堡"群贤会",这个协会1755年的大名是"鼓励艺术、科学、制造业和农业的爱丁堡协会"。[9]协会成员是重要的社会理论家，诸如斯密、休谟、凯姆斯、罗伯逊和弗格森（Cf. Emerson 1973）。霍姆提出的农业委员会就是由群贤会建立的。麦克艾洛瑞（McElvoy 1969: 48, 58）认为群贤会是文人协会改进后的高级样板，还在 1761 年孕育出"促进苏格兰读说英语"的协会。这个协会的动机某种程度上是对"苏格兰式"的自我意识，尤其是在书写和口头英语方面。这点稍后的证据来自约翰逊，他在 1773 年以其特有的傲慢评价说"苏格兰人的谈话一天天地让英国人不那么不高兴了；他们的特色很快消失了"（Johnson 1791: 380）。休谟和贝蒂都曾发表过关于这些特色（"苏格兰特色用语"）的名目表，正如一个当时的人所言，在爱丁堡，出现了一些"最上层的绅士淑女"参加的公开讲课，"因为学习那种发音已变得'野蛮'"（Somerville 186: 56）。这种焦虑因担心肤浅的英国人认为詹姆斯党等同于苏格兰人而加强，导致被贴上"北部不列颠人"的标签（一个例子是 1755 年《爱丁堡评论》第一版的编辑序言[Rendall 1978: 223]），以及爱丁堡新城和格拉斯哥新建筑的街道名称被严重汉诺威化。

这种执着不仅仅是自我意识的表达，因为它是广泛关注文雅不可或缺的部分。这一点最初被英语杂志如《闲谈者》和《旁观者》传播，这些杂志很快在爱丁堡重印，并广泛流传（Phillipson 1987, 1981）。苏格兰人纷纷效仿，1739 年开始创办《苏格兰人》（*Scots Magazine*）（Murdoch and Sher 1988: 133）（这份杂志 1760 年发表了休谟的苏格兰特色用语的名目表，该表最初出现在他 1752 年的《论文集》中）。对文雅和"风俗"的关注是城市文化迅速发展的必然结果，以至于实际上"礼貌"（以及与此相关的"礼仪"）成为（在实践中，如果不是在口头上的话）商业社会中品性和行为的积极价值特征。如同它们的批评者所指责的，这是温和派社会布道词的一个篇章。另一位当时的人评论到，这一优雅文化的承载者们，"尤其是在以前牧师和道德学家几乎不碰的次要生活职能方面，他们自己在这段打趣和嘲讽的音乐中飙到了高音"（Ramsay 1888: I, 6）。

对社会合宜性的关注同样也体现在俱乐部和辩论协会的增长中。

我们可以从亚历山大·卡莱尔（罗伯逊《持歧见之理由》一文的合作者）的《自传》中了解到 1740 年初期他的格拉斯哥学生时代这些俱乐部和协会的数量和多样性色调。他提到一个由格拉斯哥市长安德鲁·科柯恩支持的，由城市商人每周进行的俱乐部，这些商人在俱乐部中"讨论商业中所有分支的性质和原理，交换彼此的知识和观点"。该俱乐部（"政治经济学"）后来将斯密吸纳为成员（Ross 2010: 140）。卡莱尔本人加入了一个在大学中的文学俱乐部，以及由学生和"一些年轻的商人"组成的另一个俱乐部，后来还加入了那时主要由格拉斯哥教授们构成的俱乐部（Carlyle 1910: 81-9）。最后一个俱乐部，由罗伯特·西姆松领导，后融入到格拉斯哥文人协会（1752 年建立）中，和"市镇和长袍牧师"融入在一起，斯密、布莱克以及后来的里德全都在这里宣读文章。

一些像群贤会这样的协会明确讨论改良，其他一些协会表面上更"哲学"一些，像 18 世纪初期的"兰肯俱乐部"（"Rankenian"），其成员包括乔治·特恩布尔和麦克劳林（重要的牛顿主义者），后来阿伯丁的"智者俱乐部"，从里德、坎贝尔和邓巴等人的著作中吸取资源（Ulman 1990）。现存并依然享有盛名的爱丁堡皇家协会建立于 1783 年。该协会由罗伯逊主持，出席第一次会议的成员中就有卡伦、布莱克、弗格森和斯密。另外，同时出席的还有爱丁堡市长大人、法官—书记大人、大律师和其他一些律师，以及爱丁堡的议员（Campbell and Smellie 1983: 5）。

皇家协会就是这种出类拔萃的标杆榜样，这也说明了一个更广泛的事实，即这些各种各样的协会是制度性机构的重要部分，在苏格兰发挥着领导作用。那些文人们作为这些机构的成员，本身就是精英的一部分（Spadafora 1900: 11）。由于聚集在大学、法庭、教会和"改良"士绅的周围，这些协会就成为阿南德·屈尼斯（Anand Chitnis 1976: 196）观点的基础，即它们"将不同领域专家的非正式了解制度化了，这样做进一步推动了他们所处的那场运动"。这些"改良的想法"逐渐渗透，其结果是，地方上成立了一大批农业协会（这是苏格兰的一个发明）（Smout 2012: 144）。这种传统是社会资本发展的

17

重要因素，而社会资本是对经济发展至关重要的构建信任的非正式体系（Mokyr 2009: Chap.16）。我敢说，商业社会的观念以这种方式呈现在制度形式中。

法庭、教会、学院和"俱乐部"的相互交错形成了苏格兰启蒙运动中一个主要的"社会学"面向。学院和沙龙在整个启蒙运动中非常普遍，它们是论辩的中心，它们散播思想，但是如理查德·谢尔概述的那样，苏格兰人生活在"相互支持的氛围之中，共同塑造着经济和道德进步、文雅知识……以及启蒙价值"（Sher 2006: 147）。这个几乎共同的身份，建立在相互链接的机构基础之上和个人对"改良"普遍感兴趣的纽带之上。这个身份意味着，如我们刚才斗胆而言的，对"商业社会"的思考也被织进了这一结构中；它不是某种超然的学术行为。

II

有关启蒙运动已经说的太多（我在前一本书中已经说了很多），包括这个明确主题的合宜性（关于这个讨论的轮廓，或多或少可以参见代表性的著作: Pocock 1999, Robertson 2005, Sher 2006, Withers 2007）。这里我不打算在这本书中多加赘言。不过，我确实希望通过这个讨论暗示或预示下面一些观点。在这个尝试中，我再次保留"改良"这个概念，作为一种有选择的主调。

约翰·米勒的重量级著作《英国政府的历史观》（1797/1803）中最常被引用的句子实际上是一个脚注，他评论说，"伟大的孟德斯鸠指出了这条道路。他是哲学这一分支（文明社会史）中的培根大人。斯密博士是这一领域的牛顿。"（HV II, 10/404n）我将用这段引言来构建这个有限的讨论。据此，我会拉拉杂杂地讨论一下培根、牛顿和孟德斯鸠，虽然和米勒的主题有些分岔，不过我还是插一下对约翰·洛克的简要阐释。

培根（1561—1626）：改革和改良

培根是一个符号化身份。他被看作什么样的代表很重要。在贯彻培根各种不同方式的指导这个意义上，启蒙思想家不是其追随者；他们更愿意把他看作这样一个人：在挑战盛行的各种正统时，培根提前说出了他们自己的态度和方法。从这个意义说，在正面论述培根这点上，米勒并不是唯一的一个人。对伏尔泰而言，培根是"实验哲学之父"（Voltaire 1956: 337），而达朗贝尔在《百科全书》的《序言》第二部分总结到，培根是四位重要鼻祖之一，他"像远处的一束光，以难以察觉的方式逐渐照亮了这个世界"（cl' Alembert 1963: 74）。在《英国史》中，休谟在他的评论中援引培根的开创性地位，说他"远远地指出了通往真正哲学的道路"（*HE* II, 112）。

培根本人是个律师，不是科学家；实际上他没有接受哥白尼的体系。然而，他的文化意义或荣耀地位源自于他这个观点，即"哲学"的目的是耕耘知识，而知识有助于让人类命运变得更好。可以敞开讨论培根自己为什么采取这种务实的或效用的倾向，无论他是（比方说）受他信奉清教、相信天启历史观的驱使（Webster 1975: 25），还是他渴望提高帝国地位（Martin 1992: 141）。不过，在现在这种回顾性语境中，这个试金石是他在《学术的进步》（*AL*）结尾时的宣言，他说，他受到"改良欲望"的激励（*AL*, Bk IX，结尾 /1853: 375）。正是这一点与启蒙思想家产生了共鸣。对启蒙思想家同时也是对培根来说，知识要有价值就应该付诸运用。培根自己对其任务的概念既有积极方面也有消极方面。

他发起了扫除旧实践的运动。这场运动首当其冲的靶子是亚里士多德"旧的"工具论——他"用逻辑腐蚀了自然哲学"以及他的中世纪经院哲学的继承者们（*NO* Bk 1, sect。63/1853: 400）。但培根也对近代早期思想的另外两种趋势采取了批判的眼光：以个体实践者的自然巫术为基础的炼金术传统，以及怀疑论，其哲学认为一切都是不确定的，值得怀疑的。在努力清扫这些思想尘埃方面，笛卡尔（达朗贝尔的另一个先行者）赶上了培根。众所周知，笛卡尔以其关于怀疑局 19

限性的"思想体验"给怀疑论扣了一顶帽子;即,我怀疑或我思想这件事是不能被怀疑的。他也希望削弱像亚里士多德这样的"权威"的基础(把亚里士多德的追随者们描述为无非是缠绕着大树的藤蔓而已[Descartes 1912: 55])。

对权威的责难开始成为皇家协会自我设定的主要目标,因为它将"培根思想形态"中的一个关键因素制度化了(Webster 1975: 99),也就是说,科学是一种合作性尝试,因此没有隐居占星家的特权。建立贯彻这一原则的学院成为启蒙运动的特征,其中爱丁堡自己的皇家协会(上文所提到的那个)就是最好的榜样。对权威的批评隐约体现在最初皇家协会挑选出来的"誓不遵从任何人之言"(*Nullis in verba*)这句格言中。托马斯·斯普拉特(Thomas Sprat)在其关于协会的宣传性《历史》中说培根"是一个伟大的人,对这一事业的整体范围拥有真正的想象力"(1702: 35),这句格言本身就是培根对自己所关心的语言改革的一个回应。他宣称,词语"本身迂回曲折地进入到理解力之中";它们是他所认为的"人类思想的最深刻谬误"的四个"幽灵"之一。弥补措施——虽然他承认这不完美——就是定义(*AL* Bk V, Chap 4/1853: 207–10)。培根以陈述性的语气提倡,"素朴的风格"应该位列修辞文采之首,就像斯密即将要说的那样。和其他很多启蒙作家一样,斯密也在语言的起源和性质上发表了论文(参见他《关于语言的最初形成的思考》,1761 年,[后来作为 1767 年第三版的《道德情感论》附录附在后面])。

不过可以讨论的是,比这种消极因素更重要的是培根推动学术的积极计划。这种推动的基础是"真正的归纳法"(*NO* Bk I, xiv/1853: 386)。这种方法明确反对亚里士多德的演绎法,培根认为后者不能推动知识的进步,因为它可能始于感官却在"少量的"经验基础上不经判断就匆忙总结归纳。相反,"我们一定不能给理解力插上翅膀,而要引导它,为它铺路"(*NO* Bk I, civ/1853: 431),说得平实点,就是,真正的方法始于感官认知,利用经验"持续地、逐渐地"经过"恰当的去粗取精、去伪存真"的过程,从实验中产生概论或公理。这些反过来导出新实验(*NO* Bk II, x/1853: 456),进而"给

科学确定新特色，带来新活力"（*NO* Bk I, xxiv/1853: 387）。而感官 20
显然容易犯错，但培根认为他的方法能够带来确定性（Jardine 1974:
79）。在培根看来，亚里士多德仅仅"奇怪地触到了实验的局限性"
（*NO* Bk I, xxiv/1853: 387），而他断言，他自己渐进的方法，将感
官作为"实验"的法官，将实验作为"一切事物的法官"（*GI* 1853:
15）。归纳地研究事物或"宇宙的各种现象"，构成了自然史的基本内
容（*GI* 1853: 16）。这种"历史"的目的是通过"各种实验"（*NO* Bk
I, lxx/1853: 407）"为揭示各种原因提供启发"（*GI* 1853: 17）。强调
"实验"或经验检验来引出原因，是启蒙思想家对他们各种尝试的自
我理解的核心。这并不是说这种培根式方法未经进一步的改善而被采
纳（回想一下那句话，培根的确被认为"远远地"起作用。）

　　培根自成一体的新"自然史"也是一个值得注意的遗产。这种
思想在培根身上的体现宽泛宏大。它不仅包括"自由状态"下的自然
界（矿产、植物、动物等等）的纯粹数据收集和列表，还包括对"被
约束、被打磨、被压制、被塑造的"自然的研究——这的确是一种
明显的培根式研究（*GI* 1853: 17）。"被加工而成的"自然（*AL* Bk II,
ii/1853: 81）由于是培根所相信的"技艺和人类历史"——该词在用
语上让他声名远播，所以，"事物的本性能通过技艺的打磨而不是只
剩下自身时更好地揭示出来"（*GI* 1853: 17）。

　　培根遗产中最重要的因素，如上文所述，是他那毫不动摇的
效用主义，尽管他认识到沉思真理比效用更"高尚"（*NO* Bk I,
cxxiv/1853: 442）。这个遗产因他那最为著名的命题而显而易见，即
"知识和人类的力量是同义词，因为对原因的无知无法实现结果"
（*NO* Bk I, iii /1853: 383; 1740: I, 274）。对哲理的揭示不是为了它们
自己，因为"科学真实而合法的目标是赋予人类生活新发明和新财
富"（*NO* Bk I, lxxxi/1853: 416）。培根从莫尔《乌托邦》中蓄意"拿
来"的内容给出了一丝线索。在《新大西岛》中，他再次重申所罗门
宫的目的是通过对"原因的了解"而"扩大人类帝国的疆域"这一主
题，在此之后他立即给出了这种扩大的例子。他提到挖掘洞穴以生
产"新的人工金属"，为植物和盐碱地脱去盐分，"借助技术"种出更

21 多水果的果园，同时经常改善药物的方法。这个"目标"和启蒙运动"改良"的社会思潮胶合在一起；这些思潮即宣称或确信理论的知识可以直接指导实践活动（Golinski 1988: 12）。如同我们看到的，苏格兰的"改良者们"主要关心使用"科学"目的是让土地提高产出，或用化学改良亚麻。当约翰·格利高里（他本人是医生）指出，"人类的文明史和自然史变为一种不仅仅适于愉悦和满足好奇心的研究，而且还是一种服从最崇高见解——即开化和提高人类物种——的研究"，他抓住的就是这一点。

格利高里这里的用语明显是对培根的回应，他把历史分成自然史和文明史，但是，由于继续使用前者意味着人类的干预，因此把自然和人为分开就是一个错误；技艺的历史（或者说"机械的历史"）（*AL* Bk II, ii/1853: 82）是"约束下的"自然史（AL Bk II, 2/1853: 79）。托马斯·里德评判培根"描述了自然哲学得以建立的唯一可靠的基石"。然后里德马上接着说，牛顿将这些原理简化为几条公理（《知识的力量》，Bk VI, 41/1846: 436）。培根和牛顿之间的关联被广泛接受了（Gaukroger 2001: 2）。牛顿从未提到培根，但他也从未对这个关联抵赖（Perez-Ramos 1996: 319）；这个关联，就像米勒的脚注所描述的那样，是被一般公认的启蒙智慧的重要部分，以至于它能作修辞用。

牛顿（1642—1727）：自然科学和道德科学

彼得·盖伊的启蒙运动家族中，苏格兰人是一群自信的成员（Gay 1967: 4）。这些同宗同源的思想家认为自己发散着改良的"光芒"，进而驱散无知和迷信的黑暗。科学是光亮的主要源泉，而最耀眼的光源来自伊萨克·牛顿。他的成就是在一个源于几条简单的原理（运动定律和重力定律）综合的解释方案中解释了上至天文下至地理的现象。正是因为斯密——以米勒的评价——将看似随意的商业互动行为归纳为几条主要原理，他才获得"政治经济学的牛顿"的头衔。[10]

如我们所提到的，培根追求缩小自然史和文明史的差距，这一点在牛顿那里有一个回应。牛顿在其《光学》（1704 Qn.31［1953: 179］）的序言中宣称，自然哲学或科学的方法如果非常完美的话会扩大到道德哲学的边界（也就是我们今天所理解的社会科学）。以一种过于正面的方式理解这句话将会是个错误。牛顿本人心中有着根深蒂固的正统信仰，而非信仰异教，其众多追随者确实认为牛顿的体系"以一种令人满意的方式将我们引向宇宙创造者和统治者的学问上"（MacLaurin 1750: 3），比如其初期主要的苏格兰继承者的言语中就能看到这一点。尽管如此，一些牛顿的读者还是从这个宣言中直接抽出了纲领性信息。他们被激励着创建道德科学或社会科学，就像牛顿在自然科学中所做的那样。米勒明确认为斯密是牛顿的继承者（就像在人类意志的关键作用这方面康德认为卢梭是继承者一样）。而且，即便牛顿没有被指名提到，他的"影响"也是显而易见的，比如，费尔南多·加利亚尼在其《论货币》（1751）中将"商业法则"比作引力和流体的法则（Galliani 1915: 45），或者又比如，哈奇森将"普遍仁慈"比作"万有引力原理"（1728: 222）。

虽然休谟同样也没点出牛顿的名字，但是，牛顿即便不是休谟《人性论》（1739—1740）背后唯一的灵感，也是主要的灵感，其副标题说，本书"尝试将实验的方法引入道德学科的推理之中"。休谟相信，这种方法在"自然哲学"中产生了令人惊异的、决定性成果，在"道德哲学"中继续使用这种方法意味着提出一门"人的科学"。而这反过来意味着采用《人性论》导言中提出的三种方法。

首先，研究道德主题（即人类及其制度）的这位科学家必须小心谨慎、严格关注经验。人文或道德科学是经验的。其次，和培根一样，这应该不是一个单纯的归类，而应该是尝试从这些可观察的"实验"中追溯其普遍原理，也就是说，"从最简单和最少量的原因中解释所有的结果"。第二种方法逐渐获得几乎定义性的地位。例如，斯密将"牛顿方法"断定为"最哲学的"，因为这一方法从一条原理推理出各种现象，而"一切现象都在一条链条之上"（*LRBL* ii. 133/46）。而对于亚当·弗格森来说，"科学的对象"是"在一个总目之下收集多种多样的具体实例，并将运作的多样性诉诸它们的一般原理"（*ECS* 27）。再次，虽然休谟承认道德的各种主题因其比自然界的各种主题更难以控制而处于"特别不利"的状况，尽管如此，他还是声称"实验"仍然可能。这些主题源于"对人类生活的谨慎观察"，因为这种观察在"现实世界的一般现象中"产生，"明智的收集和比较"能够得出确定性。而且，由于实验结论的稳定性，人的科学能够成为所有科学中最有用的那一个（*T* Introd. 10. *SBNT*. xix）。这里我们再一次看到对培根关于改善人类命运这个效用主义观点的广泛运用（弗格森甚至引用了培根的名言"知识就是力量"［*PMPS* I, 3, 280; II, 40］）。这个观点在澄清"商业社会"这个观念时是主要因素之一（尤其可以参见第 3 章）。

启蒙运动的道德科学家并不是定量研究他们的主题；他们的社会科学不是"数据"（辛克莱尔 1797 年在《数据统计》中使用"数据"这个词语是一种自发的旧词新用）。《国富论》在非计量经济学中肆意挥洒，这一点常被注意到，实际上斯密是批评"政治算术"的，而魁奈和米拉波这些重农学派的著作中有大量的统计表和"计算"，后者明确表示他的著作不是一部有意的代数（Mirabeau 1760: 20）。并不是说启蒙学者中间没有称职的数学家。达朗贝尔和莫佩尔蒂就是才华非凡的数学家。然而，这并不会侵扰（可以这么说）他们的社会思考。最杰出的一个例外是孔多塞。他关于或然性的论著以及现在仍然在选举研究中引用的对循环的大多数悖论的描述，使得他在历史上成为一个非常重要的人物。

如果人们认为自然科学和道德科学之间有一个清晰的劳动分工，那么这也误解了启蒙运动广泛的培根式视野，而且还是其反面。"科学"表达了一种**系统的精神**（*esprit systematique*），其中包括所有的精神研究。社会科学家们意识到他们的工作与那些在医学、化学、数学等领域的研究处于同一个层面。就像我们强调的那样，这种联系在对"改良"共享的关注上是确定无疑的。魁奈是个医生（发表了大量的医学作品），同时也是经济学中重农"学派"的创始人。休谟写了一部关于数学的早期手稿，这部手稿现已佚失；斯密在这相同的主题上流露出一些兴趣，而且可能还有些精通，后来还研究过植物学（他在日内瓦遇到了"植物学家"查尔斯·博内特（Phillipson 2010: 189, 201）。上文我们提到的致力于改良的运用科学的卡伦，同时也讲授"哲学式化学"，并论述过其历史，这个历史类似于其同时代人所写的宗教史或财产权的历史（其大纲参见 Kent 1950: Chap.2，全面的讨论参见 Withers 和 Wood 2002 年的论文集）。最后一位颇具说服力的苏格兰人是詹姆斯·赫顿（他和约瑟夫·布莱克是斯密遗嘱的执行人）。除了他划时代的著作《地球理论》（1795）之外，赫顿还写了一部长篇大论《对知识原理和理性进步的研究》（1794），"道德科学"是该书的一个部分。不过，可能更好体现这一共享精神意义的是他另一部著作的全称:《对炭和煤的性质、品质和区别的思考，兼及对这些商品征税所引起的当下问题和目前法律的哲学研究和政治研究》（1777）。[11]

洛克（1632—1703）：教育和进步

作为改良的鼓吹者，苏格兰人都是进步的信仰者。他们共同献身于克服无知、偏见和迷信的知识和科学。他们谴责诸如奴隶制、拷问、猎巫或宗教迫害这些行为，认为贫穷、疾病和犯罪是可以挽救的污点。的确，苏格兰人关于"商业社会"观念的一个主要方面是，它比先前的社会组织形式要好（它是对先前的社会组织形式的改进和进步）。关于启蒙运动，一般被认可的一个常识是，它是一个"进步的时代"。这并不是说每位思想家都是如此（亨利·伟维伯格 1958 年写了一本书《法国启蒙运动的历史悲观主义》，而卢梭则因提出历史在衰落而不是进步的论断而闻名），不过作为一种普遍现象，它足以成为一个事实。

这种对进步的信仰以及进步的可能性都需要一种历史理论。它常常以阶段论形式出现，我们会在第 2 章中着重谈到。将进步与历史在知识的发展形式中联系起来需要一个转化原理。如威廉·葛德文（Godwin 1976: 111）所说，这个原理在被理解成"每个偶然事件都会在头脑中产生一种观念"的"教育"中找到了。尽管苏格兰人并不像葛德文一样坚信"真理万能"，但他们的确在吸收社会化的进程中恢弘地解释了教育。这些进程在赋予苏格兰人历史著作的渐进论时扮演了重要的角色。让教育能够作为进步的渠道的，是启蒙运动对改进后的洛克认识论的广泛接受。

25 　　洛克在《人类理解论》的序言"致读者的信"中，称自己是"小工"（*Epistle*/1854: I, 121）。虽然这个自我形容有点言不由衷，但它的确反映了一种真正的赞赏，即现在"最前沿的"思想上的进步是由像"难以企及的"牛顿或波义耳这样的"大工头"、"科学家"所铺设的。小工的任务是扫除横在知识道路中间的"垃圾"（*Epistle*/1854: I, 121）。洛克将内在观念的学说——即心灵里面容纳了某些普遍真理或初始观念的学说——作为这一"垃圾"的主要部分。这个学说是建构知识的障碍。对洛克来说，婴儿的心灵没有为"观念"做好充分的准备，而是一张"白纸"（*Essay* II. 2.2/1854: II, 205）或者说是一个"空箱"（*Essay* II. 1.15/1854: II, 142）；一旦接受这种观点，我们就只能建构。进而，一旦我们能够承认我们的观念来自"经验"这一点被认可，那么，"所有的知识就是从直接产生知识本身的经验中发现的"（*Essay* II.2.2/1854: II, 205）。

　　这个关于经验的概念比培根提出的概念更复杂、更重要。正是由于这种经验主义的观点，达朗贝尔（1963: 83-4）和洛克继承培根、笛卡尔和牛顿成为主要的先驱者。与牛顿在物理学上的贡献相比，洛克在"形而上学"（"灵魂的实验物理学"）方面所做的工作是一种创新。这不是说洛克被简单地接受了。他自己对感受和反思的区别的论述，被简化为将后者包含到前者中。孔狄亚克神父的著作《论人类知识的起源》（1746）是法国吸收和改进洛克理论的重要著作（他在导言中坦承培根在确认知识源于感官方面的早期作用［2001: 6］）。在孔狄亚克之前，休谟的《人性论》在这个基础上接着提出"观念"只是"印象"或感受的微弱意象的说法。尽管源于洛克的经验主义为大量启蒙思想提供了参数，但正是对休谟的反动促成了两种对这一意志意见著名的例外情形，因为康德在 18 世纪末、里德在 18 世纪中期都被驱使着攻击休谟以洛克式的"观念论"所提出的前提假设。

　　将心灵比作"白纸"的洛克式比喻之所以能够形成，在于对非理性的解释和理性原则逐渐提高的潜力的认识。这就默认迷信被当作轻率无知的产物。对于法国哲人来说，这可归咎于牧师们的社会权力，他们让大量民众身处黑暗之中从而获"利"，而如果精神的空白页被理性而不是非理性的代理人所填写，那么启蒙就是可能的。对苏格兰人来说，这种观点更为微妙；对他们而言，这种解释更多存在于复杂的社会状况和情形中，了解这些状况和情形是牛顿式社会科学家的任务（同样的任务将使他们明确表达出商业社会的观念）。对他们来说类似的问题接踵而至，推动启蒙运动／改良这一结果的各种原因式力量更加复杂。尽管如此，他们还是有着乐观主义的共同基础。培根的名言（"作为原因的知识就是力量"）加固了这一基础，因为这就意味着，假如合理的观念产生合理的经验，那么，越"文明"的社会就越有教养，越不无知，经验将会传递到下一代。正因为如此，爱尔维修声称"教育使我们成为什么样的人"（Helvétius 1843: 310），或者斯密更具体的说法，搬运工和教授之间的差别"似乎不是因天性而起，而是因习惯、习俗和教育而起"（WN I.ii.4/28）。这一观点充分说明了道德因果关联的原理，这是苏格兰人分析的一个重要维度。后面几章我们还会再次考察这一点。

　　既然有一个共享的总体假设，认为"人的延展性"（Passmore 1971）构成了相信教育力量进而相信进步的基础（cf. Vereker 1967, Frankel, 1948, Spadafora 1990），那么，这其实就和思想家之间千差万别的看法保持了一致。所不同的是对顽固或"固执"程度的估算（Berry 2003a）。这些程度的差异体现在：凯姆斯把习俗形容成"将人们固定在其本地位置的铆钉"（SHM II, 87）；斯密将社会变迁定位在"不知不觉、悄无声息"的财产权形式转变之中（WN III.iv.9-10/417-18）；葛德文认为，通过教育的力量影响婴儿的心灵，人类的弱点不是不可克服的；孔多塞坚信"偶然的帝国"是可以战胜的，通过科学和教育的共同进步，不断缩小不平等的差距，逐渐走向完美（Condorcet 1933: 238, 231, 211）。苏格兰人成双成对的看法反映了邓肯·福布斯（Forbes 1954）的论断，即苏格兰人对进步的看法有着很多显著特征，这些特征源于他们较少倚重审慎的理性，而较多执着于

26

习惯，以及倚重敏锐的意识，即福布斯（在伍顿特之后）所说的"结果的异质性"或无意图的结果。

孟德斯鸠（1689—1755）：法律和共和主义

如果"改良"是启蒙运动的主调，那么，它显然有政治上的共鸣，如果仅仅从这个意义上来说的话，即现状不是所有可能的世界中最好的，而且有充足的理由或希望、或鼓吹、或采取行动带来改变。而这个选择的范围表明没有一个原则性的行为过程。与此相应地，我们发现启蒙思想家分为不同阵营：支持仁慈专制主义的（伏尔泰），支持朴素共和主义的（卢梭），支持宪政主义的（康德），支持无政府或最小政府的（葛德文）。类似地，支持平等和自由的程度不同，解释也各有差异。但是，苏格兰启蒙运动从外表上看却惊人地一致。从第一节内容明显可知，他们委身于汉诺威王朝，这就意味着他们从根本上承认英国宪政（实际上他们赞美它时常有溢美之词），正如我们将在后面几章中所看到的，他们对平等和等级之间的联系有着相似的看法，而他们对自由的分歧更为广泛，这些都成为他们共享的参数。

这不是想对他们的差异轻描淡写一下；实际上，一个社会成为"商业社会"需要怎样的条件是主要的争论点。这将成为以下几章特别是第6章反复讨论的主题。这里，勾画一些总体的背景特征将是有用的。关键想法之一，是这本书所探索的是从"社会"而非政体形式的角度出发思考。自柏拉图和亚里士多德以来，政治制度的复杂类型一直延续，对不同类型的看法留存到18世纪。古典政治理论的两个焦点：一是统治者的数量（一个人、少数几人、多数人），一是统治的性质（为了所有人的福利或为了统治者的福利）；这两个焦点随着时间的变化分别导致了对统治工具的不同强调（以法律为包装），或对统治者或被统治者的恰当品质或德性的不同强调。它们不是截然对立的，但它们的确逐渐产生了两套不同的话语，一套主要讨论法律和权利，另一套则集中关注德性和腐败。

因为这些反映的是侧重点而不是对立面，大多数思想家都表现出两方面的气质。在研究苏格兰启蒙运动时，很多解释性的工作都花在评价休谟、斯密或弗格森这三位杰出人物的思想中运用最多的词汇了。孟德斯鸠是另一个显著的例子。他思想的巨大影响从米勒的评价可见一斑；米勒将他比作开创性的培根式人物，就像斯密是牛顿式的人物一样。[12] 孟德斯鸠闻名于世、影响深远（与苏格兰人时间相近）的著作《论法的精神》，其标题就流露出一个法理学框架。谈到不可避免的一般性，这个法学的焦点就植根于罗马帝国法学体系，因为它追求在土地法的变迁中系统化、法典化各种地方土地法。这种法律主义渗透到教会，进而直接或间接进入到新确立的大学课程中。法学思想中的这些决定性发展不否认各种各样的内生过程（参见 Thornhill 2011），这些进展产生于欧洲近代早期，因为它既适应了基督教瓦解的后改革时期，也适应了"新大陆"的发现和殖民化过程。正是在这种适应的背景之下，产生了苏亚雷斯（《论法律》[1611]）、格劳秀斯（《战争与和平的权利》[1625]）以及后来的普芬道夫（《论自然法与万民法》[1672]）。最后一位的影响尤其大。格肖姆·卡迈卡尔，这位格拉斯哥大学的第一任道德哲学教授，对普芬道夫的《论人和公民的义务》做了注释；其继承者弗朗斯西·哈奇森声称这个注释本是"迄今最好的"（SIMP 3），而且在他自己的课堂上严格遵循普芬道夫的讨论。斯密在一个短暂的间断之后接替哈奇森，沿用霍布斯和科科奇对格劳秀斯的注释本，在其公开的法学课堂上引用格劳秀斯、普芬道夫（LJB 1, 3/397-8）。斯密从孟德斯鸠《论法的精神》这块宝藏中的引用分散在这些讲义的其他地方。

孟德斯鸠本人在其书中畅谈一般意义上的法律，并宣布了这条主要原则，即，平等原则优于一切人类法律。这本身就回到自然法的根源，与亚里士多德或西塞罗论辩，肯定阿奎那的观点，并将其影响遗留到启蒙运动。例如，魁奈在其《农业哲学》的中间部分宣称"自然法"是绝对的，是所有实在法的基础（1764: III, 8）。即便是像贝卡利亚这样强调效用准则的思想家，也声称法律反对"不公正"的自杀（1965: 82）。不过，正义作为一种基准还有更重要的意义。它在商业社会的概念中也是一个决定性的原则；如我们在第4章将要看到的，其"严格的"运用被认为对维持信任很有必要。

孟德斯鸠对苏格兰人产生影响，部分原因在于他本人与自然法学家们的某些基本假设保持了一定距离。孟德斯鸠不同于格劳秀斯（他从未引用过格劳秀斯）等人，他从不将"自然状态"或社会契约作为合法统治的基础；和他的苏格兰追随者一样，律师们个人主义的前提假设没有被作为明确表达孟德斯鸠所谓"总体法"的合理基础（Bk 19, Chap.4/1961: I, 319）。不过，孟德斯鸠仍然提出了一种政府的类型学，只不过是经典的三分法——君主制、共和制、专制主义——的变种而已。作为思想家的一种创新，他巧妙地融合了定量和定性的维度。数量将第一和第三种政体与第二种（他将第二种再次细分为很多不同形式的贵族制和民主制）区分出来，但是第三种形式是非同寻常的，因为其"**原则**"（或者说驱动的力量或激情）"害怕"完全与共和制的"德性"、君主制的"荣誉"区分开来，成为一种与众不同的类型（Bk III, Chap.9/1961: I, 31）。德性与共和制的关联性表现为另一个同样令人尊敬的，在 18 世纪仍然被广泛采用的词汇：精神。如我们接着讲的，共和制和商业或贸易的关联也将非常明显。然而，我们将努力表明，这种关联性与苏格兰人提出的商业社会观念并不一致。

"另一个"词汇植根于亚里士多德的论断；亚里士多德指出，政治生活或公民生活（civic life）真正地表达了人的本性。因而，人的实践活动就与政治参与充分地联系在一起了。那些根据理想参与政治的人，拥有良好的道德品质以维持公众福利，或采取有道德的行为。这些积极的公民建构了一个共和国。那些未能完成这一任务的人缺乏德性，共和国也就被腐蚀了。尤为重要的、而且我们将在第 6 章充分讨论的是，将自我利益置于公众利益之上带来的这种腐败是和商业或"经济"的追求联系在一起的。当孟德斯鸠将德性作为共和国的原则，他所抽离出来的正是这种联系。然而，在这本书的后面，他用了大量篇幅讨论商业：商业可能会腐蚀"纯粹的道德"，虽然它让"野蛮的习俗"变得文雅、让其得到纾解（Bk XX, Chap.1/1961: II, 8）。正如我们将要看到的，孟德斯鸠在这里对"文雅"、"优雅"的用法非常重要（回忆一下第一部分文雅习俗的概念），他明确表示"商业的自然效果是带来和平"（Bk XX, Chap.2/1961: II, 8）。这些分散的片段所表明的不仅是《论法的精神》内部的错综复杂，而且也表明在启蒙运动更广阔的舞台上，经济和政治、德性与商业、法律和历史思索的复杂性——如果这种复杂性不是困惑的话。在这种复杂的语境中，苏格兰人明确地表达出了他们关于商业社会的观念。很难说他们消除了这个概念；大约可以下面的方式讨论：他们的确勾画了一个图景，这个图景帮助人们确立了将来思考的参考因素。

注　释

[1]　认为苏格兰启蒙运动"开始于"17世纪晚期的人有艾伦（Allan 1993）、爱默生（Emerson, 1986, 1995a）和屈尼斯（Chitnis 1976）。

[2]　相关的证据来自詹姆斯·伍德罗（他是格拉斯哥大学1692—1707这段关键时期的神学教授）给他儿子（罗伯特）的评论，说的是苏格兰的印刷业因为出版成本以及买书的人"缺钱"而受阻（Wodrow 1828: 171）。

[3]　罗伯逊记载了詹姆斯六世1602年初期试图通过引入城镇、甚至把法夫的渔夫殖民到路易斯而"开化高地和岛屿"地区。这个尝试失败了，因为詹姆斯心思分散、不能坚持这项政策，而坚持是"改变整个民族的风俗"所必需的，但是，罗伯逊确实认为詹姆斯的政策是"有益的"，而且他"已经指出引入文明的生活技艺的恰当方式"（*HSc* 210）。达尔林普尔同样也认为詹姆斯在消除传统的司法权限这个相关的任务时缺乏坚持（*FP* 292）。

[4]　这个小册子是典型的凯姆斯风格。他特别推荐他的一个计划，这个计划将"通过为穷苦织工提供市场选择而将他们从批发商的压迫中解救出来"，但其结尾时警告说，人们创造的财富不该太过充裕以致"挖倒德性的墙根儿，为奢侈和堕落的自私树立一个王座，使得国家沦为堕落下贱的地位，以风俗彻底腐化而告终"（Kames 1766: 28, 31）。关于"警告"的思想语境，参见第6章。

[5]　（爱丁堡大学）的校长吉尔伯特·鲁莱（Gilbert Rule）1693年的一段话中对这种防御性有所洞察，他说："千真万确，我们宣扬的不是道德本身，有些人的确如此；而是引导人们进入基督的秘境［……］。不过我们宣扬的是善事的必要性，道德品质不仅是实际宗教的最好装饰，而且是其必要的一部分。"（《公正而温和的责备》，引自Kidd 1993: 62）

[6]　哈利巴顿在《回忆录》中讨论了神学的"渎神论和胡说八道"（Halyburton 1718: 52）（在谈到他自己年轻时候的深重罪孽时，他顺便提到了"看不见的手"［Halyburton 1718: 12］）。他写了一本书《匮乏的自然宗教》（1714），书中

明确反对切伯里的赫伯特（Herbert of Cherbury）的神学理论。在他论证的过程中，他把艾肯海德视为"不足挂齿的草芥，他那些囫囵吞枣的概念几乎不配我们给予他的思考"（Halyburton 1798: 103-6）。

[7] 乔治·特恩布尔（1722）在一封信中声称反对"刚愎自用的迂腐牧师"，这些牧师希望大学给他们的学生灌输"对无知的形而上学的信条和教义的深深尊重"（引自 Skoczylas 2001: 224）。

[8] 例如帕蒂克·林赛（爱丁堡市长大人）的长篇巨著《深思熟虑的苏格兰利益》，书中他通过其发表倡导"人民的勤勉精神"（1733: xx），进而称赞这个董事会及其目标，并指出勤勉是由"新需求"的发明刺激起来的（以巴尔伯恩的方式［参见下文第 159 页］）。他强烈建议亚麻业作为苏格兰的主要产品，这一建议又产生了一个批评性的回应，即建议和鼓吹"公众支持"的羊毛业（托马斯·梅尔维尔的著作《真实的卡尼多尼亚》［1734: 16］）。梅尔维尔断言林赛似乎对"英国人的利益"有着"深切关注"（英国人的主打产品是羊毛）（1734: 35）。他惋惜说，"真可怜"，苏格兰不可能在贸易上超过英格兰，就像它在"军事事务"上一样，尤其是因为"贸易是唯一将这个国家推到伟大行列的事情"（1734: 39）。对这个时期的讨论参考 Seki（2003）。

[9] 据尼古拉斯·菲利普森的总体解释，他认为在联合后的苏格兰有一个"身份认同危机"，并认为群贤会成为一个"超议会"（1976: III; cf.1973）。

[10] 米勒不是唯一一个这样说的人。波纳尔总督公开评价《国富论》时说，斯密的论著确定了"某些主要原理"，成为政治运作知识的一个"原理"（参见 Smith *Corr* App. A, 337）。

[11] 这个小册子提出，准确描述不同类型的煤属于"博物学家的领域"，在这个基础上，煤和碳之间没有区别。但是，"这个商品作为燃料而言显然是有区别的"，换言之，从商业或从国内经济的意义上说，它们是有区别的。这个区别构成了不同税收的基础。（他引用了"斯密博士"的话）（Hutton 1777: 6, 8, 37）

[12] 米勒给杜格尔特·斯图尔特《斯密博士的生平和著作》一书的说法是：思考法律时，斯密"采取的计划似乎受孟德斯鸠的启发；他努力从最野蛮到最优雅的时代追溯公法和私法的渐进过程"（《斯密博士的生平和著作》I.19/274）。如我们将要看到的，苏格兰人批评孟德斯鸠不够历史，这的确可能成为斯密是"牛顿"而孟德斯鸠是"培根"的一个理由，也就是说，通过融入历时的维度，斯密受孟德斯鸠的"启发"，之后进一步提出了政治经济学和文明社会的"科学"。

2

商业、阶段和社会的自然史

　　苏格兰人最为著名的观念之一，便是他们关于四个阶段的概念（狩猎、游牧、农耕、商业）。然而，"最为著名的"并不是"最被理解的"。有种观点认为，"四阶段"最好理解为"自然史"的一种情形，就像杜格尔特·斯图尔特对其理论的概括性描述所展现的那样。本章第三部分将会充分讨论苏格兰人如何解释封建主义（第三个阶段）的瓦解以及商业作为一种生活方式的形成。这一点形成了商业的"独特性"，并在顺时叙述的框架中给商业确定了位置。但在此之前，我将在第一部分勾勒推测史或自然史的意义，在第二部分分析四阶段的地位和角色。

|

　　杜格尔特·斯图尔特在其《亚当·斯密博士的生平和著作》一书中讨论斯密"论语言"的背景时做了一些概括性评论。这些评论就成为他所谓的"理论史或推测史"的经典之论。斯图尔特解释说，这个措辞"非常接近休谟所说的**自然史**和某些法国作家们所说的**理性史**"（*Life* II.48/293；**黑体**为斯图尔特自己所加），稍后他举出凯姆斯在《历史法律论丛》以及"[约翰]米勒先生的著作"中运用这个方法的更具体例子（*Life* II.51/295）。斯图尔特先前已经对这一描述设置了一个背景。他在开头就宣称，理解从"最不开化的自然状态的简单成就"过渡到"复杂"状态所经历的"渐进步骤"是个"有趣的问题"

（*Life* II.51/292）。他还说，尤其是在最早的年代，从那些"旅行者们
33 的粗略观察"中很难收集到资料。这里，斯图尔特忠实再现了苏格兰
人作品中反复出现的话题，我们将会重点思考这个最早的说明，一如
我们所要论述的。

对斯图尔特来说，从简单到复杂发展过程中缺乏证据的"有趣"
结果便是：

> 我们必须靠推测来填补事实的空白；当我们无法确定人
> 类在特定环境下如何真正引导自己的行为时，我们只能根据
> 他们天性的原理及其外在环境的状况来思考他们可能以何种
> 方式采取行动。（*Life* II.46/293）

如果这话招来了对这个观点的误解，那么它就值得推敲一下。这
个问题中的"必须"一词源于"解释"必须"充分"这样的祈使句；
如果叙述发展的过程中留下"间隙"，那么这就给千奇百怪的补写留
下了"空间"。斯密在《修辞学讲义》中明确规定叙事体不应该留下
"任何断层或间隙"时承认这种祈使语气（*LRBL* ii.37/100）。这是对
片断式呈现并致力于叙事连续性的典型背离（Manuel 1959: 112）。在
其《天文学史》中，斯密为"间隙"或中断扰乱事物的预期运行提供
了一个扩展的讨论。这种"扰乱"导致了"对这种中断如何产生"这
个问题最初的"惊讶"之情继而是"好奇"之心（*HA* II.6-7/40-1）。
进而，他将哲学或科学（他交错着使用这两个词语）形容为尝试发现
"介于事物之间的衔接之链"，如此，先前被打断的想象可以再次展
现链接的惯性，并以这种方式消除好奇心（*HA* II.9/42）。这些链接的
"链条"就是因果之链。现在，这为斯图尔特使用"必须"的魄力提
供了进一步的维度。

从简单到复杂的发展过程不打算被理解为随意的，而是"有秩序
的"或有安排的。这是在社会领域渴望效仿牛顿的一个例子，我们在
第 1 章已经说过。如果社会领域是科学研究的对象，那么它必然会倾
向于因果分析。诉诸因果解释几乎是难以例外的。亚里士多德系统地

确定了四种原因（形式因、质料因、动力因、目的因），并形成了一种分析框架，一直到文艺复兴时期。但在启蒙运动时期，这种分析就不得不成为"试验的"——即如培根和洛克所概括的那样植根于经验——用休谟那句著名（或不著名）的最严格的话来讲的话。[1] 凯姆斯巧妙地引入了这些评论。在其《历史法律论丛》一书中，他断言，因为法律是"一门理性的科学"（cf. *ELS* xiii），所以事件必定"以规则的因果之链联系在一起"，而且，"我们必须努力从'诗人和历史学家'提供的'附带性事实'中'小心谨慎地推测'，以弥补断开的['历史之链'中的]联系"（*HLT* v, 22）。这里再次提到对不留"间隙"的关切。这段话也是上述斯图尔特决定将这整个理论贴上"推测史"标签的极大竞争者。

不过，我们还不能完美结束对这一引文的考察。我们还可以看到，斯图尔特在这里说出了推测时的某些告诫性原则。这里的推测不能和凭空瞎想混淆。弗格森采用了这个意思：在《文明社会史论》的开头，他（含蓄地）批判了霍布斯和卢梭所提出的自然状态的论述，指出"推测"区别于"事实"（或者说，"假设"不是"现实"）（*ECS* 2）。[2] 斯图尔特的用法毋宁说假装成对事实的尊重。这种尊重源于意识到拴住推测的需要，进而防止它们像霍布斯的想法——认为人类天然独自一人、如野兽一般——一样肆意飘荡。这用来拴住推测的"主锚"就由"人性的原理"构成。这些原理是稳定的、持续的，因而是"人的科学"的恰当对象（Hume *T* Introd.4/*SBNT* xv）。这个主锚由第二个锚头——"外在环境"来补充。它们由试验调查揭示出来。在实践中，这种调查结合了历史和当时的民族志（本质上是上文凯姆斯所说的"附带性事实"）。如果恰好在这些情况下，这种详细的信息无法获得，可能就剩下参考（推测）这些稳定的人性原理和对其他"环境"的了解，这些信息可以"小心"而又"审慎"地被认为是相似的内容（*T* Introd.10/*SBNT* xix）。在这个意义上，美洲印第安人尤为重要。罗伯逊再次证明需要填补"间隙"，他明确表示，它们"填补了人类这个物种历史发展进程中的巨大断层"（*HAm* 812）。这里的普遍性是苏格兰人分析中的重要因素，其信号由斯图尔特在其声明中发出：他说，自然史的主题是"人类史"。这个短语被用于凯姆斯《人类史纲要》和邓巴《论野蛮和开化时代的人类史》的标题中，并在苏格兰人的作品中反复出现（比如米勒《地位差别的起源》*OR* 181；弗格森的《文明社会史论》*ECS* 3；斯密《国富论》*WN* IV.vii. c.80/626）。

在对这一"历史"的考察中，斯图尔特评论说，"当我们不能追溯**已经产生**的事件的过程时，通常重要的是能够说明**可能**如何因为自然原因**产生**这个事件"（*Life* II.47/293；黑体是斯图尔特所加）。这个评论非常重要。为了理解这一点，我们可以再次回到凯姆斯的《历史法律论丛》。凯姆斯在这本书中评论说，正是通过从不同国家搜集和整理事实，我们才能"找出一条规则的因果之链"，从而我们才可以"理性地得出这一结论，至少在主要情形相差不多的所有国家中发展的进程是一样的；而一个民族或政府的偶然性事件或独特的特性总会产生某些特殊性"（*HLT* 23）。这是典型的苏格兰人的格言。这个评论还可能解释一下斯图尔特关于自然的／理论的／推测的历史最具争议的那段话。他声称在大多数情况下，更重要的是确定发展过程

> 是最简单的，而不是确定其与事实最一致；因为，这个命题可能自相矛盾，但可以肯定的是，真实的进程并不总是最自然的。它可能由特殊的偶然事件决定，而这些事件不可能再次发生，不能当作构成自然为人类发展所提供的一般准备的任何一部分。（*Life* II.56/296）

这个声明招来了一堆批评。当代的疑虑主要反映了后兰克或后柯林伍德时代[3]历史主义感悟的冲击。[4]不过，这些批评忽视了他们的准则。斯图尔特这里概括的自然史，最好理解为苏格兰人渴望表达科学的社会理论，正如弗里德里希·塔格特（Teggart 1941: 92）最初提出的那样，1945年格拉迪斯·布赖森（Bryson 1968）的开创性研究吸收了这一观点。

凯姆斯还提供了一条有用的线索，而且至关重要。他将追溯因果

关联的"理性的"历史和"地理学"或"只收集事实的"古文物研究区分开来。后者不能揭示一个特殊的事件当其真实发生时为什么发生，或者说，把同样一件事情仅仅归因于机运（*HLT* vi–vii）。休谟在这个比较上的说法很有启发。在其早年的论文（1742）《论艺术和科学的兴起和发展》中，休谟提出了一些方法论上的思考。他说，需要"严格"区分"归因于机运和产生于原因"的事情（*E-AS* 111）。他不否认这两者之间的差别，不过，与寻求解释的科学要求相比，诉诸机运的致命缺点是，它妨碍了一切深入研究。他以一个有偏差的骰子为例做了说明。在少数几次抛掷中，有偏差的那一面不会暴露自身，但它"在多次抛掷中肯定会占据上风"（*E-AS* 112）。米勒用了一个非常相似的例子。[5]他指出，在一两次的抛掷中骰子会产生非常不同的结果，但"在多次随机的抛掷中结果几乎是相同的"（*OR* 177）。米勒用这个例子来批评以"大人物"作为原因解释，尤其是诉诸立法者比如斯巴达的吕库古来说明政治制度的做法。骰子的类比用来强调"一个国家的特征和天赋"这些可以确定的"稳定原因"和个体的特征和天赋这些没有稳定性的因素之间的区别。这样，斯图尔特在"真实进程"（"与事实最一致的进程"）和"自然进程"（"最简单的"）的对比，就像一个有偏差的骰子一次投掷和多次投掷结果的对比。

骰子的例子表明"自然史"中的"必然性"是具有或然性的。[6]休谟在其《第一研究》中再次清楚地使用了这个例子，他说，

> 任何一面的机会优势肯定会产生或然性；随着这种优势的增加并且超过反面的机会，那么或然性就获得了随之增加的均衡性，并导致对我们发现优势的那一面的更高程度的信念或认同。（*U* 6.1/*SBNU* 56）

在这篇早期的论文中，休谟称之为"一般规则"，"依赖少数人的一般规则在很大程度上要归因于机会或秘而不宣的原因；来源于大多数人的一般规则可能常常由那些确定已知的原因来说明"（*E-AS* 112）。这个"规则"为社会科学家提供了"研究工具"。比如，休谟论人口的

文章就可以描述为"根据我们已知的两个时期的社会状况（古代和现代）是否可能推出古代一定人口更多"（*E-PAN*, 381）这个问题。这个例子描述了社会科学恰当处理或然性的问题。虽然休谟对此最为严格的运用是很典型，但他绝不是唯一一个。事实上，华莱士在其人口论的文章中也明确开始研究古代社会人口更多是否"不可能"的问题（*DNM* 33）；而特恩布尔也将或然性与"一般评论和规则"的运用联系起来（*PMP* 81）。

不得不讨论或然性问题并不是说社会科学不是对因果联系的研究。用休谟自己的例子来说，大黄并不一定就导致腹泻（这和火总是燃烧的例子不同），这有理有据的事实促使"哲学家们"追寻例外情形下的"秘密原因"。在大黄和火这两个例子中，"我们的推理……是相同的"（*U* 6.4/*SBNU* 56）。因此，这里提到的"秘密原因"是对早先《论艺术和科学的兴起与发展》以及《人性论》中最初的内容的回应，一如我们所知（*T* 1.3.12.1/*SBNT* 130；参见 Kames *PMNR* 195）。休谟说清楚了机会和原因的差别是知识程度上的差别（或然性）这一点。因果解释原则上总是可行的。当然，必须小心不要"归因于那些从不存在的原因"，也不要"简化为那些仅仅依稳定的、普遍的原理而定的内容"（*E-AS* 113）。

骰子的例子抛出的或然论和这个例子激起的可争论的自然主义，揭示了玛丽·普维关于推测史（如同她始终如一所称呼的那样）总体上富有洞察力的论述中的一个弱点。她对"人性"的本质主义的依赖让她坚持一致性比差异性更优越（Poovey 1998: 224），而专注于此则削弱了她的分析。尽管她明确与那些当代批评家"扯下面具的"夸饰卖弄分道扬镳（Poovey 1998: 226），但她似乎认为这个推断因受怀疑而更具优势。某种程度上，这根源于对"人性"或"人类心灵"的过度阐释。这些术语从语境来讲最好理解为苏格兰人"普遍性"的表达，随后我们将会说清楚这个"普遍性"，它不是必定说苏格兰人懵然不知不同历史语境中的各种特殊性。他们劝告人们不要将当下的价值和行为引入到早期的历史中去（参见 Robertson, *VP* 381, 417; Stuart *VSE* 50; Dalrymple *FP*；详细的例子见第 7 章）。

苏格兰人心中的普遍性是他们社会科学主要部分的一个关键预设。纯粹埋头于凯姆斯的特殊事件的"地理王国"或事实一览表中，将会因失去解释而只看到人类的经历，尤其是人类的变迁。对解释至关重要的，是运用比较的方法去洞察有效的因果关联。苏格兰人在批评孟德斯鸠将"气候"作为"物质因"解释社会差异时简短地提到了这一点（参见休谟 *E-NC*，随后是这些人中的米勒、邓巴、凯姆斯 ［ Berry 1997: Chapter 4 ］）。[7] 重要的是，如我们将要看到的，这一批评凸显了道德因更大的解释力，尤其是在解释随时间而变的社会变迁时（参见 Robertson *HAm* 850f, Dunbar *EHM* 296）。普维弱化了这一点的意义。的确，如今仍然存在着普遍性命题地位的问题和对跨文化比较的理解性问题，此鸿沟就像约翰·托比和勒达·科斯麦（Tooby and Cosmides 1992）与克里福德·格尔茨（Geertz 1975）之间当今的鸿沟一样。如普维明确意识到的，将这些争论引入到启蒙运动中是个错误（参见 Berry 2007）。

从这个讨论中我们可以合理地得出以下结论：休谟在其"规则"中提出的"确定已知的原因"与斯图尔特的自然因是一致的。[8] 追寻这些原因就要采取科学的研究；抑制这样的研究只能和平庸大众一样无知无识（Kames *SHM* II, 236）。斯图尔特说，探求自然因"遏制了……那种懒人哲学，这种哲学在自然世界和道德社会中都只求助于奇迹，但奇迹无论以何种方式表现出来都不能够解释现象"（*Life* II.47/293）。于是，例如米勒，当他在谈到"从无知到有知、从野蛮到文明风俗"的"自然进程"（*OR* 176）时，他抽象地概括了"自然史"的范围。这个自然进程，是由自然因导致的进程，而非在任何具体情况下与事实最一致的进程。一切制度都受自然史的影响。斯图尔特本人在其《关于古代英国宪法的历史论述》中明确这样说。他写道："这是 18 世纪后半叶的殊荣，它形成了其哲学的鲜明特征，即便培根的想象力也不能预见"，"**自然的或理论的历史**"讨论了社会的各个方面……语言的历史、艺术的历史、科学的历史、法律的历史、政府的历史、风俗的历史以及宗教的历史（1854: I. 70；黑体是斯图尔特自己所加）。自然史范围的广度很重要，因为它将苏格兰人对商业社会形成的论述放在了恰当的语境之中。

理解苏格兰人自己的商业时代，对他们而言意味着将这个时代置于自罗马帝国崩溃以来的叙事之中，但这段事件中最关键的"事件"是封建主义的瓦解。首先，需要对社会制度尤其是财产权的作用和意义进行更广泛的一般化分析。其次，需要对 15 和 16 世纪中发挥作用的主要力量进行具体分析。前一种分析（第二部分）要求考察四阶段的地位，如本章第一段所示；后一种分析（第三部分）需要阐释社会因果关联的运行过程。

II

坦白说，在对苏格兰启蒙运动的评注史上，四阶段概念被给予了过多的重视，不巧的是还产生了一种含糊不清的阐释史。最初给出的说法是对**四阶段**的表述是相对少见的，恰如彼得·斯坦因所指出的那样（Stein 1988: 400）。在苏格兰人和很多其他启蒙思想家以及早先的思想家中，常见的是对狩猎、游牧和农耕三阶段的认同。把商业作为独特的第四个阶段加上是不常见的。确实，坚持四阶段的大量说法经考察发现不是事实。

我单独挑出罗纳德·米克不是因为他是唯一一个持这种观点的人，而是因为他在强调阶段论方面做了很多工作，还写了一本关于四阶段的书，书的重点从事实上倾向于宣告并不存在的阶段论。比如，虽然他宣称在爱尔维修的《论精神》（Helvetius 1758）中存在"对四阶段论简短但相对清楚的说明"，但被引的这段没有超出三阶段，或者说好听点是含糊不清（Meek 1976: 93）[9]。这种含糊不清的原因涉及对"以交换的一般等价物来代表所有商品"的认可。但这似乎不能被当作另一个"阶段"。而且，这个备注说明有一种不同的架构。显然，爱尔维修在这本书的其他地方——不是米克提到的地方——提到了商业共和国（例如迦太基）（Helvetius 1845: 272）。但是，如同孟德斯鸠的书中（参见第 1 章）说的，这个重点是强调政治或制度形式，这些架构并不是轻易地就纳入到"四阶段"之中了。[10] 我后面还会说到这一点。

米克排除了斯密和米勒，而将四阶段论归功于苏格兰的罗伯逊、达尔林普尔、弗格森和凯姆斯。但是，前面两位并没有采用这种说法（事实上米克也承认了这一点 [Meek 1976: 101, 143]），弗格森也没有用——米克称其提出的版本"别具一格"（Meek 1976: 154 ）。[11] 尽管凯姆斯的确承认四个阶段，但这种认识在米克主要参考的著作中没有明确找到，他所大量引用的是 1758 年的《历史法律文丛》（Meek 176: 102-7 ）。[12] 利伯曼似乎追随米克，他断言在《历史法律论丛》中"凯姆斯提出的社会发展'四阶段'论的一个版本是最先公开发表的"，而其明确引用的段落概括了三个阶段（Lieberman 1989: 149 ）[13]。尽管彼得·斯坦因含蓄地批评了米克，但他本人还是"暗示"正是在《历史法律论丛》中凯姆斯"第一次毫不含糊地宣布"了四个阶段（Stein 1988: 405 ）。我将稍后讨论他的观点。

三阶段模式的流行要归因于以下事实，即商业作为一种主要模式还不是很明显，因为人们只能交换他先前捉到的、饲养的或种植的东西（cf. Hont 2005: 161 ）。在真正或明确的四阶段的叙述中，商业排在后面，它像其他三种方式一样是基础，尽管这个事实和作为独特的社会状态而非政治生活模式的事实之间的差异很重要，因为它为商业社会的观念提供了一种历时的维度，不过，提供这一维度并不是四阶段说法特有的。如我们将要看到的，决定性的转变是从封建的农业社会转向以商业为基础的社会。

我们在斯密、米克、凯姆斯和布莱尔（米克没提到布莱尔）那里找到了对四阶段的明确表述。这个似乎有限的单子并不意味着"商业社会的观念"就局限于这些表述（否认"四阶段论"优先权的理由之一）。比如休谟，虽然没用"阶段论"，但他敏锐地意识到从封建到商业的阶段性变化。同样，弗格森在《道德哲学原理》中采用了传统的三阶段模式，换言之，认同的是蒙昧、野蛮和文雅/商业社会（*ECS* 121 和 *APMP* 11 ），他意识到"我们的风俗与古代民族如此不同"（*ECS* 194 ），而且承认当代社会与众不同（并不总是承认其有优势）的地区如此广泛。

在讨论斯密和米勒这两位作者最重要的明确表述之前，我想谈一谈凯姆斯和布莱尔的另外两种说法。凯姆斯对四阶段的真正列举是在他《人类史纲要》（1774）第 2 卷第 12 章讨论美洲民族的语境中提到的。他指出，美洲如何与"气候温暖的旧大陆"区别开来，而旧大陆在从"蒙昧状态"到"最文明的状态"这个"人类的渐进发展过程"中有着"显著的一致性"。这个进程开始于"狩猎、渔猎，发展到集聚、游牧，进而过渡到农业和商业"（*SHM*: II, 92）。然而，原文这里只是随口说说的评论，不是论证式的用法。[14]

休·布莱尔的确将这个理论用于为欧西安诗集的真实性辩护（1763）。他只是说，"人类在社会的发展进程中前后相续经历了四个重要的阶段。第一个也是最早的阶段是狩猎生活；牧歌时代紧跟其后，此时财产的观念开始生根；下一个阶段是农业，最后是商业"（Blair 1996: 353）。布莱尔认为，欧西安的诗篇表明它们来源于第一个时代——狩猎时代。

布莱尔没有说明这个四阶段系列的来源，不过这个早期的说法还是令人印象深刻。他可能是从斯密在爱丁堡 1748—1750 年间以及其 1751 年任职于格拉斯哥之前所讲的修辞学和法学的讲稿中挑出来的。关于斯密的讲述没什么记录，不过还有两条评论，虽然的确有点少。斯密据说（这个信息是间接的［参见 Ross 2010: 108-4; Scott 1965: 55-6; *Corr* 153/192 n］）很恼火罗伯逊的《欧洲社会进程观》剽窃了他的讲义（Ross 2010: 103-4）。没人知道罗伯逊是否听了斯密的讲座（泰特勒在《凯姆斯传》（1807）［1993: I, 190 n］一书中提供了一个很短的名单，罗伯逊不在名单上），但也可能有一个手稿版本在流传（Phillipson 2010: 119）。实际上，《欧洲社会进程观》并没有采用阶段论[15]，所以如果斯密真的反对，也不是在这个问题上。如果斯密在格拉斯哥的法学讲义采用了爱丁堡的讲稿，就像菲利普森认为这是"合情合理的"（Phillipson 2010: 92），那么可能四阶段"论"的确在爱丁堡就有雏形（并且在流传中）。根据泰特勒的名单，布莱尔的确听了斯密爱丁堡的讲座。我们再次间接地获悉，斯密据说对布莱尔说欢迎他使用他的法学讲义的材料（Rae 1965: 33）。从一手资料看，我们确实知道布莱尔 1762 年被委任为爱丁堡的修辞学和文学教授时承认斯密借给他修辞学手稿（Blair 1838: 238 n）。第二条评论是，斯密本人在 1762—1763 年格拉斯哥的讲稿版本中提到了欧西安（*LJA* iv.101/239）。[16] 还是根据这个假设，假设布莱尔私下参考了斯密的手稿，那么这可能就是布莱尔明确讲出四阶段的那段话的来源。如果不是这份手稿，即便都算上也毫无意义。我们可能永远不会知道布莱尔为何那么早就给出了如此明确的表述。可以确定的是，我们确实知道了布莱尔就是这个说法的来源。这里的风险就非常有限了。

当然，探寻谁"影响了"谁原则上会忽视这种可能性——即，可能存在其他共同的资源让每位思想家都能够独立地得出相同的结论。实际上，这个角色有一个竞争对手。孟德斯鸠对苏格兰人的重要意义，我们在第 1 章中已经说过。《论法的精神》1748 年刚一出版就被人们热切地拜读。[17] 在非常简短的一章中（Bk 8，Chap. 8），他指出（我是从准确的全译本中引用的）：

> 法律与不同民族获取生存资料的方式密切相关。依附于商业和海洋的民族，相比满足于耕种土地的民族而言，必定有更为广泛的法典。而后者相比靠游牧生活的民族而言，也必定有更重要的法典。而最后这样的民族必定比靠狩猎而生的民族有更重要的法典。（1989: 289）

米克引用了这段话，但没有特别突出这一点（Meek 1976: 33; Teichgraeber［1986: 201 n］引用了米克的话，并赋予它更突出的地位）。由于默认将法律范围作为不同生存方式的标准，这似乎抓住了苏格兰人的立场，但还是有重大区别的。正因为缺乏孟德斯鸠的动态因素，才造成了这个区别[18]（虽然提到"海洋"，表明孟德斯鸠这里想到的是海洋贸易国家［共和国］，参见第 3 章）。斯密在《讲义》中参考欧西安，谈到诗集中描述的苏格兰人和皮克特人"处于和美洲人一样的时代"时，他的确这样写道（*LJA* iv.101/239）。考虑到后者身处那个时代而前者不属于那个时代，所以这个比较就像罗伯逊对日耳

曼和美洲印第安人的系统比较（见下文）一样，必然流露出孟德斯鸠
论述中似乎缺少的四阶段的动态因素或历史因素。休谟对各种道德因
胜于静态物质因的鼓吹同样也出现于 1748 年，而且，无论是否是对
孟德斯鸠的直接反驳（参见注释 5），它都可能成为斯密在 1749 年爱
丁堡开设的法学讲座的新素材（Scott 1965: 51）。

因此，如果我们止步于我们能够知道的内容，那么可以说，斯密
在其格拉斯哥的法学讲义中对四阶段的运用值得推敲，因为这是首次
阐释（对此阐释我们有记载）。斯密在 1762—1763 年的格拉斯哥讲义
中明确提到"人类经历了四个不同的阶段"——狩猎、游牧、农业和
商业（LJA i.27/14-16）。1766 年的版本中，这四个阶段被称为狩猎、
牧歌、农耕和商业（LJB 149/459）。两个版本中的语境是相同的，都
是在讨论占有的财产权利。[19] 同样，米勒最明确的表述是在其论政
府的讲义中，在这些讲义中，它们明确被说成"财产获得的不同阶
段"。米勒的名单是"猎人和渔夫，或者说仅仅是野蛮人；放牧者；
农夫；商人"。这个单子出自 1787 年的版本，不过它又在其他两个
版本中（1789，1790）再次以相同的内容出现。[20] 在斯密的版本中，
四阶段被用于说明以下这条一般原则，即关于获得财产的"规则"必
须"根据那时的社会状态或时代相应地变化"（LJA i.27/14）。

斯密的实际讨论非常简洁，只用了两页多一点的内容进行阐释
（1766 年的版本甚至更精炼）。米勒更为系统，这也表明"阶段"在
教学上的用处，这个作用也可以合理地归功于斯密的论述。对这一点
的支持来自这个事实，即，斯密在《国富论》中讨论等级关系时提到
"社会时期"（见下文），他不再直接使用或需要这一速记式的法学框
架（很多内容可能和米勒的《地位差别的起源》一样，因此这里没有
明确的四阶段）（同样参见下文）。

这里，我不想详细插入关于四阶段不同解释的讨论（此前我
已经概括了这些讨论 [Berry 2000]）。我在其他地方（Berry 1997:
Chap.5）也指出，财产权和其他社会制度的历史，就像在四阶段中所
描述的那样，以源于洛克式哲学的"自然发展"的具体方式为基础，
这里我不再赘述论证过程，但我将简短地援引一个方面。社会发展的

这个说法遵循着从具体到抽象[21]、从简单到复杂、从野蛮到开化或文明的自然史轨迹。这种历史模式"密谋"反对洛克式关于人类认知和情感能力的开创性发展。[22]布莱尔提到正在生根的"财产观念"时的引述为此提供了一条线索。这个结构让我们能够将商业社会的特征描述为抽象的、复杂的、文明的;这不是重申——我们也可以快速略过——爱尔维修和其他很多人的商业共和国或商人共和国。这些都没考虑历史演进的共时性方面,这一点我们将在后面的几章中谈到;当下的任务是历时地将商业社会作为一个历史形式来探索。下面的第三部分将考察商业产生的详情。这部分剩下的内容,我将在阶段的自然史语境中继续讨论商业的地位,而财产制度在这个语境中扮演着主要角色。

伊什特万·洪特承认四阶段的法学框架,并指出,正是普芬道夫将第四个阶段即商业阶段吸收进来这一决定性转变奠定了理论基础。然而,他的论证非常复杂,妨碍了把它当作一种历史叙述来看。换言之,虽然从文本上、语境上都非常谨慎小心,在这个意义上也有历史敏锐性,但这种叙述是一种重构,如同它将普芬道夫的只言片语收拢在一起却没产生一个决定性的观点。而且,这里的基础是理论意义上的,因为没有证据表明苏格兰或法国的继任者们在此基础上有所建树。洪特本人仅承认斯密是主要人物。他所搜集的普芬道夫的《自然法和万民法》中没有一段被斯密直接或间接引用到格拉斯哥的讲义中,尽管即便从教学的语境中,它本身也不是最必要的文本。不过,除了斯密记录观点的情况之外,他对普芬道夫的评论还是很重要的。比如,他指责普芬道夫"异想天开"求助神学来解释遗嘱继承(*LJB* 164/466;cf. *LJA* i.150/630)。除此之外,他还追随哈奇森等人将普芬道夫归到霍布斯和曼德维尔一伙人中,他们坚持的是将"赞许原则归因于自爱"这种站不住脚的"体系"(*TMS* VII.iii.1/315 n)。即便如此,斯密正确地将普芬道夫"宏论"的第一部分解释为对霍布斯的反驳,不过他断定,"在现实中",将"自然状态下的"法律和财产权作为"一个根本不存在的状态"来加以讨论是没有意义的(*LJB* 3/398)。而且,考虑到斯密发表的言论是一种自然的社会史版本,那

么，普芬道夫法理学的"激进的个人主义的"（洪特自己给的称谓
［Hunt 2005: 173］）特征——无论做出多少理论创新——都没想过要
预示斯密自己对四阶段的构想，即便在《讲义》中他已经抛弃了社会
契约或原始契约的概念（*LJA* v.115-18/316-17；*LJB* 15-18/402-23）。

44　　　　彼得·斯坦因（Stein 1988: 400）认为洪特归功于普芬道夫有点
"言过其实"，如我们上文所提到的，他本人认为决定性的转变是从对
财产权的关注转向对契约的关注，并认为，正是在《历史法律论丛》
这里，凯姆斯开创了"新局面"，"首次明确宣告了四阶段理论"的产
生。这是斯坦因自己的言过其实。如上文所述，凯姆斯在后来的《人
类史纲要》中才明确提出，不同于斯坦因所推断的语境。斯坦因认为
凯姆斯观点新颖的主要原因是他认为"商人的产生，作为生产者和消
费者的中间人，需要一整套新的契约约定"，这创造了一种"新的社
会类型"（Stein 1988: 405）。这里的"新"内容不是指剩余物品的非
法交易，而是交换信用和交换单据等的发展。在最后一个转变上，斯
坦因跳过凯姆斯，后者讨论债务和债权人时提到了罗马以及英格兰和
苏格兰的封建实践。但是，斯坦因确实强调了许诺和契约的作用。这
个作用最好被再次放在自然史的视线之下，以及其从具体/简单/野
蛮到抽象/复杂/文明的轨迹之中。

　　这里，我想简要联系一下许诺、契约以及潜藏于洛克式框架下
的相似术语。正如"没有占有的财产"的"概念""对野蛮人来说太
抽象"（Kames *HLT* 82）一样，契约的"观念"也是如此——"一个
率真的许诺不过一种转瞬即逝的行为，在一个野蛮人心灵中仅留下
微弱的印象"（*HLT* 61 n）。契约和许诺暗示对将来的承诺，但正是在
这种假设的"野蛮"状态中，他们生活在"此时此刻"；"甚至没能
力注意到任何遥远的后果"（Ferguson *ECS* 89）。如罗伯逊所指出的，
他们的心思想的是眼前所需，这意味着"对将来漫不经心、毫无思
考"（*HAm* 821；延伸阅读可参见 Dunbar *EHM* 15，68）。遗嘱继承
就是这样一个具体实例。斯密评论说，"亚洲和美洲的野蛮民族"的
这种继承不为人知，而对此的解释是："尊重死者""对一个野蛮民族
而言是一条太过文雅的原则"（*LJA* i.153/65；cf. *LJB* 166/467）（这

样看来，普芬道夫求助神学可真是稀奇古怪了）。所需要的"文雅"来源于对代表一个确切说没有权利的死人的处置权利的认知（*LJB* 164/466）。正如约翰·达尔林普尔所指出的，这样的认知对一个蒙昧民族来说"不是很自然的概念"（*FP* 143），这里他使用的"自然的"（natural）这个词来自洛克式发展所假设的理论体系。

斯密在《讲义》的其他地方给出了各种理由来说明为什么契约的有效性"受阻"了。他声称，虽然所有的语言都是模糊不清的，这一点在"社会的早期阶段"更为明显（*CL* 30/217–18；同时参见 Kames *HLT* 61,99）[23]，而且因为那时，维持"契约"不是强制性的，因此也就没有太多价值（*LJA* ii.47/88）。斯密接着概括了导致契约变得有效而且具有约束力的种种"原因"。我不会详细列举他的讨论，但还是想提两个方面。

首先，正是"商业的扩张"（他引用的是罗马和亚历山大里亚之间的贸易），增加了具有约束力的契约的数量，因为当双方都在场时就不再需要签订契约了（*LJA* ii.53，54/91）。但是，契约仍然是"不完善的"，这种"不完善"一直持续到英国的大法官法庭建立，举个例子，因为违背了契约所以允许损害行为的发生（*LJA* ii.75/98–9）。[24] 罗伯逊的注解是，在债权人有权攫取他们债务人的物品之前，"通往文雅的某种进程"需要被制造出来（*VP* 385）。恰恰是允许契约普遍流行的民事政府的发展（这描述了除"第一阶段"之外民事政府的发展），成为商业社会的显著特征。在本书第 4 章将要提出的关键性评论中，斯密坚持，契约的约束力"完全来自契约制定出来约束的那个人心中所激起的期望和依赖性"（*LJA* ii.56/92）。然而，契约的普遍性和约束性以及常规民事政府的建立都是更为深层原因的结果。对这些原因的解释将在下文第三部分谈到，但这里斯密讨论契约的第二个方面还得再说一下。

这个方面就是契约向土地财产的扩展。在阶段论的体系中，这得到农业阶段或者说第三个阶段。但这里的契约是有限的，因为荒郊野外的邻近地区之间的交往几乎没有。类似这样的土地不是商业意义上的；实际上，这种土地被栅篱围起来是作为限定继承这种屡被抨击的制度的界限。[25] 第四个阶段的明显特征是土地本身变得可以流转。凯姆斯声称，流转的权力"现在普遍被内生到土地财产以及动产中了"（*HLT* 105；cf191"土地的自由买卖与封建法的内容自相矛盾"），达尔林普尔明确表示，这种普遍性的源泉就是大商人之间的交易，"商业倾向"必然允许"土地毫无约束的交易"（*FP* 94，114，159）。同样，对米勒而言，正是"技艺的普遍进步"才使得土地成为"买卖的对象"（*HV* I，12/160）。

46　　米勒顺带指出了隐藏在背后的一点，即正是"社会的进步"扩大了"人类在财产权上的观念"（*HV* II，6/292）。他不是唯一一个这样说的人；实际上，就这些"观念"而言，这也反映了记录从具体的占有（直接占有）到抽象的财产权（间接联系）这一动向的自然史。凯姆斯看起来就是这个重要的思想家。从他的早期著作《论古代不列颠的几个主题》（1747）（*EBA* 127 n）到比较靠后的作品《关于苏格兰普通法和成文法的阐释》（1777）（*ELS* 228），凯姆斯一直坚持这个观点：他在前书中指出，在"社会的婴儿阶段"，财产权和使用权没有区分；在后书中评论说"与占有无关，他们（蒙昧民族和野蛮民族）没有财产权的概念"。他提出，蒙昧民族（"第一阶段"的狩猎—采集者）"关注直观的对象，不熟悉如何抽象思考"（*HLT* 82），正因为如此，他们才对"没有占有的财产权"毫无"概念"。这里我们可以提示一下这种自然史对商业社会观念的意义。作为最先进的社会形式，财产权的观念在那里是最抽象的，以诸如信用单据和交易账单这些完全依赖于一系列信念的形式体现出来。

这不是某种自我再生的过程，但如上文中米勒所解释的，这个过程就牵扯到社会的发展。随着社会的"进步"，它们有了更多的"对象"吸引其居民的注意力（Millar *OR* 176；*HV* III，Intr/438）。这不仅仅是数量上的扩张，因为这些对象随着它们脱离"可以感觉到的"对象而在性质上也变得各不相同（Robertson *HAm* 819；Millar *HV* IV，6/760）。"人类的自然史"揭示了从几乎完全关注生存方式到享受"科学、文学、安逸和富裕的自然结果"的发展——前者是第一阶段的明确特征，而后者是第四阶段即商业时期的体现（Millar *OR*

180，176）。用一个容易理解的有机形象来说，社会从其婴儿状态发育成熟，此时"改进的种籽"发展到"成熟阶段"，"那些极好的力量和才能"将"通向艺术或科学中最高尚的发现以及最高贵优雅的趣味和风俗"（Millar OR 198）。随之而来的商业社会是一个"文雅的社会"（我将在第 7 章中描述这个社会），在这个社会中，"观念和情感"、"嗜好和欲望"被"唤醒"，"欲望和需求"不断增加（Millar OR 198；Stuart HD 84；Robertson HAm 728）（这可能不被看作完全正面的，第 6 章将会挑出这点来讨论）。

将这一过程（自然的历史过程）分解为不同阶段——这些阶段围绕着罗伯逊所谓的"生产方式"（HAm 823）而联合在一起——是一个探索性的方法（Haakonssen［1981: 155］以及其他学者）。它的用处是确定社会制度的某些连贯性。财产被当作核心角色，因为拥有权如何被确定和维系与法律和权力如何正式（政府）和非正式（地位和风俗）地运行这两个问题密不可分。比如，提到国王或贵族的相关权力这个本章第三部分的主题时，罗伯逊就声称，"在揭示任何具体时期的财产权处于何种状态的过程中，我们可以根据拥有权力的准确［……］程度决定"（VP 375）。[26] 由此，集中提供生命和财产安全之所需不仅对商业的繁荣，同样也对科学和文雅趣味的兴盛都是至关重要的（VP 314）。

通过简要分析社会阶层或地位的叙述，我们可以描述阶段、财产权和自然史之间的关联。在启蒙运动中，米勒对社会分层的分析可能是持续最久的，他在《地位差别的起源》中指出，"在蒙昧时代，人们以狩猎和打渔为生，他们没机会获得大量的财产；每个人的地位没什么区别，不过他们心灵和身体上的个人品质还是有差别的"（OR 246-7）。这一观点导致了很多推论。财产不会导致阶层（参见 Stuart HD 130），但是没有财产的时候还是有地位差序的流动，因为这些"品质"（主要是力量、勇气和年龄）本身就是转瞬即逝的。然而，"驯养和放牧牲畜的发明"制造了财产和不同所有权的"机会"，随后又导致了"稳定的地位差别"（OR 203-4）。

通常说来，米勒的观点是苏格兰人共有的。罗伯逊（HAm

47

827/8）、凯姆斯（*SHM* I，414；*EBA* 133）、休谟（*E-OG* 39）、弗格森（*ECS* 84）、斯图尔特（*VSE* 37）都认为，在蒙昧时代，"个人品质"的相似性是普遍的。斯密的版本尤其具有启发性，并体现了他在课堂之外是如何运用"阶段论"的。这种运用值得注意的是，他没有明确提到"四个阶段"。他确实公开提到社会的"第一阶段"（猎人）和"第二阶段"（牧人）（*WN* V.i.b.7/712–13），但只是顺带提到"农业民族刚刚从游牧状态过渡而来"（*WN* V.i.b.16/717），而且顺带着比较性地提到了"富裕而文明的社会"（*WN* V.i.b.7/712）。在这些段落中，斯密考察了怎样的因素"自然而然地导致了等级的产生"（*WN* V.i.b.4/710；cf. *LJA* v.129/321），并确定了四种"原因"或者说"条件"，前两种属于个人品质或特征——身体或心灵的优势和年龄优势。米勒对财产权（或不存在财产权）的提及再次受益于斯密，因为剩下的两个"原因"取决于与财产权和等级的关系。第三种是"财富的优势"，这一点尽管在"每个时代都重要"，但在游牧时代特别明显（*WN* V.i.b.7/711）。斯密的主要例子是鞑靼的酋长，在酋长的统治下产生了巨大的等级差别，取代了前两种原因微弱无力的基础。获得牲畜的不同方式产生了"一系列依附关系"（Millar *OR* 204），比如，在斯密的版本中，"酋长地位"是财富优势的"必然结果"。在此基础上，"建立民事政府的目的是为了保护财产安全，就此而言，它在现实中的建立就是保护富人不受穷人的侵犯，或者说保护那些有财产的人不受一无所有的人的侵犯"（*WN* V.i.b.12/715）。相同的观点在《讲义》中也有，在《讲义》中，游牧时代的财产权据说让政府变得"绝对必需"，因为如果不这样，穷人就会攻击富人（*LJA* i.21/208）。

斯密的第四个原因——出身的优越——巩固了第三个原因，因为一旦财富的不平等形成，它才具有社会意义。把出身这个唯一的事实视为社会优越性的一个原因，仅仅意味着出生于一个富裕的家庭，这个家族因习惯的影响而获得保护（*WN* V.i.b.8/713；cf. Hume *E-OG* 39）。鉴于这一点，那么，第四种原因在财富平等的第一阶段必然是不存在的，而又一次在游牧社会中最大程度地体现了出生的不平等（*WN* V.i.b.7/713）。第三和第四种原因的结合是前商业社会中社会权力的主要来源，如弗格森在其评论中承认的：当财富差别和出身差别结合在一起时，酋长享有的优越地位超过了战争中的地位（*ECS* 100）。在《道德情感论》中，斯密评论说，"地位的差别"更牢固地建立在"明显易见的出身和财富的差别"之上而非像智慧和德性这些看不见的因素之上（*TMS* VI.ii.i.20/226）（易见性在《国富论》中也提到了［*WN* V.i.b.6/711］，但在《国富论》中，易见性是和第二种原因［年龄］联系在一起的，然而，斯图尔特吸取《道德情感论》的观点，将它与"财富和财产"而非功劳联系在一起［*VSE* 33］）。虽然商业社会也呈现出阶级差序，但如我们所见，这在一种非常重要的意义上讲是去人格化的。按照早先的分析，在政治上，我们可以说，"规则"是从具体、特殊到抽象、一般。这倒提出了一种从人治到法治的隐隐约约的历史化的叙述。

现在结束这部分：苏格兰人在四阶段的装扮之下对阶段论的运用最好视为一种与杜格尔特·斯图尔特描述一致的"理论的"自然史，其特征是制度如何通过"自然因"发展的一种研究（不需要坚信任何具体的"真实"进步的一种研究）。财产权发挥着突出的作用，其文本的来源是法学讲义，在这个研究中，依斯图尔特本人的观点（参见上文），认为它是自然史中的排他性主题则是错误的（Emerson 1984；Berry 2000）。阶段论作为一个类型的自然史能够让道德科学家或社会科学家做的事，就是做出正面的、矫正的合理推论。

如果回到欧西安的讨论，我们可以轻松地考察这两点。布莱尔在其《批评论文》（*Critical Dissertation*, 1763）中为欧西安诗集的真实性辩护时，如我们前面提到的，他将诗歌定位在第一阶段，即猎人阶段（Blair 1996: 353）。他深信不疑地利用阿伯丁教授托马斯·布莱克韦尔的《荷马传》（*Life of Homer*, 1735），他断言，诗歌的语言和风格与第一阶段的风俗一致。他在回应洛克式结构时也声称，"人们的观念最初都是非常具体的。他们没有词汇来表达一般的概念"。他将此视为欧西安真实性的证据，因为诗人"从未以抽象的词汇来表达自己"（Blair 1996: 354）。不过，上文提醒过，不必过分看重这个特殊的自然史阶段论版本，对此的回应也适用于同一个例子：休谟的推论以矫正的而非正面的方式被采用。他认为反驳欧西安真实性的事实是，在他的诗歌中，妇女被描述得"极为娇柔"（这里是对米勒的回应），而这样的处理"与野蛮人的风俗完全相反"。[27]

更一般地说，我们还可以说这种自然史方法让苏格兰人能够对证据做出或然性的评价。举个不同的例子，重要的证据让多神论早于一神论的推论变得合理（Hume *NHR* I.1/34；Smith *HA* III.2/49；Kames *SHM* II，390；Ferguson *PMPS* I，168）。而且，在特定的例子中缺乏宗教信仰的证据，那么这个"间隙"或者说"具体情况下的缺乏"，就可以由合理的一般化归纳填补——如果一个特定社会的成员几乎没有占有物，蔑视妇女，目不识丁，这就可以合理地推论这个社会是多神教。我将在第 7 章讨论社会制度的共时连贯性。承蒙玛丽·普维的启发，我们得说，在这方面天生就没有对女士彬彬有礼的绅士；它表明了在必然依赖关于一致性的某些潜在性原则时的"比较方法"的基本假设。隐含在所有这一切中的是，这种自然史给了苏格兰人一个有力的工具，让他们能够分析共时的（整体的）社会，并将其放在一个历时的模式之中。

"阶段论"以这种方式为制度的历史提供了一种秩序—装置。它的运用在两个层面上类似于后来所谓的"理想类型"。第一个层面，社会从具体简单的世界发展到抽象复杂的世界。这种"简单"与初期阶段的社会发展基本相似。米勒明确指出：

> 蒙昧和野蛮民族……拥有相同的追求和职业，因此有着共同的关注对象，他们接受相似的教育和训练，获得相似的习惯和思考方式……[而且]无论这样的民族可能碰巧因独特的制度和稀奇古怪的惯例而与众不同，他们在其性格和风俗的总体概貌上展现出了惊人的一致；这种一致性在彼此相距最为遥远的不同民族中也是那么引人注目。（*HV* IV，8/832）

第二个层面兑现了第一个层面：苏格兰人对社会发展的追溯体现出他们越发熟悉其必然性（Medick 1973: 253）以及随之而来的多样性。据此，商业社会，如我们稍后详细探讨的，以各种方式呈现出来：在情感和制度两方面，它都比早先的社会阶段更健康、更富裕、更自由。

实现社会的自然史取决于一般原因或一般原理在共时性和历时性上的一致。历时性维度概述了从蒙昧到开化（引用邓巴的副标题）的社会进程。这意味着，商业发展到作为一个社会的独特形式被吸纳到这样的进程表中了。关于商业如何产生的讨论以这种方式在理论上被共同接受了，但它同时也以补充形式凭借自己独有的权利成为苏格兰人浓厚兴趣的主题。

III

商业社会如何成为一种历史叙述和一种对社会因果关联的考察，是苏格兰人著作中的重大主题之一。它在休谟的《英国史》中特征鲜明，是《国富论》的著名篇章，是米勒《英国政府历史观》和罗伯逊《欧洲社会进程观》的主要内容，在吉尔伯特·斯图尔特的著作中再次出现（如果只是视为他对他们观点的反驳的话），以及其他人的著作都曾出现过这个主题。这里，我不想提供各种讨论的详细解释。这一回避某种程度上是因为他们呈现的内容基本相似，某种程度上是因为我想采用一个更受关注的观点。这个关注点就是自由和商业的相互作用。预告一下：我将表明自由和商业如何互为因果，但不是这种特征所体现的恶意循环的互为因果。

休谟提到"［政府］的秘密革命（*HE* II，603）"，斯密也提 51
到"［对外贸易］悄无声息、不知不觉"带来的"革命"（*WN* III.
iv.17.10/420，418）。通过他们所使用的"秘密的"、"不知不觉的"
这些词语，休谟和斯密暗示人们社会变化的进程是如何发生的。这里
说的"变化"——封建主权力基础的腐蚀、商业社会的产生，一样是
"秘密的"、"不知不觉的"。这个"进程"——财产和风俗所扮演的因

果解释的角色，一样也是"秘密的"、"不知不觉的"。这种语境和这种代表性用语，在米勒、罗伯逊以及其他人的著作中反复出现。

"秘密的"、"不知不觉的"这两个词语说明"事件"逐渐地、难以察觉地展开，在心怀各种目的和慎重目标的个人的雷达监控（可以这样说）之下。这一说明是苏格兰启蒙理论家的重大主题之一——他们对"无意图的结果"的表述及其作用的警惕之心——不过，这里我想强调的是这一点如何和本章第一部分讨论过的有偏差的骰子联系起来。休谟的一般规则（我们回忆一下）是"取决于少数的事物，在很大程度上可归因于机会"，但"源于多数的事物，往往可以由确定的、已知的原因解释"（*E-AS* 112）。那些秘密的、悄无声息的事件就是后一类事物，不过过程本身却是由前者发动的，这意味商业社会产生时其他事物也不可避免。我们可以说，对于苏格兰人而言，历史马上不可避免向偶发事件敞开了大门，而偶发事件确切地说也会影响因果解释。

回想一下，"机会"这个词语只是用来描述对原因的无知，所以，"机会"（一次性事件）和"确定的"（从或然性上说是可重复的）"原因"之间的比较，也可以被形容为"具体"原因和"一般"原因的比较。休谟使用了这个术语。在亨利七世统治的背景之下，他提到很多加强王权的"具体原因"，但也宣称"那个时代的风俗"是"颠覆贵族权力"的"一般原因"（*HE* II，602，603）。这种颠覆恰是"秘密的革命"；这种变化宣告了商业生活的来临；用卡尔·维纳林德的话（Wennerlind 2002: 267 n.18）说，这种变化"开启了现代化的进程"。这种过程中关键的一点是，封建贵族习得了"奢侈的品性"。休谟的讨论令人想起1752年《论技艺的进步》一文中的观点，不过这里奢侈扮演的角色在斯密（*LJA* iv.73/227；cf. *LJB* 51/416，59/420）、米勒（*HV* III，2/489）、凯姆斯（*HLT* 191）、达尔林普尔（*FP* 207）以及其他人那里重申。这个角色在《国富论》一个很有名的段落中非常惹眼：

52　　　　　　为了一对钻石搭扣，或没有价值、毫无用处的事物，他们（那些大地主）用来交换的生活物资或同类事物，其价格是一千个人一年的生活物资，有了它，也就有了它所给予的全部势力和权威。然而，搭扣全都是他们自己的，没人会与他们分享……这样，为了满足最幼稚、最鄙俗、最肮脏的全部虚荣，他们渐渐地用他们所有的权力和权威来交换。（*WN* III.iv.10/418-19）

不仅斯密而且他的苏格兰同胞也勾勒了这一系列事件，凯姆斯早期（1747）做了个简短的勾画（*EBA* 155）。这里有一个共同认可的"初始条件"。中世纪的贵族把他们的剩余物品都花在维持侍从或附庸的生活上面，而后者为了维持这种状况只需回馈忠诚即可。结果是，这些大地主，除了在战争中是统领外，还"必然在和平时期充当法官"，那个唯一"能在各自领地内维持秩序、执行法律的人，因为他们每一个人都能调动所有居民的全部力量反对任何不义之人"（Smith *WN* III.iv.7/415），休谟（*HE* II，602）、罗伯逊（*VP* 323）、米勒（*HV* III，1/447）、达尔林普尔（*FP* 266）也有类似的表述。随着奢侈品的出现，贵族们缩减了他们的宴请款待，减少侍从的数量。以前的这些侍从要么待在土地上，因为贵族为了维持其奢侈品的基金，给予他们长期租约（或者甚至是赋予他们永久的租佃权利）（Millar *HV* III，2/489；Smith *WN* III.iv.13/421），要么离开领地到城镇上去，变成手工制造业者和技术工匠，靠他们自己的勤劳维持生计，这就产生了"新的开销方式"（Hume *HE* II，602）。在这两种情况中，无意图的结果（后果）都是一样的。斯密比较了封建领主的统治和欧洲当时的现实状况，在当时的欧洲，"一个每年收入一万镑的人"

不直接维持二十个人的花销，或能够对十个以上的仆人发号施令——他们不值得这个号令，他的全部收入也能花光，而且他通常也是这样花费的。间接地看，他所养活的人数可能和他以古代花销方式养活的一样多，甚至更多……然而，总体上，他对每个人贡献的都是非常小的一份，对极少

数人来说可能只是十分之一，对大多数人来说还不到他们每
年生活物资的千分之一。但是，他却对所有这些人的生活物
资都有贡献，他们多多少少都不依赖他，因为一般说来，没
有他，他们全都能养活自己。（*WN* III.iv.11/419–20）

确保"独立性"是关键，这一点也被其他人指出来了。比如米勒
就说，"获释的"工匠和农民是独立的，不"必要寻求他们大老爷的
帮助"就能生活下去，所以他们不用觉得自己"非常仰仗他们"（*HV*
III，3/487–9）。詹姆斯·斯图亚特就这一点作出了非常干脆的论断，
他明确将封建政府中的"下层阶级的必要依赖性"与产生于"引入工
业"之后获得"独立"的相同下层阶级的"现代自由"进行了鲜明对
比（*PPE* I，208–9）。我将在第 5 章再谈"现代自由"这个概念。

苏格兰人明确将这一点描述为因果故事。休谟的《英国史》通过
社会化模式的惯例和习性渐进变化的因果机制等一系列方式讲述了这
个变化的故事（关于发挥作用的因果机制的详细论述，可参见 Berry
2006b）。对米勒而言，"相同的原因提升了普通人的地位，削弱了贵
族的影响"（*HV* III，2/489）。在斯密那里，这种联系可以直接被当作
因果关系（而非"机会"），因为它在法国和英国的君主统治的历史中
反复出现，"不到三十年前"洛基尔的卡梅隆（此人我们在第 1 章中
提到过）的例子就是很好的说明（*WN* III.iv.8/415–16）。因此，这是
一种经得起科学解释检验的规律，就像斯密在这里明确说的"这些结
果必然总是从这些原因而来"。[28] 因此，他能在一个看似完全不同的
语境下解释鞑靼人酋长的权力。因为"野蛮状态下的酋长社会"（四
阶段中的第二阶段）没有任何"精心生产的制造品，任何种类的小装
饰品和小玩意儿，他可以用自己花不完的多余部分的未加工产品来
换取这些东西"，所以剩余产品是用来维持一千个人的生活资料（在
战争中指挥这一千个人，以提高自己的权力，进而巩固自己的地位）
（*WN* V.i.b.7/712）。

正如斯密的叙述明确指出的，封建权力的逐渐衰落和商业的产生
可以用"一般原因"来解释。这一点，可从他批评诉诸封建法律解释

这一变化的做法中看出。这个错误的来源是对社会因果关联的误解。封建权力的原因并不在于谨慎而目的明确的法律条文，而在于"财产和风俗的状态"。前者（法律条文的具体性）从属于后者（风俗的一般性）。休谟在这点上举了一个很有启发的例子。他认为伊丽莎白尝试以公告来限制奢侈是无效的（*HE* II，602），就像早先（包括亨利八世的三项公告）禁奢法的尝试也是无用功一样（*HE* II，231；cf. I，533，关于爱德华三世的尝试）。这些尝试"失败"的原因是它们脱离了休谟自己所说的"时代精神"（*E-RA* 271；*HE* II，595），或者是达尔林普尔所说的"这个民族的天赋和条件"不适应相似背景下的法律（*FP* 128）。虽然具体的法律条款被定义为"个别的"或"特殊的"，而法律/政府是社会制度，这意味着需要相应相称的社会原因来解释社会的变迁（革命）。斯图尔特在做出以下评论时简要概述了这一点：他认为，影响中世纪盛期整个欧洲国王和贵族之间的混乱失序并不"完全源于王储们的贪婪和执政能力"。它们（国王和贵族之间的混乱）的主要原因，必然是一种**更广泛、更一般化**的原因（*VSE* 71——粗体是我强调的）。在斯图亚特这里，这个原因通过"一切联系和运用"中财产的演变发挥着作用。

"一般原因"的观念在苏格兰人的社会科学中是个重要因素。我们发现米勒的论述借助了这个观念，他说，宗教改革的"一般原因"是"技艺的提高以及随之而来的知识的扩散"（*HV* II，10/407）。休谟用"一般原因"来说明亨利三世统治时期天主教会的活动（*HE* I，338），罗伯逊在其书中将前宗教改革时期苏格兰的教会权力归因于一系列"一般原因"，包括教会的财富和时代的迷信（*HSc* 41）。同样的原因，罗伯逊在他的查理五世史的绪论中解释他的目的是对"欧洲政治国家改进"的"重要原因"作出解释的尝试（*VP* 307）。这些"历史的"案例为一般原因提供了更类型化参照的例子或说明，而这些一般原因，像"情形和天赋"（Ferguson *ECS* 124），或主导的"风俗习惯"（Millar *OR* 177），或"状态的缓慢结果"（Dunbar *EHM* 61），或"事件的缓慢发展"（Stuart *OPL* 108），诸如此类。与此一致的，米勒指出，审判制度起源于"哥特民族的**一般状况**"而非起源于阿尔弗

54

雷德的具体措施（*HV* I，9/141，黑体是我加的）。同样，军事组织模式也不能简单地归功于阿尔弗雷德的"独特政策"，因为它对英格兰来说并不是"特殊的"，毋宁用类似于休谟使用的"秘密的"、斯密使用的"不知不觉的"来解释"几乎从野蛮状态的国家悄无声息的"产生过程（*HV* I，6/97–98）。休谟反驳"把阿尔弗雷德当作［法律体系］唯一创造者"讨论欧洲惯例的相似性时也有相同的观点（*HE* I，53）。[29] 他断言，阿尔弗雷德的"法律"适合"凶猛放肆的民族"，但是，当"人们更适应服从和法律"时，把每个个体拘禁在他们的活动场所上将不利于"文雅国家的自由和商业"（*HE* I, 51）。如前所述，我将在后面回到自由如何适用于因果故事这个问题上来，但这里首先需要追溯和考察"特殊原因"或"触发点"在某种程度上对于这个一般过程的意义。

我们在前文提到，斯密将"对外贸易和制造业"作为"大地主"权力被腐蚀的"无声无息的"原因。我们可以推断，那些毫无意义的"钻石搭扣"就是这些外国货的例证。休谟在《论商业》中认为对外贸易带来了国内的奢侈（*E-Com* 263；cf. *E-JT* 328），在《英国史》中举了个例子：伊丽莎白统治时期德国怀表的进口（*HE* II，599）。从这两个例子来看，触发点似乎是外生的。需要外部的商业来启动内部的程序，由此，（特别是）英格兰发展成为一个商业国家。

虽然休谟和斯密尚未触及，但罗伯逊为这种商业及其进口的素材提供了一个相对详细的叙述。[30] 相邻的素材是意大利的城市（斯密也注意到这一点，*WN* III.iii.14/406）。特别是威尼斯，是沟通"西方"和以君士坦丁堡为中心的东方的中转站。促使这一地位的决定性事件是十字军东征，它导致了"既没被预见也不是被期望的""有利结果"（*VP* 316）。从罗伯逊的讨论（以及斯密的简要论述［*WN* III.iii.14/406］）中，我们可以推断这个结果表现在两个方面。十字军东征的贵族返回家园时也带来了他们所见到的富丽堂皇的品位，罗伯逊将其解释为为什么在他们返家之后"更华丽的君王宫廷"立刻出现了（*VP* 317）。第二个方面是，供应这些"宫廷"的物品来自威尼斯、热那亚以及其他城市，这些物品通过伦巴第商人的活跃穿梭逐渐传播开来。结果形成的贸易路线，尤其是到波罗的海的汉莎城镇的路线，同时也使得布鲁日、安特卫普这些转口港成为富裕的城市（*VP* 410）。这些物品通过大商人的活跃穿梭散播在更广泛的社会各阶层。那些钻石搭扣的抵达就这样成为十字军东征的无意图的结果，就像对它们的欲望导致贵族权力的丧失这一无意图的结果一样。[31]

还有更进一步的传播。根据罗伯逊的估算，这些大商人"只关心商业事务"不可能"没有散播他们居住的各个欧洲国家正义和秩序的新观念、更自由的观念"（*VP* 411）。城市之所以繁荣是因为它们享有一定程度的自治，获得了自由，成为"如此众多的共和国"——如罗伯逊所指出的。由于获得了这些，一组一般原因发挥着作用："勤勉的精神复苏了：商业成为关注对象，开始繁荣起来。"如此增加的财富就伴随着（和往常一样）"炫富和奢侈"。反过来，这又促成了"风俗的文雅改进"，这个结果带来了"一种常规政府和施政政策"。法律和"文雅风俗"进而"不知不觉地散播在社会的其他角落里"（*VP* 319）（这里再次提到"不知不觉地"这个斯密式用法）。

对米勒而言，通过这种方式，"制造业和商业民族不断推进自由和独立"，随之而来的是农民或农场主的自由和独立，这个过程是"事物的自然进程"（*HV* III, 2/488）。众所周知，斯密对这一顺序的说法是一样的，尽管真正产生的事实与"事物的自然进程相反"（*WN* III.iv.19/422），他早先概括的这一自然进程是农业先发展，其次是制造业，进而是对外贸易（*WN* III.i.8/380）。然而，斯密又说，"……每个社会在某种程度上"都遵循这一顺序。这个分歧契合杜格尔特·斯图尔特对"自然"进程和"现实"进程的区分。斯密自己也说，乡村先于城镇发展的顺序是"由人的自然倾向促进的"（*WN* III.i.3/377）。这个自然秩序适用于北美（*WN* III.i.5/378），但欧洲的相反顺序是由对外贸易的外部引入这一特殊原因造成的。一旦启动了这一进程，那么随着商业社会自然而然地发展，对外贸易也逐渐体现出基于最本土的制造业生产部门的国际劳动分工。

将外部的特殊原因作为触发点，意味着商业产生了商业。同样地，自由带来了自由。如我们在上文追溯的，"自由城镇"形成的工业和财富孕育了一种独立精神，最后形成了斯图尔特的"现代自由"，或罗伯逊的"常规政府"。这种重大转向的认识是由休谟做出的，他自己提到的是一种"新的自由方案"（*HE* II，602；III，99）。和罗伯逊一样，在休谟看来，这（显然）是因为城市的发展和"中等阶层"的形成（*HE* II，602），他还在其他地方断言这一阶层"是社会自由的最好、最坚实的基石"（*E-RA* 277）。斯密的间接语境虽然不同，但也公开宣称，打个比方，提供就业机会才使得每个个体感到"自由——我们现在意义上的自由"（*WN* III.iii.5/400）。作为最后的说明，我们可以引用米勒的话，他在谈到 17 世纪初时，将"事物新秩序"的产生和"不同的财产协议"（*HV* III，Introd/437）联系起来。我将在第 5 章再讨论这些评论和论证逻辑。

在拎出"财产权"这个问题之前，我们在这里可以插入一下，即对封建主义的衰败 / 商业的兴起的（一般的）原因解释与斯图尔特勾勒的自然史的两个"锚头"（上文用这个词形容的）是一致的。我们对"环境"有一种描述——封建租佃制和奢侈品的可获得性，同时还有人性原理的运行。前面的"环境"所有人都能接受，后面的内容就不太好说了。为什么大地主们卖掉他们与生俱来的权利来换取"小饰品和小玩意儿"（*WN* III.iv.15/421），斯密对此的解释是他们自己消费这些东西，不需要和他人分享，因为"所有东西都属于自己，其他人什么也没有，在这个世界上的任何时代似乎都是人类主宰者们的卑鄙准则"（*WN* III.iv.10/418）。在《法学讲义》中，同样宽泛的语境下，斯密毫不含糊地说，"人们如此自私"，以致他们不会"免费提供任何东西"，这实属普遍（*LJA* i.117/50）。休谟没有明确说明自私在"人性持久普遍的源泉"中（*U* 8.7/ *SBNU* 83）是激励贵族们的激情，不过和斯密一致的是，"贪婪"是强有力的竞争者，因为休谟断言，它"是一种任何时候、任何地方、任何人身上都在运行着的普遍的激情"（*E-AS* 113）。不过，休谟和斯密两人在其他地方都意识到这么说太简单了。他们指出，对钻石搭扣的欲望（如果可以这么说的话）更多是维持贵族圈身份的事儿，因为它是对个人自己财物的私人享用（Hume *E-RA* 276，*T* 2.2.5.21/*SBNT* 365；Smith *TMS* I.iii.2.1/50）。而且两人都提到模仿或竞争的效果。休谟说，在这些奢侈品的需求上，几乎没有士绅不跟风贵族的（*HE* III，99），而斯密更一般化地注意到"人类附和有权有势者的激情的倾向"（*TMS*: I.iii.2.3/51）（米勒明确继承了这个观点［*OR* 250 n］）。这里发挥作用的是贪婪和自私，它们在商业社会中的地位，将在第 4 章和第 6 章详细考察。

"新"自由和财产之间的关联表明这一论证中清晰的法律维度和政治维度，稍后几章将会对此进行解释。这里要考虑的是历史的层面。对相当明显的理由的思考体现在休谟和米勒"历史"著作的前面部分。他们确实意见相左[32]，但在"大局"上又是一致的。在休谟看来，他的"秘密革命"的关键是"法律的普遍实施和规范执行"的出现（*HE* II，603）。这在原因上来自两阶段过程。第一个阶段，贵族们通过出租让他们的侍从走掉了，而附庸们也失去了本土化的权力基础，这样就扫除了中央权威的主要障碍（*HE* II，603）。第二个阶段本身又分为二。最初，在意识到贵族衰落时，君主趁势装作拥有"几乎绝对的权威"（cf. Millar *HV* II，9/402 re Henry VII），但是接着，在英格兰，这种自行裁决的权力也开始被"法律的规范执行"所削减。这种随之而来的权力削减，其原因是由中等阶层构成的下议院的兴起，他们的财富随着商业的发展而随之增加，因为他们在国内生产、分配这些消费品。这些行商坐贾、大小商贩"都渴望平等的法律"，因为如果没有连续、预期（规范）执行的法律所提供的安全保护，"市场"将无法运转（*E-RA* 277–8）。这是第 4 章的主题。

在米勒这里，"社会在文明中的推进"，其标志是"每个人手中财富的大量积累"（*HV* III，2/490）。这不是指少数人手中财富的剧增，而是说财富散布在多数人手中。这种扩散的结果意味着君主在面临不断增加的花费时不得不寻求下议院的财政支持，如休谟所说，下议院由新富构成。这种财富所代表的商业和制造业的发展标志着一种"非常有利于自由"的"财产状况"（*HV* IV，3/726；III，4/552；IV，2/712）。这些财产持有者——大商人及其类似的人，"汲取了高度的自由精神"（*HE* III，2/497；IV，5/743）（这种"精神"就本身而言"与人类的心灵"情投意合［*HV* III，2/487]）。因此，技艺、制造业

58

和商业持续发展，与此相同，"法律规则"形成的自由和正义之德也在逐渐扩大（*HV* IV，6/773；IV，7/787；III，4/555）。在隐晦提到阶段论这方面，米勒明确比较了"商业民族"和"野蛮国家"的风俗（*HV* IV，6/774）。实际上，在"丰裕文雅的国家"，"平稳而常规的政府"已经完善，因而，"正义的公正分配几乎是意料之中的事"（*HV* I，8/131）。第5章将讨论这里所说的关联性。

IV

苏格兰人认为他们生活在"商业时代"。这和他们对"改良"的执着胶合在一起。我们在第1章中已经讨论过了"改良"。这两方面都欣赏变化。接下来，理解他们自己的社会，评价将来改善方向的进程和趋势，意味着对这种变化的理解。这个必要的理解需要被搜集起来以便通过确定原因来解释这个变化的推动力。这就赋予苏格兰理论家从事历史研究的强大动机，就像凯姆斯夸张地说道，"一个人局限于阅读当代读物，他的知识必然会多么残缺啊！"（*HLT* vi）。这个研究的焦点，如斯图亚特指出的，是他相信的"欧洲政治中的近期革命"——这个用语我们现在已经熟悉了——展现了"人类从明显的简朴到复杂的精致的规律性进程"（*PPE* I，28）。这个焦点确定了关注的重心：商业社会如何从明显不同的社会形态中产生并在此基础上继续发展。可能最重要的是，正是对社会变迁过程的这种兴趣，让苏格兰人商业社会的概念变得与众不同，成为一个整合的、包罗万象的生活形态，这是重商主义城邦所不曾预见的。苏格兰人观念的独特气质是第7章的主题。与此相关的是，苏格兰理论家在不列颠尤为独树一帜，不仅因为这是"他们的"社会，还因为，作为斯密口中的小店主国家（*WN* IV.vii.c.63/613），它还象征着现代的商业世界。

不过他们意识到，即便这段历史有民族国家的侧重点，给出满意的解释才是比较性的任务。罗伯逊让这一点变得清晰明确。他将其《欧洲社会进程观》解释为《查理五世史》的绪论，并指出，"欧洲所有国家的政府形态在几个时期几乎都是一样的，阐述英国的制度发展无需更详细地研究大陆国家的法律和习惯"。他接着说，这种"比较"将有"重要用处"（*VP* 429）（同时参见休谟在《人性论》导言中的三个方法论方案，见上文第 22 页）罗伯逊还为另一种苏格兰特征提供了一个清晰的表述。在他们的研究中，比如以凯姆斯的"附带性事实"来说，苏格兰人将当代民族志视为一种补充材料（回想一下上文斯密提到的美洲印第安人和欧西安语境中的皮克特人）。考虑到缺乏"野蛮民族的古代状况"的直接资料，罗伯逊假设蛮族欧洲人和"北美的各个部落和蒙昧民族"之间存在相似性（*VP* 371），由此，关于前者的"正确叙述"比"凯撒或塔西陀的证词"有更充分的说服力。接着，在列出五个相似点之后，他断言，"一个哲学家"将会根据这个证据得出结论说，尽管不是完全相似，但这种"相似性可能大于历史提供机会观察到的任何相似性"（*VP* 372）。

　　这种总体分析直截了当地表现为自然史的观念。回想一下斯图尔特的说法，这些"附带性事实"是"外在环境"，让（任何）比较得以可能的是一般原理，对苏格兰人来说是自然史的"主锚"，也即人性始终如一的原理。米勒说得更清楚："人在任何地方都是一样的；我们必然得出结论说，粗鲁的印第安人和开化的欧洲人依据相同的原理行事。"（*Obs* iii）[33] 自然史是人类作为社会动物的历史。他们的行为、价值和制度在发展，在"改进"。这一发展进程被绘制成从人类早期简朴的社会形态到不断发展的复杂社会形态的变迁。"四个阶段"不过是这一图绘的具体表述而已。当它（屡次）被采用时，它的具体目的是用来突出财产规则变化的重要性。财产的确扮演了一个重要角色，但它不是唯一重要的因素。商业社会的确有一种与众不同的财产制度，但财产仅仅是界定这个社会形态复杂的、相互关联的整体中的一个方面而已。下面几章考察的就是总体性了。

注释

［1］休谟使用了"观念的联想"这个概念，而洛克等人是在否定意义上使用这个概

念的，并对其进行了分类。从经验上讲，我们把甲设想为原因，把乙作为甲的结果。因而休谟这样分析道，甲在乙之前并紧挨着乙，但是形成这种因果联系的决定因素是，随着时间的变化，经验呈现出甲和乙总是联合在一起（*T* 2.3.1.16/*SBNT* 403）。这种因果关系的联结性理解显然影响了斯密在《天文学史》中的分析，但休谟将"因果必然性"作为"心灵的习惯"来分析这一点并没有被斯密全盘接受。

[2] 后者是对牛顿"吾不做假设"这句格言（Newton 1953: 43）的回应，弗格森在其后来的《道德和政治科学原理》中进一步比较了牛顿和笛卡尔，并指出承认无知和假设"比较保险"（*PMPS* I，117）。里德在其整个著作中都使用了牛顿的这句格言，并声称"哲学在任何时代都掺杂着假设；从体系上说哲学部分建立在事实之上，更多建立在推测之上"（*Intellectual Powers* II，3/1846: 224）。参见 Laudan（1970）。弗格森首次对推测和事实进行比较，与戈盖《论法律的起源》（Goguet 1758）的开篇有着惊人的相似。该书的英文版 1761 年首次于爱丁堡出版。

[3] 兰克（1824: vi）在其《罗马和日耳曼民族史》的序言中评论道，他只渴望描述"真实发生的事情如何"以标志性事件呈现出来，而柯林伍德（1946: 77）断言"启蒙运动的历史观不是真正的历史。"参见 Höpfl（1978）和 Sampson（1956: 72, 74），他们从斯图尔特那里摘录了最后一句，称之为"破坏性声明"，并说将 18 世纪视为"根本上反历史的"世纪是有某些道理的。

[4] 1807 年，凯姆斯的第一位传记作者评价说，"对真实事实的记录，对历史真相的展现，在这些作家眼中不足以与精巧的论证和花哨的理论相提并论……这些哲学家胆子大到去决定人应该是什么样的，而且通过先验推理证明在特定情况下已经是什么样的，以及在类似的情况下必定是什么样的"。（Tytler 1993: I, 200 注释）

[5] 曼德维尔（休谟选定的人的科学的开创者之一）指出，因为不存在没有原因的结果，所以"任何事情都可以说是碰巧发生的"，他还以骰子的投掷为例进行了解释。（Mandeville 1988: I, 262）

[6] 关于休谟和"或然性"（以及更广泛的启蒙运动的背景）的讨论，参见 Daston（1988: Chap. 4）和 Baker（1975: esp. p. 160ff）。

[7] 孟德斯鸠在《论法的精神》中提出，气候或空气作为原因，社会制度或民族性以及人类行为作为结果，两者之间存在着之间的生理上的关系。因此，同一部歌剧在英格兰（非常平静）和意大利（热情奔放）会产生不同的效果，或者说，在寒冷的莫斯科气候下，情形就像一种惩罚（Bk 14, Chap. 2）。《论法的精神》出版于 1748 年，只比休谟同年发表的《论民族性》稍早一点点。充其量只有一条详细的证据表明休谟此前读过孟德斯鸠的书稿（参见 Chamley 1975），但除了历史理由，这里的这个观念不是至关重要的，因为原则上这个观点不是

从个人偏好出发的（即便实际上往往显示是那样），另外，休谟在《人性论》中也预示他反对"土壤气候"的说法（T 2.1.11.2/SBNT 317）。

[8] 我应该澄清一下，这些"自然因"和与"道德因"相对的"物质因"是不同的。"物质因"只是和前者一样是"自然的"。人类是社会的存在，他们从属于（自然的）社会化进程或道德因果。进一步论证参见第 4 章。这是休谟"与物种不可分离的"意义上的"自然的"（T 3.2.1.19/ SBNT 484），这里休谟和他的同时代人没有区别。

[9] 对过度阐释的同样警告可用到米克讨论戈盖的《论法律的起源》（1758）时不顾补充长篇大论的引文（Meek 1976: 94-5），或者用到杜尔阁身上，他在《通史》的讨论声称构成了"四阶段理论"（Meek 1976: 75）。米克在早先他编辑的杜尔阁《论文集》的导言中稍微谨慎一些——杜尔阁提出了"三阶段论"，"实际上"采纳了魁奈和米拉波的观点，所以第四个阶段才由此产生（Meek 1973: 12, 20）。恩佐·佩夏雷利（Pesciarelli 1978: 511）坦然承认，他吸取了米克的观点，在安东尼奥·杰诺韦西那里找到了四阶段论。杰诺韦西在《论商业》一书中确实区分了靠狩猎为生的"野蛮人"（selvagge），靠放牧和少量农业为生的"蛮族"（barbare），"开化的"但没有商业或奢侈技艺的"民族"（他引用了日耳曼部落），以及享有炫目的奢侈、文学、科学和改进（refinement）的"**完全开化的民族**"（Genovesi 1765: 51-2）。与"改进"（refinement）的关联受到休谟的启发，杰诺韦西熟知休谟的著作。另一个不太有名的例子是丹维拉的著作《论国民经济和贸易》（1779）。他在开篇描述了人类相续经历的"四个阶段"——**狩猎、游牧、农业和商业**（Danvila 2008: 86）。他可能从杰诺韦西那里吸收了这一观点，后者影响力很大。然而，这些阶段在他著作来的内容中没有再次出现。和重农学派一样，他将"**技艺**"分为初级和高级，前者包括**狩猎、打渔、畜牧、锻造金属和农业**（Danvila 2008: 151）——没有提到商业，这里他几乎原封不动照搬了杰诺韦西的说法。

[10] 同时参见戈盖（Goguet 1758: I, 570），他认为（米克又没有提到他）商业是一种几乎和社会一样古老的活动，它悄无声息地发展，直到它似乎将这个世界联合起来。这不是米克寻求的阶段论模式。

[11] 弗格森提出了一个标准的三段论模式——虽然有点晚。他说"技艺的进步……使得商业有利甚至是必需的"（IMP 28, 32），显然它不是前后相续的，实际上弗格森反对前后相续的说法（Berry 2009a）。希尔（Hill 2006）和温希斯·西蒙（Simon 2006）讨论了弗格森的阶段平行论。

[12] 米克还提到了凯姆斯的《论道德和自然宗教的原理》。在此书的第二版（1758年，《历史法律论丛》首次出版也是这一年）而不是在第一版中，凯姆斯简明扼要地确定了标准的三个阶段（1758: 77-8/PMNR 47），但斯帕达福拉（Spadafora 1990: 271）引用这段话时说它与斯密的《讲义》中的四阶段是

"一致的"。

[13] 还可以参见拉马提亚（Rahmatian 2006: 193），他再次引用了米克观点，将"四阶段论"归功于凯姆斯的《历史法律论丛》，不过稍后对这个说法加以限定，认为凯姆斯提到第四个阶段商业阶段是模糊不清的。（2006: 194 n 131）

[14] 这个列举没有被利用的事实仅被另一个学者考虑到了（Sebastiani 1998），她似乎从凯姆斯那里挑出了这段，因为她致力于分析凯姆斯的多源发生论和关于种族的论述。

[15] 受尼尔·哈格雷维斯（Hargraves 2002: 267）的启发，他认为"罗伯逊是（四阶段论的）公认的大师"，虽然他的参考文献比《欧洲社会进程观》要广。罗伯逊在《美洲史》中未指明地提到了"社会的阶段"（*HAm* 812），不过他文字上的突出特点根源于他在同一著作中的声明，"每种对社会中联合在一起的人们的活动的研究，首要的关注对象将是他们的生存方式。根据生存方式的变化，法律和政策必定也是不同的"（*HAm* 823）。对这段的注释和语境化参见 Berry（1997: 93-4）。

[16] 还是从外部环境的证据这同一领域内来看，斯密 1759 年去了趟因弗勒里（Inverary），《通信集》的编辑们猜测，可能在那时，他听到一个吹风笛的人吟诵了麦克弗森搜集的诗歌（*Corr* 42/59）。这可与休谟的《通信集》（*Letters* I，329）相互印证。在出自同一时期的所谓"〈国富论〉早期手稿"中，斯密也提到了欧西安，并与荷马做了比较（*ED* 27/573）。

[17]《论法的精神》的亮相为人期待，对销售良好的期望值是计划在不列颠卖出 200 或 300 本（Shackleton 1961: 243）。

[18] 感谢森直人（Naohito Mori）在这一观点上对我的鞭策。

[19] 更为完整的上下文是，斯密提出了三种类型的权利（民法律师们所说的"自然的权利"[*LJB* 8/399]），前两种（人身权和名誉权）没什么问题，只有第三种，财产权，作为"获得的权利"需要解释（*LJB* 11/401；*LJA* i.25/13）。谈到财产权，斯密列举了财产权产生的传统（罗马）原因——占有、让与（tradition）、添附、时效、继承（*LJA* i.25/13；*LJB* 149/459；同时参见 Hume *T* 3.2.5.5/*SBNT* 505，不过休谟漏掉了"让与"）。在《讲义》的两个版本中，这一点由此引出对"四阶段"及其所包含的各种财产规则的陈述。它们提供了一个需要"自然权利"这个第三方的解释框架。

[20] 所有三个版本都藏于格拉斯哥大学图书馆（GUL MS Gen 289-91）。米克引用了这些内容。但这不是孤例，米勒在其关于查士丁尼机构制度的讲义中重复了这个分类。全篇他谈到野蛮和优雅民族，只有当他的主题是"财产权"时，他才明确提到四阶段。1789 年的版本（GUL MS Gen 812）是这样定义的："猎人和渔夫的财产状况"，下一篇讲义中谈到"游牧者的财产状况"，接着一篇是"农夫的财产状况"；最后是"商业民族的财产状况"。要说真正明确的话，

四种分类可能在 1793 年的版本中更清楚（GUL Hamilton MS 117）。在这个版本中，"论财产性质以及人们在不同时期关于权利的不同观念（ideas）"为标题的序言中讨论了这个问题（注意这里提到了"观念"）。在两个版本中，提到商业时代是这样的，技艺发展的结果是带来了"新型的财产权"，技艺促进了"食物、服饰、住宅和娱乐"的"便利和优雅"。保罗·鲍尔斯（1985：197，208；cf. Bowles 1986）声称，米勒关于财产权的论述"专门以四阶段论为基础"，不过他的讨论假定"四阶段论"那种标准的表述，在这一点上，他采纳了米克的观点。

［21］苏格兰人的确一贯使用"抽象"这个词语，但他们没用"具体"这个词语（邓巴是个例外［*EHM* 89］）。我是就手把它作为反义词使用。洛克是这个发展模式的主要来源，他在第一章明确提到"抽象和具体的用语"（*Essay* III，8 [1854: II，77]）。感谢伊藤诚一郎（Seiichiro Ito）对这个问题的质疑。

［22］需要澄清，这不是一个自主的过程。这些能力的发展是对环境的回应（就像我们从洛克式的经验主义起源那里期望的一样）。所以，对美洲印第安人充分描述过的罗伯逊评论道，很多部落"没有要估算的财产，没有堆积的财宝要清点……他们不会三思而行"；他认为这说明他们缺乏普遍的或抽象的观念（*HAm* 819-20）。相同的例子还能在孔狄亚克彻底洛克式的《论人类知觉的起源》中找到（Condillac 2001: 79）。共同的思想来源可能是德·拉·孔达米恩（Condamine 1745: 66），他使用测量方法检验牛顿关于地球两极被拉长、赤道被拉扁的反笛卡尔理论，他还写了一部书描述亚马逊盆地的植物志、动物志和各个部落，并在这方面引用了雅米奥语（Yameos），说明他们不需要什么数字。

［23］如我在其他地方已经指出的（Berry 2006a，2012），《关于语言的早期形成的思考》（和论语言的其他启蒙作品比如孔狄亚克、邓巴的作品一样），揭示了往抽象发展的洛克式方向（例如 CL 19，20/212-13）。

［24］米勒在其"法学"讲义中也提到蒙昧民族中这个"履行契约义务的不完善概念"。

［25］例如斯密（*LJB* 166/467），凯姆斯（*HLT* 135ff，*ELS* 334，*SHM* II，523-33），斯图亚特（*PPE* I，3276）。作为一个合格的娴熟法官，凯姆斯在这个问题上更明显地采取了实际措施——他在《人类史纲要》（II，523ff）中加了一个附录，比如他给大法官大人的信件和呈递公文，这些收录在莱曼（Lehmann 1971: 327-32）再版的著作中。（详情参见 Lieberman［1989: 156-8］和 Horne［1971: 106-8］）不过达尔林普尔认为限定继承与"商业"的良性发展没多少关系，他告诫人们别太仓促地废除这项制度（*FP* 185f），后来他在《关于大不列颠限定继承权政策的思考》中详细阐释了他的这一立场，该书是对修订限定继承法计划的一个回应；他认为这个计划"不是当时的权宜之计

(Dalrymple 1764: 10)。

[26] 这显然是哈林顿式的说法（参见哈林顿在《大洋国》[1656] 概括的 "均衡" 概念），不过罗伯逊本人在下一段参考的是孟德斯鸠。达尔林普尔也表达了哈林顿的格言 "权力来自财产" （*FP* 156，326）。苏格兰人熟知哈林顿的著作。哈奇森在其关于宪政的讨论中提到了他（*SMP* I，264），米勒在《英国政府历史观》中给了一个恭维的评价，休谟在《论完美共和国的观念》一文中将《大洋国》作为出发点（参见第 6 章）。

[27] 可能是为了尊重与布莱尔的友谊，休谟生前没有发表这篇文章，《论欧西安诗集的真实性》（Hume 1875: IV，417）

[28] 达尔林普尔在好几个地方都提到，"相同的原因必然会产生相同的结果" （*FP* 167，255，303）。相较而言，斯图亚特也提到财产区分 "伴随相同原因而来的将是相同的结果"，所以尽管这一点在苏格兰没有记载，但它 "必然（must）呈现出与盖尔族和哥特族的其他冒险者中产生的类似结果，这些民族在征服中安定下来" （*OPL* 6）。注意后一个例子中斯图尔特使用 "必然" 的方式。

[29] 休谟将 "盎格鲁 - 撒克逊风俗" 概述为 "粗鲁的、未开化的民族，他们目不识丁、不擅机械技艺、在服从法律和政府方面难以驯服、沉迷于无节制的放纵、骚动和混乱"，在整个社会中都呈现出 "缺乏人性的一面" （*HE* I，127）。

[30] 罗伯逊在其《美洲史》中简单复述了这个故事，其开头是一段商业简史（他承认细节上受惠于安德森 [1764] 的描述）。这有助于证明沃莫斯利的论断，他认为罗伯逊的历史编纂从《苏格兰史》、《欧洲社会进程观》对因果关联的关注转向对那些可感可知的 "重大事实" 的关注（Womersley 1986: 500）。但是，在《苏格兰史》和《美洲史》中，罗伯逊几乎完全照搬了这句话，即历史学家不应该沉溺于 "幻想和推测"，而是执着于 "事实" （*HSc* 53，*HAm* 733，933）。

[31] 罗伯逊（1840: li）在布道辞（"基督现身时的世界状况"，1775 年）中公开宣扬，"细心的观察者常常可以借助理性之光，就上帝的天启计划形成可能的推测，能够发现一只娴熟之手引导着人类事物的革命。" 关于罗伯逊著作中 "无意图的结果" 的讨论，参见弗朗切斯科尼（Franceconi 1999）。

[32] 他们对查理一世的评价显然不同，从米勒的判断来看，休谟描绘了 "一个颇具艺术气质的形象，结果让草率肤浅的观察者误入歧途" （*HV* III，iv/582 注释）。萨尔本·菲利普斯（Phillips 2006: xvi）在《英国政府历史观》的导言中比较其他同时代人的回应时可能夸大了他们之间的分歧。（参见第 5 章）

[33] 关于这个观点的经典段落在休谟的《人类理解研究》中："众所周知，在任何国家、任何时代，人们的行为都有着巨大的一致性，人类的本性在其原理和运行方面仍然保持一致" （*U* 8.7/*SBNU* 83）。

3

繁荣与贫穷

　　商业社会的一个显著特征是：相对于以前的几个"阶段"，它在主要意义上更富裕，这个主要意义即商业社会的居民吃得更好、穿得更暖、住得更舒适。这种制度改善的核心是劳动分工。这不只是说劳动分工带来了"财富"，而是说它就是一个"好事儿"。这一判断揭示了瑞安·汉利（Hanley 2009a: 6，93）讨论斯密时称为"规范性义务"的内容。尽管斯密是本章的关注焦点，但这个义务也不只他一个人才有。苏格兰人关于商业的叙述中有一个道德和规范的核心，下面几章将会讨论这个问题。尽管如此，本章还是会讨论财富或繁荣正面评价的反面，换言之，对贫穷的负面看法。对苏格兰人而言，"贫穷"没有任何补救措施，为这个观点做背书的任何社会伦理都有不足之处。

　　斯密幸存下来的格拉斯哥讲义内容表明他深信"财富和自由"是"人类能够拥有的两项最重要的福祉"（*LJA* iii.112/185）。关键的是，这两项福祉相互关联，而恰是这种联系成了斯密为商业社会辩护的核心。本章集中讨论第一项福祉——"财富"。我将在第 4 和第 5 章讨论第二项福祉。不过，两个讨论中都会涉及两者相互关联的意义。

劳动分工

　　如斯密所形容的，商业社会最显著的特征不是它展现了财富，因为财富在先前一些社会阶段中也真实存在。毋宁说让商业社会与众不同的，是它见证了"普遍的财富扩散到最底层人民的手中"（*WN*

67　I.i.10/22；ED 10/566）。事实是分散的财富也让商业社会有别于第一
阶段狩猎 – 采集社会中的平等和贫穷（*WN* V.i.b.7/712；cf. Ferguson
PMPS II，422）。恰是由于"富裕的商业社会"（*ED* 11/567）的这个
特征，最下层的人民也能被供应他们"有理由"想要的"丰富"物品
（*WN* I.i.10/22），以及"所有的生活必需品和便利品"（*ED* 12/567）。
其关键前提是它发生在一个"治理良好的社会"（*WN* I.i.10/22），也就
是说，这样的社会中同时也有关联在一起的自由福祉。

　　斯密将劳动分工作为物资充裕的源泉。这是经济发展的关键因素
（Hollander 1973: 209；Brown 1988: 74；Schumpeter 1986: 187）。就
像《国富论》的编辑提到的（同时参见 Rashid 1986），斯密的很多前
辈都注意到这个事实。他们提到配第（近代第一位解释者）、曼德维
尔，并提到斯密的同时代人哈里斯和杜尔阁（*WN* I.i.1 n）。这不是假
装说就没有其他人了。W.R. 斯科特声称，哈奇森的表述对斯密产生
了重要的影响[1]，但在《国富论》发表之前最著名的苏格兰人是弗格
森，他在其《文明社会史论》（*ECS* 181）说道，正是"通过技艺和职
业的分离……每种日用品才会最大批量的生产出来"。我将在第 6 章回
到弗格森这里来。不过我们知道，斯密在《国富论》发表很久之前就
已在分析劳动分工的作用了（参见所谓的"早期手稿"和"残篇"）。

　　在继续讨论之前需要澄清一个模棱两可的问题。我所贴上"社会
学意义的"劳动分工和"技术性的"劳动分工这两种标签之间是有
区别的。[2] 前者指的是部门专业化，自柏拉图以来，就一直被视为
人类不能自给自足这一事实的必然结果（柏拉图以一种刻意简化的
"模式"将耕田、造房、织布确认为不同人从事的职业［Plato 1902:
369d］）。后者指的是生产过程中的分工——比如用斯密自己的例子
说，制针业中的十八道工序。这个区别是侧重上的不同，不是原则
上的差异，因为两者在表述上是相互依赖的。实际上，正是它们的
结合才传递出商业社会的特征。技术意义上的劳动分工在解释"劳
动生产力"以及由此而来的商业繁荣时非常重要，而社会意义上的
劳动分工，非常巧妙地契合了"社会总体商业中的……结果"（*WN*
I.i.1–2/13–14）。

《国富论》第一卷第二章的标题是"论导致劳动分工的原理"。斯密一开始就对发挥作用的那个原理给了一个明确定义，但接着就几乎直接对它做了限定。他一开始就宣称劳动分工是"人性中""互通有无、以物易物、互相交换"的"倾向"（propensity）的结果（*WN* I.ii.i/25）。虽然只有在这个语境中，斯密在《国富论》中使用了"倾向"一词（在《早期手稿》中也使用了这个词语），但在《道德情感论》中该词出现频率却是很高的，比如谈到人类拥有"同情共感这一最重要的倾向"（*TMS* I.ii.2.5/33）。其意义是"偏好"（inclination）或"倾向"（disposition）的一般说法，斯密在《法学讲义》（*LJA* v.56/352）以及《国富论》（*WN* I.ii.3/27）本身中仍然使用这些词语讨论劳动分工。在这个语境中，用"倾向"说明带来"很多好处"的劳动分工不是深思熟虑（"人类智慧"）的结果，也不是有意图的结果，而是一个"非常缓慢的、渐进的结果"（*WN* I.ii.1/25）。而且，作为人性的一种倾向，按说是普遍存在的（"所有人都有的"*ED* 21/571），因而不可能是第四个阶段独有的。在第一阶段，劳动分工的形式是初级的。斯密引用了一个单个的、技术熟练的弓箭制造者的例子，这个人发现，通过用他的弓箭来交换擅长狩猎的猎人宰杀的鹿肉，他能获得比亲自捕杀野兽更多的野味（*WN* I.ii.3/27；*LJA* vi.55/351）。分工初级是因为"市场"受限。反之，在最早的阶段，市场受限是真实的，而取决于"财产和风俗"和法律原则带来的安全状况的第四阶段，市场受限就不是事实（参见前面的第 2 章和后面的第 4 章）。我们将会马上回到市场范围的作用这个话题上来。

关于那个发挥作用的原理最开始的定义性表述，斯密马上变得更加含糊不清了。他猜测这一倾向可能不是那些"不能进一步阐述的原始原理"中的一个。这里斯密暗示牛顿的那条旨意——休谟将这条旨意当作自己思想中的枢轴——即寻求"终极答案"是无意义的形而上学。牛顿并不知道重力是什么，计算出其结果就足够了；休谟没有假装知道为什么快乐令人快乐，但它足以解释人的科学。斯密式的政治经济学的科学同样不关心人类"为什么"拥有这个倾向——实际上，他明确宣称这个问题"不属于我们现在的主题"（cf. Evensky 2005:

113）。和约瑟夫·哈里斯不同，比如，斯密没有提到"神圣天启的明智安排"让人接受"人人都需要他人的帮助"（Harris 1757: 14）这个事实。斯密公开宣称弃绝天启实际上是源于他的思索——"似乎更可能的是"，这个一般化的交换倾向是"推理和言说这些能力的结果"（*WN* I.ii.2/25）。这个说法在《法学讲义》中就不那么谨慎了，因为，交换倾向的基础据说"显然是每个人说服他人的自然偏好"（*LJA* vi.56/352）。这回应了《道德情感论》（1759）中已有的评论，在那里，"说服他人的欲望……似乎是我们所有自然欲望中最强烈的一种"（*TMS* VII.iv.24/336）。

"劝服"本身明确预设了语言能力。[3] 斯密开设法学讲座的同时也在讲授修辞学。他公开了已经发表的关于语言的论文，这篇论文源于他的讲义（参见 *LRBL* i.17f/9f［第 3 讲］），并为语言的起源提供了注释。他将语言的起源确定为说话，野蛮人通过说话"努力让彼此清楚明白他们的相互需求"（*CL* 1/203）。当斯密在《国富论》中提到"劝服"时所采取的是传统观点，即动物都是畜生，它们没有语言（*WN* I.ii.2/26）（言说是"人类本性的标志性能力"［*TMS* VII.iv.24/336］）。这一点进一步强化了斯密的观点，即交换是人类独有的现象。即便是野蛮人的说话，也不同于一个动物对另一个动物的"自然喊叫"，但它们不能通过这种"喊叫"表述彼此所需；一条狗不会"公平审慎地用一根骨头和另一条狗交换另一条骨头"（*WN* I.ii.2/26；同时参见 *LJA* vi.57/352，这里写到猴子在分它们所摘的苹果时没有契约）。甚至是明显一致的行为，比如猴子或猎狗在追赶野兔时的行为（*WN* I.ii.2/25；*ED* 23/571），也"只是激情偶然迸发的一致而已"（*WN* I.ii.2/26；*LJB* 219/493）（关于人类交换中的认知因素的重要性，参见 Fleischacker 2004: 91）。

斯密的观点没有充分展开，这就导致了各种各样的阐释（参见 Henderson and Samuels 2004）。他提出，劳动分工是交换倾向的结果。但严格说来，它是其他三种命题的结果。前两种密不可分：人类是社会动物（这是斯密道德哲学中的关键前提）以及他们不能自给自足，"人们几乎一直需要其同胞的帮助"（*WN* I.ii.2/26）。我们不打算狭隘地解读后一种说法；对斯密而言，人类生活在部落或群体中，而不只是在家庭中。这两个命题成立，第三个命题才变得有戏。个人的短缺（"缺少"意义上的"需求"）绝对可以从外在环境中得到解决，这种方式诉诸他人的"自爱"——"给我我想要的，你会得到你想要的"（*WN* I.ii.2/26）。这是真正的交换。但导致这种结果的倾向所起的作用并不明显。[4] 斯密熟知的与自己表达最接近的是乔舒亚·塔克的著作，后者提到"人类从事交易的自然倾向，或者说本能的偏好"（Tucker 1755: 3, 9）。

斯密的观点并未展开，这一特性可能也说明为什么他推测"劝服"或与语言的运用不是更"基础的"。但即便如此，劝服仍然有效假设了某种层面的互补性（这可不同于格拉斯哥人会被说服去买家用空调）。斯密这里讨论"文明社会"的情形倒是最清楚不过的了。这一点体现在以下讨论中，即终结于他那句最著名的话："我们想要的主餐不是靠屠夫、酿酒师或面包师的仁慈心，而是靠他们对自己利益的关切。"（*WN* I.ii.2/27；*LJB* 220/493）[5]（我在第 5 章还会讨论这个完整的段落。）但是这种"关切"显然不是商业社会的"特权"（上文提到的弓箭制造者，以及他对游牧阶段的霍屯督人和鞑靼人中初露苗头的劳动分工的评价，即是明鉴 [*FA* 4/583]）。

我们可以确定斯密所诉诸的交换倾向有两种含义。第一种，它说出了交换的自然主义基础。正式的交换"逻辑"由像达德利·诺思这样早期的贸易理论家清楚明白地讲出来了。[6] 18 世纪，孔狄亚克最有代表性，而且比很多人都更具分析性：商业假设一个人手中有剩余品，而且他人有消费需求，因为剩余品只有和需要消费它的人才可能交换，而且，"我们将会对需要达成一致"（Condillac 1847: 262, 256）[7]。这些正式的要求本身不是动机。如我们所见到的，斯密谈到了自爱，所以双方都被自爱推动着行事，但因为交换本身就附着在人性的皮毛之上，所以这种互动足以信赖地进行。这种信赖的根源在于人性的持续性。由此，揭示出这种交易倾向就是人性科学的一部分（就像斯密本人说的那样 [*TMS* VII.iii.2.3/319]），并认可以下结论，即市场交易不是一种随机的偶然事件，原则上说可以进行一般化的因果分析；它们与休谟的"一般法则"（参见上文第 36 页）是一致的。因此，政治经济学的科学得以发展。

第二种意义是第一种的必然结果。简单地说，如果我有甲，而你想要 / 需要它，那么它可以通过武力（你可以采取这种方式）、通过馈赠（我对你的仁慈行为）或通过交换获得。由于视交换为一种倾向，所以斯密弱化了默认第一种策略的有效性。当然，斯密的整个道德哲学和他所有其他苏格兰同胞一样，都是在否认这一立场的假设基础上的（参见第 5 章）。"自私的哲学"，特别是霍布斯（Hobbes 1991: Chap. 13）假设"人类的自然状态"是人人反对人人的战争状态；与之相反的是，就像《道德情感论》第一句气势磅礴的证词[8] 一样，人类对他人的福利的确拥有一种不涉利益的关心。斯密式的自爱——交换的动机——与此完全相适，它与仁慈的礼物馈赠并存。事实上，斯密承认，与礼物馈赠的高尚和慷慨相比，交换是"小气的"，但这是因为，就像饥饿、口渴和性欲一样，它"如此牢固地根植于心"乃至它运行的时候不需要任何补充性背书、不需要任何"荣誉"的召唤以及类似的社会—文化词汇作为额外的刺激（*LJB* 301/527）。[9] 我们可以确定另一种更显著的差异。慷慨的行为最可能发生在彼此已经认识的个体之间（Young 1997: 61）。如我们将要看到的，商业社会的关键问题是大量交易发生在那些不认识的人们（陌生人）中间，这种情形下，交换将受到的最可靠的影响是我们对彼此利益的呼求——我给屠夫钱，他给我肉。这种可靠性的源泉在人性之中，并再次承认商业行为如何具有规则性，进而可以科学探索。在卢梭看来，这种模式的相互关系是一种降格的依赖互动；这一点对斯密和其他苏格兰人而言，是对一种关系的误解，这种关系更确切地说可以当作相互依赖。

在考察斯密"技术性的"叙述之前，需要琢磨一下"社会学意义上的"叙述的维度——这一倾向的社会性结果。柏拉图将其关于特殊贸易的论述与自然的才能（*diatheron phusin*）联系在一起，后者是从强烈意义上被理解的。也就是说，每个人天生都是有差异的，因而适应不同的任务，这些任务最好由相称的灵魂（*psuche*）的人执行；

与此同时，有人天生（*kata phusin*）就是织工（Plato 1902: 370a,
b）。[10] 即便在柏拉图的时代，他也显然是个例外。譬如亚里士多德
（Aristotle 1944: 1260b），虽然他允许有天生的奴隶，但却否认有人
"天生"就是鞋匠。斯密属于主流，不过他这对一观点的表述影响尤
其大。

　　他对其观点反复重申的一个例子是，哲学家的品质和普通挑夫的
才能"极为相近"（*WN* I.ii.4/28-9；*LJA* vi.47/348；*ED* 26/572）。而
在1762—1763年的《讲义》中，这种不相似性仅仅不被说成为一种
"原始差异"，在1766年的《讲义》（*LJB* 219/492）以及其他两处引
文中，他更具体地说道，这种差异"与其说源于天性，不如说源于习
性、惯例和风俗"。他的论断的确引人瞩目；成熟的"天才""看起来
在各行各业的人们中间鹤立鸡群"，在绝大多数场合"与其说是劳动
分工的原因，不如说是劳动分工的结果"。

　　这里提到的因果关系不只是体现斯密社会理论的重要方面，同
时也为他所有的同胞共享。我将这个方面称为"柔性决定论"（Berry
1997）。"柔性决定论"的基础是物质因和道德因的区别（参考上文第
37页）。虽然这绝非斯密首创，苏格兰人中关于这一差别的经典阐释由
休谟在其《论民族性》（1748）中作出。如同休谟所说，"物质因""不
知不觉地影响性情"，而道德因"作为动机或理由适合于影响精神、
并形成一套我们习惯的特殊风俗的所有因素"（*E-NC* 198）。这里的
语境是批评关于性格塑造的气候论，苏格兰人将这种气候论与著名
的孟德斯鸠联系在一起，虽然更早的重要构想由杜博斯神父（Abbé
Dubos）提出。[11] 这种理论可以贴上"刚性决定论"的标签，因为它
产生了直接的生理学结果（"不知不觉地"），而道德因是一种柔性决
定论，因为它们通过习惯性或社会化来起作用。无论如何，这些仍然
是**原因**。在斯密的例子中，一旦婴儿"在完全不同的职业环境中逐渐
长大"（*WN* I.ii.4/29），他们就开始随着"影响他们的生活方式"而有
所差别（*LJA* vi.48/348）。一个人不是"生就"而是"被塑造"成哲
学家（或挑夫）。在休谟那里，"道德因原理确定了不同职业的特征"，
他所举的例子是神父和士兵间的差别（*E-NC* 198）。我们在第6章将

72

会看到，对道德因果关联的接受不仅构成了斯密批评的基础，而且还存在于劳动者（那些"最低微的体力劳动者"）技术性劳动分工所带来的很多其他有害"后果"中。

萨缪尔·弗莱施哈克尔（Fleischacker 2004: 74，76；2013）（关于类似的结果，还可参见 Danford 1980）引用哲学家 / 挑夫的这段话作为一种阐释，辨析出斯密将平等作为一种规范原则的"清晰明白的背书"，它赞同人类"本质上在才能方面都平等"这种"振聋发聩的"主张。这显然摒弃了柏拉图的论断，但是在谈到具体职业时还为先天论留下了一些空间。斯密就是典型的例子。他不否认有一些"天赋才能"，它们比通常所想的差异更少，根源更表面。实际上我们可以说，对人的科学的研究提醒人们注意这些偏见，正是这一点才构成了一般推测的基础。不过，不把完整的效应归因于道德因同样也是"科学的"，譬如，威廉·葛德文可能就会被认为是这样做的（Godwin 1976: 106ff）（同时参考爱尔维修论教育［前面第 26 页］）。[12]

现在我们转到技术性的劳动分工上来，这里，斯密的阐释还是重点，将被重点讨论。他以一个"非常小型的制造业"——制针业来说明为什么广泛的劳动分工会带来更多产品（*WN* I.i.3/14）。选择这个例子是因为其设想的透明度；不是因为它最广泛地体现了劳动分工，而是因为，作为基础性的厂房企业，所有的生产程序都是可见的。斯密坦然承认，这是因为别针制造是一个已被大家接受的例子[13]，而且这个事例恰好符合他的解释目的。尽管斯密这部分内容有点实用主义，但不可否认，斯密是其同胞反复引用这个例子的源头。[14]

斯密计算出，通过劳动分工，10 个人一天能制造 48，000 枚针，相当于每个人能造出 4，800 枚，而如果每个人完成所有的工序，那么"一个人一天造不出 20 枚针，可能一天连一枚针都造不出来"（*WN* I.i.3/15）。为此他给出了三个理由，这三个理由被弗格森换了说法（*PMPS* II，423）：不断提高的熟练度，原因是将每个人的工作简化为"一道简单的工序"；节省时间，因为"不需要从一个工作转到另一个工作"（工作转换期间可能会"闲逛"）；集中精力完成一件工作促使人们发明更好的方法来完成任务（*WN* I.i.5–8/17–20）。我们在

第 6 章讨论这种专业化的其他不那么有利的结果时会回到这三个特征上来，就像斯密所做的那样。

劳动分工就以这种方式提高了"劳动生产力"（*WN* I.i.4/15）。但是，这不是一个独立的过程。其广泛性，带来大量产品（很多扣针）的关键，取决于交换范围或市场范围。当市场很小时，没有任何力量刺激人们专业化以便生产出剩余品用来交换另一个专门生产者的剩余品（*WN* I.iii.1/31）。而且，产品本身需要提前储备（*WN* II.Intro.2/277）。在这些条件下，交换倾向几乎没机会证明自己。第 4 章我们会讨论法律催生的稳定性在促长这种倾向时的作用，但这里需要注意的是使这种专业化合情合理的主要社会条件。

在斯密看来，市场范围以及由此而来的专业化程度，是人口密度作用的结果。凯姆斯也指出了这一点（*SHM* I, 110）[15]。某种程度上这无疑反映了斯密时代的苏格兰的城市化现象（参见第 1 章）——他用苏格兰高地说明单个人为什么会被迫独自完成很多工作，"每个农夫"必须是自己的"屠夫、面包师和酿酒师"（*WN* I.iii.2/31）。（米勒注意到：苏格兰的发展不如英格兰，苏格兰北部的发展不如南部 [*HV* IV, 4/435]。）但是，对稠密度的了解并不就是对本土发展的认知，因为它还反映了人们的首先集中地（城市）位于沿海或可以航行的内河这个一般现象。这种地理位置意味着他们能够从事贸易，比如，地中海的腓尼基人和迦太基人，尼罗河和恒河这些内河沿岸的埃及人和孟加拉人（*WN* I.iii.4–7/34–5）。

后一种观点值得考察一下，它将和第 2 章所说的"商业共和国"不同于第四阶段的商业社会的观点联系起来。第 2 章中提到，罗伯逊写了一部深刻的商业史作为其《美洲史》的导论。[16] 邓巴可能并非偶然地也有类似的叙述（*EHM* 299–305）。罗伯逊坚信，在商业成为"一项具有重要意义的事业"之前，航海业必然有了相当大的"改进"（*HAm* 727）。这种改进时有时无，但在相当一段时期内，"航海和商业带来的好处"随着腓尼基人遥遥领先的地位而传播开来。他们的地理位置意味着商业是"他们能够获得财富和权力的唯一源泉"，而且，罗伯逊宣称，"他们的法律精神完全是商业性质的。他们就是商业民族。"腓尼基人的遗产由迦太基人继承,在这两个民族中,商业产生了"它的有用结果"——好奇心,扩大的观念以及对"冒险事业"的煽动(*HAm* 728-9)。希腊人和罗马人缓慢地、恰当地紧随其后。最终,"几个希腊共和国"因"狂热而成功地"经商而成为了重要的海上霸主(*HAm* 730)。罗马人,像罗伯逊对他们的描述一样,很长时间以来是商业和航海事业的外行,把他们的事务都交给奴隶和最底阶层的公民(斯密也指出了这一点 [*WN* IV.ix.47/683],但邓巴说他们"远大的抱负天赋不是为商业技艺而形成的" [*EHM* 304])。只有随着东方奢侈品的出现,航海才因为他们追求贸易发挥作用(*HAm* 732)。当然,最终,罗马在蛮族征服者手中沦陷,使得欧洲重返"第二个婴儿阶段"(*HAm* 734)。如第 2 章所讨论的,正是十字军东征和自由市镇的发展这些"特殊原因"才开始通过腐蚀大地主的权力基础缓慢发展到一个成熟的商业时代。

75

斯密在他的书中写了一个简短的古代史(主要是希腊罗马史)(Hont 2009: 155-66)。他追溯了荷马所描述时代的游牧"经济"到设防城镇的形成——在那里,"艺术和科学"被培养起来(*LJB* 31-3/409)——这个过程的发展。随着艺术的提升、财富的改善,他们体验了"改良带来的优雅"(*LJB* 37/411),斯密的确捎带提到希腊的城邦是"文明的"(*WN* V.i.a.35/703)(罗伯逊说他们发展到一种"较高的文明程度",科学和艺术达到了"高度的繁荣" [*HAm* 730])。然而,斯密注意到,他们"更以农业为荣,而非制造业和对外贸易"(*WN* IV.ix.47/683)。这些古代的城邦各有特色。可以确认的是三条标准。第一,在斯密看来,"希腊和意大利的古代共和国"的税收来源主要是"公共土地"上的产品或地租,而"欧洲现在任何文明国家都没有这些公共土地了,它们很大一部分公共税收来自于国家地产的地租"(*WN* V.ii.a.13/821;V.ii.a.18/823-4)。虽然华莱士从中得出的教训不同,但也评论说,古代人没有忽视商业(引用腓尼基人和迦太基人的标准例子说明商业比现代人受局限),但他们更关注农业(*DNM* 97-9)。第二个重要差别属于防御问题,它是斯密对军事的历史作用的长篇大论的一部分。虽然"在古代,有钱人和文明人发现难以保护自己不受穷人和蛮人的侵犯"，但"在现代"，反过来是真的。对这一差别的解释是"进步的自然进程"，在这种情形下指的是职业军队的形成和精良武器的制造（我们可以推断它们获益于劳动分工）（*WN* V.i.a.43, 44/708）。弗格森的看法不同（参见 *ECS* 270），我们在第 6 章讨论。

第三个问题可能最有启发，因为它显然负载了更多内容。[17] 古代共和国不同于文艺复兴时期意大利的那些共和国（更何况当代欧洲的共和国），因为它们依赖的基础是奴隶制（*LJB* 34/410）。即便雅典被贴上"文明"的标签，但如休谟、斯密、米勒以及其他人所认识到的，支撑它的基础还是奴隶制。虽然苏格兰人的著作中对什么是"文明"（新词）没有明确定义，甚至连描述都没有[18]，但雅典和爱丁堡（这个所谓的"北方雅典"）之间还是有明显区别的。后者是文明的、自由的。苏格兰人很清楚他们自己的（以及类似的）社会是文明的。休谟将"人道"当作"文明时代区别于野蛮、蒙昧时代的主要特征" 76（他在下一段将"古罗马人"描述为"不开化的"[*E-RA* 274–5]）。然而，"人道"和"勤勉"、"知识"关联在一起，是"不可分割的链条"的组成部分，是那些更文雅……[奢华]时代特有的（*E-RA* 271）（参见第 4、5 章）。

这一链条的形成让当时的社会成为文明（自由）和商业的社会[19]。但是，正如苏格兰人没有对"文明"的意义给出毫不含糊的声明，他们几乎也没有对"商业的"这个词语作出比较精确的定义。不过，休谟却真的做了一个有力的重要评论。他在参考"古代作者"时解释说，对他们而言，任何地方（他能想到的），他们的确将城市的发展归功于"制造业的形成"（*E-PAN* 418）。[20] 我们可以利用这个评论来区分作为贸易实践的商业（就像迦太基和其他海上"商业共和国"从事的贸易一样——参见第 2 章）和作为一种社会类型的商业（进步的自然进程的结果："第四阶段"）的不同特征，而隐含在制造业中社会学意义和技术意义上的相互依赖性在后者那里生根发芽（见下文）。

能让一个社会有效地（"恰当地"）成为"商业社会"的，如斯密所说，是"人人都是商人"（*WN* I.iv.1/37）。这种包容性恰是至关重要的，它源于劳动分工的范围，市场范围和存货积累的程度。在先前的讨论中，斯密清楚地说"熟练的劳动……甚至晚于农业的发明"（*FA* 4/584）。按照休谟的区别，商业社会必然是一个包括制造业和产业的社会。所以，尽管罗伯逊把腓尼基人描述为"商业民族"，但他们构不成一个商业社会（这一点同样也可证明华莱士见解的意义）。这一点同样也适用于罗伯逊成为"商业国家"的威尼斯（*India* 1118）。虽然威尼斯的确有船舶"制造业"（使用了广泛的劳动分工），但没有一个苏格兰人采用这个例子。威尼斯现在是商业共和国，就像巴尔米拉过去也是（"一个商业城市"［*India* 1096］）一样，在印度到地中海的线路中有着战略性的地位。商业的——换言之贸易的——城市和"共和"统治之间联系在一起是常见现象。我们在第 2 章提过这种联系（第 26 页），我们还会再看到它。这一联系这里就体现在斯密所说的"古代共和国"以及罗伯逊口中的"希腊共和城邦"。对商业更包容性的理解是作为"普遍繁荣"的后封建"社会"，这种用法就

77 将苏格兰人关于商业社会的观念区分出来了。我在第 7 章再谈这个问题。

　　一个社会中，像制针这样的工作（可能体现了"完工"）都被精细分工，那么这个社会必然是复杂的（这里回想一下第 2 章苏格兰人设想的自然史的轨迹；从简单到复杂的过程）。商业社会的成员高度地相互依赖；这种依赖是社会学维度中的劳动分工的核心。斯密用一个日工穿破的粗羊毛大衣的例子来说明这一点。他说，即便这样一件简陋的产品，也是"凝聚着众多工人大量劳动的产物"。在列举了九种贸易之后，他首次增加了"其他很多人"这个短语，然后接着提到运输这些物资过程中使用的所有人，以及制造运输工具的那些人，这不包括制造大衣缝制过程中所使用的工具的那些人（等等）。这就导出一个必然结论，即这样一件相对简单的衣服的制造过程涉及"成千上万的人"（*WN* I.i.11/22-3）。这样一件极为简单的产品的例子描绘的是商业社会相互依赖的事实。每个个体，在斯密这里所说的"文明社会"中"任何时候都需要众人的合作和支持"（*WN* I.ii.2/26）。正因为如此，斯密被引导着作出了这样的评论，即这本书的主旨是"人人由此依靠交换生活，换言之，在某种程度上变成了商人"。我还会在

第 7 章再谈这个问题。

"恰当的"特征化中的一个意思是，它标志着交换关系的渗透性或包容性的深度。农业部分公认为是更抵制这种渗透性的。正是在斯密（以及其他人，诸如米勒 Millar *HV* IV，4/735）连续的主题中，农业更不容易专业化。即便在扣针制造的语境中，斯密也比较了农业和制造业的相对生产力。前者跟不上后者改进的步伐，因为"纺纱工几乎始终不同于织布工"，而"犁田、耙地、播种、收割却常常是同一个人"（*WN* I.i.4/16）。不过这只是程度问题，且会缩小。改良的过程带来性质更好的农业工具和肥料施用，需要更多技术性专家以及专业化人士（勤勉和知识紧密相连），乃至农业也被织入市场联系之网中。当然，同样，土地本身尽管还有限定继承遗留下来的障碍，但也是彻底市场化的商品了。这里我们可以补充一句，从另一种意义上说，羊毛大衣的例子正好说明了商业社会和以前的社会的不同之处。它所表现的这种相互依赖的事实对于自由福祉也有重要意义，第 4 章将会进一步讨论这个问题。

凄惨的贫穷

财富之福的反面就是凄惨的贫穷。从历史角度来说，这种对照并不显而易见。它是商业社会这个观念的重要条目——其规范性辩护的关键因素——它标志着价值转向。当然，这是一个更广的文化转向，非苏格兰启蒙运动所能涵盖的，不过，其成员仍然是重要的贡献者。这种贡献又是两个面向的。有人批判"贫穷在某种意义上是高贵的、或者说值得救赎的"说法，有人为"财富、富裕以及真正的奢侈是正面的社会特征"的观点做辩护。本章认可这种批判，将辩护留给后面几章。不过，批判和辩护共享了同一个视角，即物质生活的基本条件是重要的，而且事关道德。

由于得到财富的"庇佑"，商业社会的成员能够比以前时代的人们享受好得多的生活水平。从物质上讲，自商业社会以来，柏拉图所确认的、一直反复重申的三项基本需求——吃、住、穿，得到更好的改善、更充分的满足。斯密在这点上非常明确（*WN* I.viii.36/96），凯姆斯，如我们所见，也批评了商业的诸多方面，轻蔑地评论道，在欧洲人抵达之前，加拿大人是如何衣不蔽体地暴露在天寒地冻之中（*SHM* I，363）。斯密在《国富论》导论中鲜明、有力地宣告什么是最重要的。在那里，他比较了"猎人和渔夫的野蛮民族"和"开化和兴旺发达的民族"。如我们所见，后者享受着富足，而前者却"穷得可怜"。由于这种贫穷，这些猎人"常常或至少认为自己落到了这种窘迫的地步：有时直接杀死婴儿，有时遗弃婴儿、老人和长期患病的人，有时则任凭他们饿死或由野兽吞噬"（*WN* Introd/10）。米勒紧随斯密其后。他也注意野蛮人的"凄惨"和遗弃孩子"任他们饿死或被野兽吞噬"的行为（*OR* 230；cf. 236）。[21] 相反，在那些"商业和制造业已经取得最大进步的欧洲国家"，孩子属于他们的父亲，"看上去恰是他们的利益所必需的"（*OR* 243）。就像斯密在《国富论》正文中所讲的，中国"较低阶层"如此贫穷，以至于他们不仅承认溺婴的"可怕行径"，而且，现实中这种行为本身对于那些溺婴的人们来说就是维持生存的手段。在与欧洲水平的默认比较中，他还注意到，中国人如何将欧洲船只丢弃的"腐烂发臭的"垃圾当作健康安全的食物（*WN* I.viii.24/90）。斯密对中国的使用还有另一个维度——我会再谈这一点；但他将这个"信息"拉得与其家乡更近。虽然苏格兰高地人可能不会故意弃婴，但他们也是非常穷的，在二十个孩子中，"饿得半死的高地妇女"养活两个就算不错了（*WN* I.viii.37-8/96-7）。

这一点也不复杂，穷困带来的这些成本是高昂的。贫穷直接在物质层面造成了痛苦，比如饿死以及无法从外界获得足够的保护，而且还带来了间接的痛苦，比如目睹孩子的死亡。痛苦是坏的：这是人的科学中牛顿式的基本原理。从贫穷扩展开来，造成贫穷的原因，也是坏的。这是一个有力且重要的论点。与斯多葛和共和派的"节俭"或基督教的禁欲相反，换言之，与这两条影响深远的学说相反，斯密坚决否认任何关于贫穷是高尚的或值得救赎的说法。而且，由于商业带来的富足的确是项福祉，所以，斯密和其他人对贫穷高贵性的否认就成了为商业社会辩护的关键因素。

在指出商业社会物质利益的深层次问题之前，我希望详细说一下对视贫穷为"理想"的批评。在这种理想化的描述中，与其关系相近的词语"朴素"、"苦行"、"严苛"，都在一个特别道德化的词汇表中。他们都是对节制、自制等难能可贵的行为（美德）的表述。从这个意义上，为了过上贫穷的简单生活，需要自我控制，进而控制自己的行为；这就需要知道事物真正的、本来的价值，能够坚决抵制诱惑，换言之，抵制那些具有虚幻价值的事物。如此理解贫穷是选择、意志或理性的结果，这就使得我们可以找出一种自我施加的志愿状态的贫穷和一穷二白（或者说穷困潦倒，也就说没得选择）的贫穷这两者之间概念上的区别了。

自制、贫穷作为一种自愿状态这个观念，是像塞内卡和爱比克泰留这样的斯多葛哲学家提出来的，它在基督教的教义和实践中有着重要地位（我在第 5 章讨论）。某种意义上，这个观念是消极的。就像圣托马斯·阿奎那提出的，贫穷是值得称赞的，因为它让人从"世俗的渴望"中解脱出来（Aquinas 1928: III.2.133/141-2）。比较积极的一面，也是阿奎那提出的，即那些处于自愿贫穷的人如此做是为了追随基督，"对他们的团体是有用的"（Aquinas 1928: III.2.135/148）。部分原因是因为纾解穷人的有用性（而且，"布道"是本笃会或多尼米迦派僧侣修道制度的重点，阿奎那就是多尼米迦派其中一员）。这一要求表面上承认：对某些人来说，贫穷不是一种自愿的状态。

（比萨的）教会律师哈奇奥（Huguccio）（1210 年去世）详细说明了自愿贫穷和不自愿贫穷的区别。在他 1188 年给格兰西的《教会法汇要》（*Decretum*，1140）这本基本的教会法教科书所做的注解中，哈奇奥把穷人分成三类。一类是生来贫穷但愿意忍受贫穷，将贫穷作为热爱上帝的表现，还有一类，他们慎重地放弃了财产，情愿过一种有道德的基督教生活。但第三类穷人，他们极度贫困，容易压制他们获得较高的道德价值。这是不自愿的贫穷。不过，这里的刺头儿是被压制的不自愿穷人；而第一类穷人所提示的支配性感觉说，贫穷本身不是要被根除的恶行。实际上，斯多葛的回音仍然被哈奇奥听进去

80

了，他明确把第三类人和那些穷人等同起来，因为他们是"对财富充满贪婪"的人（引自 Tierney［1959: 11］）。

文艺复兴的神学家们在鼓吹回归更加苦修的神学的同时，也促进了救世主的观念；结合世俗生活的禁欲主义，这种观念就和勤勉或工作联系在了一起。其必然结果是将懒惰与缺乏美德关联起来。缺乏美德用到"懒惰的"、喜欢消费的"有钱人"身上（Booth 1993: 162），但它还包括"乞丐和流浪者"，这些人的穷困是他们行恶的初步推断。自愿贫穷现在就呈现出一种消极特征，威廉·佩尔金斯称之为"天主教的自负"（Perkins 1609: 148）。尽管如此，佩尔金斯仍然认为贫穷应被视为天启，即便那些"呼喊着"要履行"贫穷和低贱义务"的人们也不会进入上帝的法眼，即便他们这么做是出于忠实地信奉上帝的荣耀（Perkins 1612: 757-8）。

休谟本人是反对理想化贫穷的（Berry 2008a）。他的明确目标是"具有严苛道德的人"（*E-RA* 269）。这些人，以古罗马人为例，将贫穷和美德联系起来（*E-RA* 275）。休谟将两者分开。他评论道——我们可以将此看作对佩尔金斯的直接反驳——"贫穷和辛苦劳动降低了一般人的心智，让他们不适合从事任何科学或需要聪慧的职业"（*E-NC* 198）。虽然这个特殊的评论只是捎带提过，但他对这种贬低给予了彻底的批判。休谟将贫穷和业已存在的穷困联系起来[22]，传统上和孤儿寡妇、老人等这些需要真正救济的人联系起来。这是一种发自恻隐之心的道德，而非严厉苛刻的道德。[23] 同时还可以看到，休谟将穷人经历的那种"（辛苦的）劳动"和勤勉区分开来。前者卑贱，因为它是凄惨的、有损健康的，后者披着"活动"的外衣（见第 6 章），成为人类幸福的组成部分。休谟这里在强调勤勉是一种美德这一已被大家认可的立场时发生了转向，跳出圣经赎罪忏悔手段以及"斯多葛学派和犬儒主义者那些永远言不由衷"的说辞（*M* 6, 21/*SBNM* 242），因为他们要求"苦难和自我否定"作为控制欲望而应该执行的严苛或禁欲的命令（*M* 9, 15/*SBNM* 279）。斯密同样谴责那些"哀怨忧郁的道德学家……他们视繁荣兴旺的自然快乐为不虔诚"，他们甚至不考虑"各种各样的灾难、穷困潦倒的可怜可悲和在疾病边缘挣扎的……无数不幸"（*TMS* III.3.9/139）。斯密心中首先想到的还是"古代斯多葛学派"（*TMS* III.3.11/140）（我在第 5 章会再谈斯密和斯多葛主义，在那里谈谈这段话的深层意义）。但是，对节俭或贫穷的积极评价不是古代人唯一特有的，因为它还是公民共和主义者的常见观点，比如阿尔杰农·西德尼，他在其《政府论》（*Discourses concerning Government*，1698）在这个角度上有一个典型的说法，声称贫穷是"美德……母亲和保姆"（Sidney 1990: 254）。（另一个例子参见下文第 140 页麦肯齐的观点。）

思想家们通常赞同把贫穷之德与奢侈之恶进行比较。我们在第 6 章会看到，休谟颠覆了这种比较。这里足以提一下他这个"奢侈孕育商业"的观点，这既缓解了贫困，还增加了可供改进的资源。这种进步在商业社会是明显的。那些生活在不富裕的国家中的人将是"可怜的"；他们将会因为穷困潦倒的痛苦而一贫如洗。如果贫穷是坏的，那么初看上去的义务就是减少贫困。但对此而言需要的是比勉励贫穷更有效的方式。苏格兰人用他们的社会科学来解答。当然，私人的仁慈是恰当的，而且是道德上要求的，但这样就忽略了贫穷的"原因"。其中一些原因是物质因（环境因素），但另一些是道德因。不过，这些原因不应该视为对立不变的类型，因为就像邓巴提出的（以培根式的话语），"水陆一体的地球的自然史随着各民族的文明史而变迁"（*EHM* 354-5）。环境因素，比如土壤气候，容易影响发展，并"和民事技艺的发展密切相联"（*EHM* 360）。简言之，邓巴指出，"一系列事件一旦开启，更多被道德因而非物质因所主宰"（*EHM* 239）。[24]

更具体的贫穷问题，苏格兰提供的基本答案是，正是商业的发展才让穷人脱离了贫困。斯密最令人印象深刻的，就是他提出一个管理良好的社会中，自然自由原理的运行会达到这个目标。下一章将会探讨这一点，这里我们还是继续讨论其必然结果。如果"自由"是一种解决办法，那么，消除自由的障碍就是减少贫穷必不可少的一步。由此这些障碍就被置于批评之下。有两种相互关联的做法被抨击——对济贫法的政治和政策的抨击，以及对反对高工资的驳斥。

伊丽莎白的"济贫法"（解决法案）（1601）（对佩尔金斯来说，
这是条"极好的法令"，"本质上就是上帝之法"[Perkins 1612: 755]）
要求每个郊区都有责任帮助他们的穷人。斯密将济贫法的起源追溯到
亨利八世解散修道院的历史，此前修道院是对穷苦困顿之人慈善救济
的主要来源（WN I.x.c.46/152）。多年以后，济贫法再次回归。1662
年的解决法案让教区能够驱逐迁徙来的贫民。斯密断言，"如果一个
人选择在一个教区定居，什么罪都没犯，却把他从教区赶走，显然是
违背自然自由的"。虽然英国制度下以教区为基础的地方主义非常明
显，但如斯密所说，劳动的限制在整个欧洲都是常见的。正是对流动
性的限制让斯密出离愤怒。济贫法的"计划糟糕"，其结果是，"英
格兰四十年之间几乎没有一个穷人"，因为穷人都被济贫法"最残忍
地镇压了"（WN I.x.c.59/157）。他后来将它归纳到一系列妨碍"工人
的自然自由""去从事他们喜欢的行业"的法律之中；如果在一个地
方"被开除"，他们应该"不怕检举"而能到另一个地方找工作（WN
IV.ii.42/470）。这项法律惩罚了迁徙，其结果却为贫穷挖掘了壕沟。
它是对"人人改善自己状况的自然努力"的"粗鲁阻拦"，而这种努
力非常有效地引导"社会走向富裕和繁荣"（WN IV.v.b.43/540）。废
除这项法律就消除了贫穷的一个主要的人为（道德）原因。

　　另一位写过关于济贫法主题的苏格兰人是凯姆斯，他的整部《人
类史纲要》都在谈这个话题。他的解释部分源于他对商业社会更一般
的矛盾心理。和斯密一样，他承认对穷人的管理"成为制订公共政策
相当重要的内容"（SHM II，37）。[25] 还和斯密一样的是，他也认为
伊丽莎白的法律"有压迫性"和"彻底不公"，而且毫无用处（SHM
II，40）。尤其令凯姆斯对这项法律感到忧虑的是，它采取了强制性
慈善的形式（SHM II，57）。慈善本应该是自愿的，他相信，"一个治
理良好的政府"中，几乎不需要慈善来促进"勤勉和美德"（SHM II，
56）。然而，凯姆斯和斯密还是有很大的不同的。他区分了值得帮助
的有工作的穷人和依赖"社会捐赠"、诸如流浪汉和健全的乞丐这样
不值得帮助的穷人，从中找到最原本的济贫法（及其支持者，比如佩
尔金斯）（SHM II，67）。作为对佩尔金斯的模糊回应，在凯姆斯看

来，后一种人需要特别关注，因为他们是"贫穷顽疾"的病症（*SHM* II，37）。华莱士是另一个提到乞丐数量的苏格兰人（*DNM* 89；*CGB* 117），不过其主题在当时的文献中是重复的。斯密相信改善自己状况的自由会给社会带来良性的后果，相较而言，凯姆斯提倡的是一种更具干预性的解决方案。这种分歧反映了一个商业社会应该如何运行的区别（参见前面第 1 章和后面的第 4 章）。凯姆斯的救治方案是将税收和绅士们的自愿捐献合在一起，这些绅士将会监督这笔基金的使用，将挥霍浪费者和清白无辜的穷人区分开来（*SHM* II，60-1）。

但是，斯密和凯姆斯之间最大的分歧是他们对工资和激励因素的看法。在凯姆斯看来，济贫法的强制性慈善，其主要错误是，如果为某种帮助提供了担保，那么，受赠者将陷入无所事事的懒惰状态，因为凯姆斯相信，对于劳动中的穷人来说，"害怕贫穷"是他们工作的唯一有效动机。尽管凯姆斯承认"高工资一开始促进了勤勉"，但它们"遥遥无期的结果"形成了"一幅凄凉的画面"（*SHM* I，83），乃至他对穷人的概况勾勒中宣称，"过分的高工资"是"可悲的恶行"（*SHM* II，43；cf. Horne 1990: 108）。这里，凯姆斯同意那种所谓"贫穷之用途"的说法（Furniss 1920: Chap. 6，是关于这一观点的"历史"非常有价值的资料来源）。曼德维尔是一个典型的讲究技巧的阐释者；穷人应该被"好好管理"，目的是为了虽然他们不会饿死，但也"不该获得任何值得救助的东西"（Mandeville 1988: I，193）。[26] 这个观点受到斯密的坚决反对。纳森·罗森伯格认为斯密的观点很"新鲜"（Rosenberg 1975: 379；cf. Himmelfarb 1984: 51），虽然一如既往还是能找到一些先行者，包括休谟（*E-Com* 265）[27]，而且，丹尼尔·鲍（Baugh 1983: 86）宁愿将《国富论》理解为"与盛行四十年的修正主义观点交锋的胜利"。

斯密与凯姆斯形成了鲜明对比，他提出，"对劳动的慷慨报酬……增进了普通人的勤勉精神"。高工资，而不是"贫穷"才是刺激行为的动力；它们鼓舞着那种改善自己状况的欲望（*WN* I.viii. 44/99）。在休谟看来，激励人们比其前辈过得更好的欲望"让人们从怠惰中振奋起来"（*E-Com* 264）。斯图亚特讲了一些类似的

84

话（*PPE* I，157），但在斯密看来，其证据是"慷慨的报酬"不仅是"不断增加的国民财富的必然结果"，也是其"自然的征兆"（*WN* I.viii.27/91），因为增加工资的同样原因也提高了生产力（*WN* I.viii.57/104）。实际上，高价的劳动力"构成了社会繁荣的本质"（*ED* 12/567）。由于在一个"富裕的商业社会，劳动变得珍贵，工作变得廉价"（*ED* 11/567），因而，这就不关劳动的货币价格，而是事关工资能够买到的"生活必需品和便利品的真实数量"问题（*WN* I.viii.35/95）。华莱士同样也提出，"最基本的财富在于那些维持生活的必需品以及让生活变得舒适的物品的充足"，"勤勉确实是财富的源泉"（*CGB* 96，110）。

这个观点不仅仅是"经济学的"。上文已经指出，当个人的基本需要获得更好的满足时，那么，这就是个好状态。严重匮乏就是穷困，这是种"糟糕"的环境；而将禁欲主义当作某种理想模式的看法，被休谟谴责是"一种僧侣的德性"，它在任何地方都会遭到"理智的人们"的反对（*M* 9，3/*SBNM* 270）。而且，正如斯密宣称的，此事事关"公平"，那些满足社会基本需求的人们自己应该"差不多吃饱穿暖有个好住处"。而且，心灵中享受繁荣带来的快乐，那么，"一个多数人贫穷悲惨的社会不可能是繁荣幸福的"（*WN* I.viii.36/96）。休谟虽然非常认同重商主义观点的准则，即高价劳动不利于对外贸易，但他还是声称，在"千千万万人的幸福"面前，这种想法不足为道（*E-Com* 265）。幸福、快乐、物质满足是现代道德的内容，因而也会在现代商业社会中找到。正如"古代共和国"所要求的，严苛或禁欲的贫穷的道德化词汇，已经被彻底颠覆了。

休谟还在同一篇文章中指出，"普通人的贫穷是绝对君主制自然的——如果不是绝对的话——结果"，正如同样绝对的是，财富"是自由的结果"（*E-Com* 265［华莱士引用了这句话，*CGB* 66 n］）。这就强调，凄惨的贫穷其实是可改变的道德因。斯密对中国的评论就是对这个观点的最好说明。如我们前面所提到的，虽然他认为中国人穷，但他也说中国已经达到了与其法律和制度（以及物质环境）相一致的"完全充足的财富"。但是，如果这些法律改变了，那么它可能就会摆脱其"僵滞的状态"。此外若允许对外贸易，它将要做的是脱下"正义的伪装"，而在这个外装下，穷人和"小资本拥有者"的钱财被"抢劫侵吞"（*WN* I.ix.15/122）。换言之，借助法治运作为所有人提供安全。这种满足是商业社会的核心内容，也是下章的主题。

注释

[1] Scott（1966: 237）。事实上，这里所说的出自《道德哲学体系》（2005: I, 287-9）的这段话讨论内容不长，它是对社会生活必需品的阐述。曼德维尔的参考内容也捎带提一下（1988: II, 142，他用了手表这个熟悉的例子常见例子（还可参见马丁的《思考》（1701）[1952: 591]），资料来源可能是配第的《再论政治算术》（1683）（1899: II，473），不过这个评论没有深究下去。正是斯密对这些可能的先驱性论述的系统运用，才使得他和他的理论与众不同。

[2] 这是已为大家所接受的区别。我所贴的"技术性"劳动分工的标签，比如格洛奈维根（Groenewegen 1977: 162）就称之为"产业上的"，菲奥里和佩夏雷（1999: 101）提到的是"技术上的"。

[3] 关于斯密对劝服一般作用的讨论，参见 Kelly（2011: 119-28）和 McKenna（2006: 134）。后者强调"劝服的重要意义是作为文明社会中获得必要合作的手段"。

[4] 托尼·阿斯普罗蒙格斯（Aspromourgos 2009: 62）将"交换倾向"和"自我关照"、"对物质上的自我改善的欲望"作为三种"人类经济行为的主要'动力'"，但其分析完全与文本相反（在文本上，阿斯普罗蒙格斯这样说被认为是有道理的），"交换倾向"的驱动力（可以这么说）无法与后两者平分秋色是不证自明的。

[5] 与乔舒亚·塔克相比，"自爱是人性中的强大推动者"，"它在人类中的根深蒂固要比仁慈之爱要牢固得多"（Tuckev 1755: 9，7）。即便是对商业社会严厉批判的凯姆斯也说，"每个人都比其他人拥有更多的能力、知识和机会去促进自己的福利；借此所造就的福利多于我们如果完全听任仁慈之心时的福利"（*PE* 32）。"自爱"的历史很复杂，我会在第 5 章讨论这个问题。

[6] 诺思《论贸易》（1691）："商业除了交换剩余品之外什么都不是；例如，我给出我的能与你分享的东西，得到我想要的、你能分享给我的东西。"（North 1952: 516）

[7] 通常会涉及"需要性"(或者说需要)。比如,戈盖神父说,"需要"是商业之源,是获得人们缺少的物品的欲望(Goquet 1758: I,570);米拉波也说,商业是"友善之人和他的同胞有用且必要的交流"(Mirabeau 1759: II,7);魁奈仅说,"交换让剩余品变得必要"(1764: I,8)。苏格兰的例子参见亚当·弗格森(*PMPS* II,424)。这一点至少可以回溯到亚里士多德,他确认需要是交换的基础(Aristotle 1944: 1257a)。

[8] "无论人被认为多么自私,他的本性中显然还存在某些秉性,使他关心别人的际遇,视他人之幸福为自己之必需,尽管除了目睹别人之幸福所感到的愉悦之外他一无所获。"(*TMS* I.i.1.1/9)这句话回应的是哈奇森《道德善恶研究》的第一句。在这句话中,哈奇森将"道德的善"定义为"我们对这些行为——它们激起我们对行为者的赞许和爱,却让我们从赞许和爱中不获任何好处——中所体现的某种品质的观念"。(*PW* 67)

[9] 比较一下琼·罗宾斯对"屠夫、面包师"这段话的注解:斯密语气中"通常有一种绅士风度般的厌恶。"

[10] 维侬·弗雷(Foley 1976: 140,141,151)声称,斯密的论述靠近柏拉图(或者说,更靠近柏拉图,而不是曼德维尔),此说法因为不欣赏柏拉图潜藏其后的形而上学而被削弱。有一种对柏拉图的理解要激进得多——既然是"天性"决定了与工作的适合性,那么相关因素——性别差异就没有关系了。

[11] 参见他的《关于诗歌和绘画的批判性反思》(1760 年,首次发表于 1719 年),他认为,他所谓的"天气"作为物质因的影响比道德因更有解释力,比如在说明英格兰没有历史画这个事情上就是。特恩布尔在其《画论》(Turhbull 1740: 109)中批判了他,休谟在好几处也引用了他。

[12] 关于斯密、爱尔维修以及其他人的短评参见韦斯特(West 1964: 290)。爱尔维修强调教育,他批评杜博斯的观点一点儿也不奇怪(Helovetius 1845: 305f)。

[13] 主要的资料来源是亚历山大·德莱尔(Alexander Delaire)[原文如此]为《百科全书》(1755)第 5 卷撰写的词条"针"(斯密为格拉斯哥大学图书馆购买了其中一卷)。这基本上是一个描述性词条,用一段话介绍了 18 道工序中的每一道(配图作为参照),因此很好地解释了这本书的全名《科学、艺术和手工业的解释词典》(他的名字一般写成 Deleyre [cf. Lough 1971: 48])。更早的表述可见伊弗雷姆·尚贝尔的《艺术和科学百科全书或综合词典》(1728),这个名称激发了狄德罗类似标题的工作。尚贝尔在该书中提到,制针业是由 25 个工人在生产过程前后相续制造出日用品的行业。

[14] 参见 Dunbar *EHM* 423;Ferguson *PMPS* II,424,*MSS* 143;Millar *HV* IV,154/736. 斯图亚特也用了这个例子(*PPE* I,158),虽然比《国富论》早,但斯密在 1760 年代初期就在《早期手稿》(*ED* 6/564)中使用了制针的例子。

[15] 配第在《政治算术》一段代表性的短论中指出，"那些居住在一个固定地方的人们必定是他们自己的士兵、神父、医生、律师"（1899: I, 255-6）。

[16] 罗伯逊在关于印度的"专题论文"中有相似的观点，其中他明确说他已经构思了"一部商业通史"（*India* 1124）。

[17] 参见波科克（Pocock 1999: 328）的评论：斯密批评"城邦文明""在依靠奴隶劳动的强制性农业经济以及缺乏国内市场的情况下……不能养活城邦本身"。他进一步指出这里在语境中为现代商业社会反对新型共和国的挑战所做的辩护。我将在第 6 章讨论这种挑战。

[18] 让·斯塔罗宾斯基（Starobinski 1993: 328）在一个完整的（如果法国人是重点的话）讨论中将第一个使用该词（无褒贬意义）的人归功于米拉波 1756 年的说法。《牛津英语词典》（*OED*）引用了鲍斯威尔 1772 年的用法，它这样记载道，约翰逊博士本来不会将这个词语收进《词典》的，但又反对说，他觉得从"野蛮"的对立面来说，"文明"这个词比"文雅"（civility）更好。这是常见的苏格兰语境，斯塔罗宾斯基进一步指出（Starobinski 1993: 5），反题的建立是"关键点"。还可参见马歇尔和威廉姆斯（Marshall and Williams 1982: 177）关于"礼仪"标准变化的论述。

[19] 弗格森否认"商业的"和"开化的"两个词语有着相同的界限。他以罗马人为例，说他们"成就斐然"，但（几乎）都是农民。他还以斯巴达人为例，尽管他们献身于公共服务而非"文学天赋和艺术创作"，但用"文明"一词来描述却是不准确的。他还说，他们"摒弃了自然法和人道，却役使奴隶这个特殊的族类去完成该民族所必需的劳动"（*PMPS* I, 252）。

[20] "商业"作为一个研究主题，由于市场和对外贸易逐渐形成而在 17 世纪变得普遍了。罗伯逊在 1791 年出版的著作中评论说，只有现在"关于商业意义的现代观念"才开始揭示出来（*India* 1115；cf. 1124）。玛格丽特·莎巴斯（2005: 2）提出，19 世纪之前，"商业"意味着"单个商人和消费者之间的民事交易，大体而言不是集合意义上的用法"。这是她观点的一部分——她认为，"经济"作为一个与众不同的实体需要"去自然化"。她觉得斯密没有做到这一点。

[21] 非常可能的是，米勒使用了斯密《道德情感论》中的句子，"野蛮民族的极度贫困"导致抛弃孩子，甚至"被野兽吃掉"。（*TMS* V.2.15/210；cf. *LJA* iii.78/172）

[22] 参见他进一步的描述，"当穷人出现时，立即激起我们想象的是那种令人不快的形象：穷困、一贫如洗、繁重的劳动、肮脏的家具、衣服粗糙或衣衫褴褛、令人作呕的肉和不合口味的饮料"（Hume *M* 6, 33/*SBNM* 248）。衣服、家具、食物，让人想到三项基本（身体的）需求。

[23] 休谟讽刺性地提到爱比克泰留，他"几乎很少提到人道和怜悯的情感"，如果

提到也只是为了让他的信徒抵制它（*M* App.4，14/*SBNM* 319）。

[24] 参见罗伯逊的评论，相较于"更进步的社会"，气候对"野蛮民族的影响更大"。"文明人"通过他们的"智慧和发明"能够"弥补缺陷，抵御环境的不利因素"（*HAm* 850）。道德因和物质因的左右摇摆就以这种方式成为发展的标志。参见第 2 章。

[25] 斯密将"police"定义为"该国为贸易、商业、农业、制造业制订的任何管理条例"（*LJA* i.2/5）。这是比较特殊的。

[26] 与此相关，他批评慈善学校是有害的，所需要的是劳动人民应该是"无知的"（Mandeville 1988: I，288）。凯姆斯声称知识对劳动人民是危险的，慈善学校更有害而非有益，以此作为对曼德维尔的回应（*SHM* II，53-4）。

[27] 关于这一点已经引起某些争论。引用最多的文本表明休谟在《论赋税》中提倡低工资，"人们总是看到，在匮乏的年代，如果不是极度匮乏的话，穷人的劳动比在丰收年份要多，实际生活也要好"（*E-v* 635）。约翰逊引用了这句话，并认为休谟"偏袒地"将低工资作为诱因（Johnson 1937: 287），这句话还被格特鲁德·希默尔法伯（Himmelfarb 1984: 51）和爱德华·弗尼斯（Furniss 1920: 122）引用过。不过，弗尼斯后来认为休谟极力主张不断增加的实际工资的用途，如此生活标准可能就上升了（Furniss 1920: 189）。根据科茨的说法，休谟表现出两面性，但他的主要侧重点还是反对限制劳动者贫困的扩大，提高他们的生活标准。科茨（Coats 1992: I，90）在其他地方更偏重休谟和这个看法一致，即不断上升的生活标准是所有人的福利。引自《论税收》的这段话从 1768 年以及随后的《论文》版本中漏掉了（还要注意一下条件从句），不过读一下休谟《英国史》第二卷第 259 页（*HE* II，259），在这里，"必需"被引用作为将人们从"怠惰的习性"中摇醒的需要。休谟对伊丽莎白的济贫法没有表态；不过，这和他对勤勉的行为和德性的强调是一致的，劳动者比健全的乞丐更值得帮助（尽管他鄙视伊丽莎白诉诸军事法让伦敦摆脱"懒惰的流浪者"［*HE* II，583]）。在其他地方，休谟在对仁慈的讨论中还提到"对普通乞丐施以救济是值得称赞的；因为这似乎减轻了那些可怜人和穷人的困难；不过，当我们注意到，这种鼓励由此产生了懒惰和道德败坏，我们认为这种慈善毋宁说是一种缺点，而非一种美德"（*M* II，18/*SBNM* 180）。这一评论令人信服地以一种视野宽阔的见解在德性评估而非休谟自己的判断中阐释了效用的有效作用；当然，这些并非相互排斥的。

4

市场、法律和政治

　　商业社会不只是更好的物质生活水平，也不只享受财富的福祉（虽然这是最重要、也是最有意义的）。这个社会还享受了自由的福祉。第二项福祉是第 5 章的重点，不过得承认这个划分有点人为性；这一章考虑的是促进自由以及其他商业德性的框架（如果可以这么说的话）。商业社会"观念"的核心有一套相互关联的概念。本章分三个部分来讨论这些问题。首先考察商业交换的非人格化和法律的关系。市场以非人格化的交易进行（商业社会被视为一个由"陌生人构成的社会"），法治意味着"人人一视同仁"。第二部分研究商业的相互依赖性和具体个体权利的法律/政治独立性这两者之间互补的概念关系。这些相互关联的关系解释了正义为何在苏格兰人的著作中占据着核心位置——如果不是在所有方面都趋同的话。本章的结尾讨论如何/为何正义的实现被视为政府的主要任务，以及从前面的讨论看能对商业社会的政治说点什么。

市场和法治

　　我将通过概述隐藏的概念联系来探讨市场和法治的关系。商业需要连续性和安全性，为了维持一个人人都是商人的社会，这种要求需要得到保障。为此有两个原因；第一，因为商业取决于一系列期望和信念；第二，在商业社会中，屠夫、面包师或酿酒师与其顾客的联系通常不是靠亲属关系、婚姻关系或朋友关系。这种期望的无形和陌生人之间交换的非人格化既反映了商业社会的"抽象"特征，与先前时代更"具体"的关系形成了鲜明对比，无论是真实占有物的可见性，或是猎人和弓箭制造者面对面的交换协议，都是非常"具体的"。同样，所需保障的恰当来源也是抽象的，采取法治形式，而不是靠统治者颁布的具体实在的法令来指导个人行为。[1]

这些简化的总结性陈辞显然需要阐释一下。比如猎人和弓箭制造者这个基本的例子暗示着即便在他们所处的环境中也得有某种形式的连续性。对于弓箭制造者而言，猎人得是同一部落或定居点的一部分，所以他可以再次获得"鹿肉"作为自己劳动的"补偿"（斯密假设这些都是男人的工作）。对于猎人来说，在一个不稳定的环境中，好质量的弓箭有一个已知的、相对持久的来源是非常必要的。和现代工作一样，互惠模式建立在信任之上，由此巩固了他们所共享的共同体（Ostrom 1998；Paganelli 2013）。信任很重要，因为如果弓箭制造者现在花时间制造弓箭（这样就产生了不打猎的"机会成本"），并相信猎人会提供肉给他，而猎人也相信弓箭制造者"在家"制造更多的武器，那么就将只有一种交换。[2] 当然，他们在定居点小范围面对面交换的性质意味着：这种信任不太是个大事，"监督"主要靠群体性的惩罚（比如羞辱或放逐）。暂时跳过中间的几个阶段，在商业社会，相反，大多数人都不认识彼此，第一个阶段的非正式惩罚在一个陌生人社会中相对隐匿的情况下将不起作用。这就意味着不得不找到另一个可靠的备选办法。这个办法可在法律中找到，不过如我们所期望的，苏格兰人不仅对法律的运作体察入微，而且对它如何产生也极为敏感。仅声明法律的必要性是糟糕的社会科学。

显然，第一阶段弓箭制造者和猎人所感受的安全性和稳定性的范围是有限的。自然环境和人类环境都很不利（部落间的战争时有发生 [Hume *E-OG* 40]）。结果就是，如果考虑一下有一方没活下来重复那种交易的可能性的话，那么，猎人和弓箭制造者之间几乎就没有机会建立一种互惠的关系。斯密本人声称，在"社会的野蛮阶段"，"几乎很少有"交换（*WN* II.Intr.1/276）。这种稀缺性和生命通常的不安全状况结合在一起，就在很大程度上解释了那个阶段所经受的"普遍贫

92

穷"（*WN* V.i.b.7/712）。由于事实上缺乏劳动分工，所以也没有专业化，回想一下我们在第3章的讨论就知道了；专业化是生产力提高的原因，随之而来的经济发展带来了商业繁荣。而且，狩猎—采集的生活环境如此受限，乃至没有超出鹿肉/弓箭层次的交换（以物易物）的市场，我们可以再回顾一下第3章，劳动分工的程度与市场范围有关。还可以进一步思考下。遵循自然史的发展设想（参见第2章），这些"野蛮人""几乎不能对未来形成任何约定"（Dunbar *EHM* 15）。这一判断暗示着即使是猎人/弓箭制造者的约定，也反映超越"直观"世界的某种进步。在《早期手稿》中，斯密提到（引用彼得·科尔本的权威来源）霍屯督人时认为他们存在某种劳动分工，因此他们的发展超出了北美人，不过他们还是不如牧民先进（*ED* 4/583-4）。

　　将四阶段作为理想类型的模版，人们就可以在牧民社会和农民社会中期待某种进步。然而，尽管这些关系失去了第一个阶段的直观性，思想观念也拓宽了，乃至出现了一个新的财产概念，但是安全性和稳定性依然脆弱。脆弱的主要原因是权力仍然被地方化，执行起来非常随意。我们可以领会一下为什么第2章讨论等级关系时使用的是这个例子。"首领的主导原则"体现在罗伯逊的声明中："在揭示财产状态属于哪个特殊阶段的基础上，我们可以准确判定……所拥有的权力的程度。"（*VP* 375）而且，正如米勒所指出的，正是在第二阶段，由于"驯养牲畜和放牧牲畜"的发明，就有"机会"产生有级差的所有权，并形成"长期的阶层差别"（*OR* 203-4）。

　　这一长期性根源于牲畜的主人处在一个创造"一系列依赖关系"的位置，因为那些自己没有牲畜的人不得不指望酋长或可汗"为他们提供生活资料"（Millar *OR* 250）。这种有级差的所有权通过社会控制的形式来维持或被接受。这种"控制"通过让所有权变得可接受而派生出了其他方式。不过，将这种控制简单地归因于恐惧是错误的。斯密提到鞑靼酋长对"所有替他部落或族群放牧的底层羊倌和牧民有一种自然的权威"（*WN* V.i.a.11/714）。这里"自然的"一词是斯密经常使用的意义上的，通常在指定环境中使用。[3] 这就是说，它符合自然史的原则。不过与这些原则一致的同时，它在"自然的个人力量的品质"上也清晰可辨，不同于狩猎部落首领具有的杰出品质。这些品质是"明显可见的"；回顾一下第 2 章，鞑靼的酋长地位不是那么直接确切地依赖于财富和出身这些"原因"。

斯密承认鞑靼酋长在某种意义上享有"某种司法权威"，当那些附庸受到"伤害"时他们指望酋长为自己伸冤。这样做是因为他们知道只有酋长有权力纠正，而且还意识到，由于这种权力，那些冒犯者更可能默许他的决定，而不是任何对抗行为。如此，鞑靼酋长就成了一个不严格意义上的霍布斯式君主，他在恐怖环境中维持了和平。这很好解释了苏格兰人社会理论中的一个重要气质。对苏格兰人来说，"合法性"和其他社会事实一样，是通过讲述社会生活的事实而不是由自然状态这个额外的社会概念来解释的。与自然状态的非历史性形成鲜明对比，人类的社会经验可从时间上构建。这种时间化是形成习惯的必要条件，而这个时间化恰是斯密"自然权威"的关键。

休谟的分析引导了这个方向。他的叙述遵循着"人性原理"和道德因果关系的柔性决定论（参见上文第 72 页；cf. Livingston 1984: 271），认为人们"一旦习惯了服从，就再也不想离开他们及其祖先一直走过的路"（*E-OG* 39）。[4] 更突出的是，正是"时间和惯例"让"以单纯伤害和暴力"为基础的行为变成"法律的和强制性的"（*T* 3.2.10.19/*SBNT* 566）。只有这种获得的习性才能解释初看上去令人困惑的事实，即少数几个人如此轻易地统治大多数人，特别是因为（众人的）力量必定总是和后者联系在一起。休谟从一些早期用法中援引了"意见"的作用（*E-FPG* 32-3；cf. *E-BG* 51，*E-OG* 40，*HE* III，395）[5]，以及更具体的"权利的意见"，他的主要例子是寄托于"古代政府"，因为"古代总是引发权利的意见"。斯密在《法学讲义》中回应了这一点，他声称"有关习俗的任何事情都是对的"（*LJA* v.132/322）。在游牧社会中，这一点尤为明显。米勒指出，"宗谱和血统"就是鞑靼人中间的"精确知识"（*OR* 250），在斯密看来，正因为如此，"人们才更容易服从于他们及其祖先一直服从的家族"（*WN* V.i.b.8/713）。

为什么这是游牧社会中一个如此显著的特征？原因是，在这个

"社会阶段",除了用来养活附庸者,财富没有任何其他出路(*WN*
V.i.b.7/712)。这种状况一直持续到第三阶段,地主取代了可汗,但决
定性的变化还是"钻石搭扣"的出现,这预示着商业社会的革命性变
化(见第 2 章)。财富滞留在少数几个人手中的结果,是形成了对发
展习惯性信仰很有必要的稳定性。米勒为这一推理之链提供了一个非
常清楚的例子,"由此,儿子继承了父亲的位置,能够保持相同的地
位……这一点由习惯的力量日渐强化,并随着一代一代地传承而变得
相当显著"(*OR* 250)。[6]

　　因此,这种"自然的"习惯性权威是一种强大的社会力量。但
它没有独断专行。在《法学讲义》中,斯密将"效用"当作"权威"
之外的另一"原则"(*LJB* 12/401)。正是效用让最穷的人同意统治者
(他们的酋长)登上宝座,以此作为最便捷的途径从最有钱的人那里
为他们所受的伤害获得某种可能的补偿。这种登基还附着一种模糊
的功利主义的计算,因为,统治者回应无可置疑的"不规律性"而
接受的话是为了"避免更大的恶"(*LJB* 14/402)。还是和以往一样,
米勒追随其师。他也突出权威和效用这两条原则(*HV* IV,7/796),
不过他倾向于更强调效用的作用。而斯密在很多例子中指出,"权
威原则是效用或共同利益原则的基础"(*LJA* v. 132/322)。米勒评论
说,政府的一般效用"比政府的单纯权威性要更令人满意"(*HV* IV,
7/799)。不过当下的问题是,他看到"每个蒙昧民族中",那些拥有
权威的人可能沉溺于"独断专行"而不受惩罚(*HV* IV,1/694)。尽
管由于长期习惯柔性决定的后果,这些"不合规范的行为"发生时未
受惩罚,但他断言(这里特别提到爱尔兰),"多亏商业和制造业的发
展","社会的巨大利益"最后终于获胜了(*HV* IV,1/695)。

　　权威讨论的要旨是,正是在牲畜财产的第二个阶段,"某种程度
的……民事政府"被引入了(*WN* V.i.b.12/715)。这种引入是由富人
(牲畜的所有者们)的自利动机推动的。他们需要政府维持"事物的
秩序,只需这种秩序就可以确保他们拥有自己的利益"。如我们在第
2 章提到的(参见第 48 页的引文),关于这种统治可能不偏不倚、公
正无私的任何想法都是一厢情愿。米勒泛泛地评论说,"在每个蒙昧

民族，身附权威的人们喜欢不失时机地纵容自己独断专行"（*HV* IV，1/694）。斯密更具体地指出，"阿拉伯酋长的权威很大；鞑靼可汗的权威也是专制的"（*WN* V.i.b.7/713）。因此，第二阶段的统治和那些被误以为"法律"的内容从本质上说是变化无常的——它取决于可汗的随心所欲，当然就缺乏普遍性或包容性，因为它将不适用于他或他的随从。

严格意义上，第三阶段的统治/法律也是一样的。这里，统治的地方性基础是非常显著的。斯密论述带来商业时期的"革命"（第2章讨论过）时指出，封建地主"和平时是法官"，"战争时是首领"。随着社会发展的产物以及随之而来的商业繁荣，这些角色最终"无意之中"分离了，斯密将此断定为"现代"的"重大好处……是我们现在享有的更大安全性的基础"（*LRBL* ii.203/176）。在这种分离之前，"大地主"的令状仍然起作用，不过只在其领地之内起作用。因为他们对经过其土地的旅行者和居留在领地之内实际上处于"奴役"状态的商人们征税，他们认为征税是合理的（*WN* III.iii.2/397-8）。其必然的推论是，这些大地主在领地之外没有任何权威或影响力。权力地方化的一个结果就是地方之间的决定没有连续性，或者一个"管辖范围"内也没有连续性的"额外"保证。斯图亚特颇有说明力地指出了这一点：他谈到"任何人或一类人变动的意愿"，乃至"法律"往往"根据特殊个人或阶层的喜好或偏见"而改变（*PPE* I，206）。缺乏连续性就意味着没有安全感。我们从第2章讲述的历史故事中知道，国王并不反对地方主义；他在其个人领地之外力量太弱以至于不能保护其臣民不受大地主的压迫（*WN* III.iii.8/401）。我们还注意到，"商业革命"之后的英格兰（就像我们可以称呼的那样），（都铎）君主如何在下议院兴起之前获得非地方化的权力，反过来其权力又被下议院所削减（见上文第57页）。这种权力削减开启了商业时代。

我们可以推论第四阶段将会有什么不同。斯图亚特紧跟其后评论了不可预见性（"变动的意愿"）和特殊性，并将其与"普通法统治"下的民族所处的状态做了一个明确对比；普通法的"形成是为了不被改变，并以规律而一致的方式"来统治人民（*PPE* I，206）。在第5

章要探讨的一个争论中，这种规律性就像法治一样被制度化了，通过休谟的概述（*E-OG* 41），政府的管理"必须按照普通法执行，这些普通法在此前是所有成员都知晓的"，此种管理实现时，政府就是自由的。自由与随心所欲的意愿在权力中的缺席，这两者之间通常是相互关联的，当然，这也不是苏格兰人的专属观点。[7] 在苏格兰人中，除了斯图亚特和休谟，哈奇森（*SIMP* 258）、华莱士（*CGB* 215）、凯姆斯（Kames 1732: 20，*PE* 268）和弗格森都曾举出过相同的联系，我们将在第 6 章中讨论弗格森，虽然他支持自由的"积极"方面，即便如此，他还是坚信法律实施中允许自行决断是危险的（*PMPS* II，477）。

　　我们已经知道，商业社会受财富和自由的庇佑。我们在第 3 章表明，这两项福祉相互关联。斯密很清楚，

> 　　商业和制造业逐渐引入秩序和好政府，有了它们，这个国家居民中每个人就有了自由和安全，此前他们与其邻邦几乎生活在连绵不断的战火之中，奴隶式地依附于他们的官员。（*WN* III. iv. 4/412）

而且，休谟说得更具体，行商坐贾、大小商贩"都渴望平等的法律，它们可以保证财产安全，保护他们免受君主专制以及贵族暴政"（*ER—A* 278）。

　　这该如何操作呢？这一论断取决于一系列因果关联：源于法律框架的稳定性形成了安全，安全是市场发展和契约以及交换延展的先决条件。这就触及商业社会这个观念的核心了。我们在前面指出，即便原始的弓箭制造者/猎人的关系也意味着某种为了将来回报而许的当下允诺。直到这个允诺能够得到保证，关系不会因任性多变的权力而受损，如此，一个人人都是商人的社会才能运行。就像斯密提出的，在"不幸的国家"（他指的是"大多数亚洲政府"和封建地区），"人们总是害怕官员的暴力"，所以他们不会"储存货物"，而"总是握在手中"，万一需要跑路时即可携货而逃。而在"那些还算有自由的国

家",人们会存储货物,要么为了"当下的享受,要么为了将来的利润"(*WN* II.i.31/285)。

如我们在第3章提到的,在织工卖掉他所织的布匹之前,需要存货让他能有可以继续生产的原材料以及维持生活的费用。而且,如果没有市场,他自然一匹布都卖不出去,而在这个市场上,他可以买到鞋匠的产品。考虑到斯密所列举的简易羊毛大衣例子中所包括的市场,所以说,相互依赖的网络是巨大的,就像我们从"自然史"的轨迹期望看到的,形成这一网络的社会不仅是复杂的,而且是抽象的。我想继续探索一下"抽象"这个概念所包含的内容,因为这将揭示市场交易和法治之间的概念性关联。

这是苏格兰人对社会科学史的一大贡献:他们实际上写了一部信念的历史;休谟本人称这部历史是"人的心灵"的历史(*HE* III,12),罗伯逊称为"人类精神的历史"(*HAm* 811)。我认为,这最好理解为(洛克式)知识的自然历史社会学,而且,受玛丽·普维(Poovey 1998: 224)启发,这一"历史"并不意味着亚里士多德式的某种完满。马克·萨尔本·菲利普斯(Philips 2000: 49-51)将休谟的用语和他对"意见"的处理(见上文)联系起来思考的路径是对的。休谟的"意见"可以解析为一种信念形式。休谟的"信念"有一个很广的范围。它是"从惯例中形成的精神活动"(*T* I.3.9.13/*SBNT* 114),而惯例是因果分析的核心。在他那著名的弹子球的例子中,我们"根据惯例判断"(即根据重复发生的现象)相信前面那个静止的弹子球因为运动着的弹子球的撞击而动起来(*A* 15, 17/*SBNT* 649-50)。在此基础上,习惯性的信念就是"生活的向导",就像"我们将来判断的准则"(*A* 16, 25/*SBNT* 652, 656)。对休谟而言,将来会和过去一样,这个信念得到普遍的适用,还特别适用于我这里想要分析的商业。

从一个简化的视角看,循着第3章所概述的"交换逻辑"(第70页),一个制造者现在花时间生产了一种特殊产品,期望别人会要它,这种关于他们欲望的信念本身就是相信他人正生产不同产品的前提。这种"信念"是经验习得的,可以扩展到城镇和贸易发展这个性质完全不同的或然性知识层面上，其中，市场形成，参与者因期望将来的回报而采取行动。休谟敏锐地抓住了这一点：

> 独自一人劳动的最穷工匠，无论如何他也会**期望**得到行政长官的保护，以确保他能享受其劳动果实。他还**期望**能把他的货物带到市场上去，为它们寻求一个合理的价格，他将找到买主，并用他换来的钱购买一些他生活所需的日用品。相应地，随着人们扩大他们的买卖，使得他们与其他人的交往变得更复杂，他们总能理解生活中一些变化多端的自愿性行为，他们**期望**这些行为出于恰当的动机与他们自己的行为相互合作。所有这些结论中，他们都以过去的经验作为判断标尺。（*U* 8.17/ *SBNU* 89 —— 黑体是我加的）

尽管休谟在这一评论之前的序言中宣称，"在所有社会中，人类的相互依赖性都很大"，但显然，休谟这里假设的是商业社会的语境（注意"更复杂"这个用语——参见斯图尔特的引述，上文第 32 页）。承认这种相互依赖性所需要的是可预见性或信心。如果一个地区行政长官空缺或性情多变（因此不能提供任何保护），其结果就是他人的行为不可预测，那么自力更生或自给自足更好（更谨慎）一些（cf. Smith *WN* II.Intr.1/276）。不过可以肯定的是，既然这是普遍化现象，因此财富这一福祉就没有了，因为实际上没有任何市场，也就没有任何劳动分工的意图或目的了，由此就剩下可怜的贫穷了。

当然，并不是所有的信念 / 期望都是不分伯仲的；有一些比另一些更确定。实际上，在市场环境中，不确定性看似是默认条件。专业化存在天生的风险。这种体系核心的不确定性似乎取决于可预见性，很多人认为这种不确定性是商业社会的根本缺陷；看上去，它所仰仗的不是什么稳定的事物，而只是脆弱的信念。我将在第 6 章充分探讨这个问题，但在这里指出，休谟列举的工匠的例子是想描述可预见的稳定性，就像他在讨论自由和必然以及人性的持续性和普遍性时所呈现的那样。

　　商业社会的相对复杂性不仅在于关于完全陌生的人们行为（我会在第 5 章回到这个问题）的一系列（抽象的）信念，而且还在于其基本的运行原理。这些最明显地体现在货币和信用制度上。我将在第 6 章详细讨论后者及其被意识到的危险，不过我想用前者来阐释我归到商业社会的抽象性（cf. Simmel 1990: 120，142，214）。我应该强调一下这个解释的目的，我会小心克制自己不掺和到尤其是围绕休谟展开的货币讨论中 [8]，或者更广泛的问题诸如可能被当作商业社会的金融方面的问题（银行、利息率、税收等等）。

　　休谟把货币定义为"劳动和日用品的替代物，除此之外别无所是"（*E-Mon* 285）。这种定义表明它固有的"抽象特性"；货币是它所代表的事物，但不是可数的具体形式。实际上，它的价值是"虚构的"（*E-Int* 297）。它是人为的（习俗的产物［*T* 3.2.2.10/*SBNT* 490]），是"促进交换的工具"；是"让贸易之轮运转更顺畅的润滑油"（*E-Mon* 281；凯姆斯重复了这个比喻，*SHM* I，82）。作为"评估或估算"它所代表的劳动和日用品的"方式"，它履行着简易化的任务（*E-Mon* 285）。有鉴于这种工具性作用，所以在超出以货易货范围的交换之前几乎不需要货币（弓箭制造者和猎人可以不用货币进行交换）（*E-Mon* 291）。只有当财产让与（休谟三条"自然法"之一，见下文）超越特殊和在场而变得普遍和缺席时（*T* 3.2.5.8/*SBNT* 520），货币所提供的"替代"需要就产生了。

　　休谟不讨论货币的演化过程，仅假设在以物易物之后，它开始是以金属货币形式继而是纸币的形式呈现（斯图亚特称之为"象征性的货币"，这对于我们的目的很有帮助［*PPE* II，407]）。凯姆斯对货币发展的认识更现成。在"第一阶段"，野蛮人几乎没什么必需品，因此，以物易物"以其最简单的方式"就能满足了。但是，一旦"需求增加"，那么以物易物就变得效率很低了，所以就需要"一般估价中能让每个人都欣然接受的某种商品"。这种商品得符合三条否定性标准：不笨重、储存起来不贵，不会"随时间耗尽"，金银满足了这些条件（*SHM* I，70-2）。当它们没有成为货币之前，担任"价值标准"最初功能的是动物皮毛或贝壳（*SHM* I，79，斯密列了一长串这些商品的名单［*WN* I.iv.3/38］）。

斯密在更进一步的纸币讨论方面最具启发性。同休谟、凯姆斯（当然还有其他人）一样，在商业社会中，货币"是流通的巨轮，商业的重要工具"（*WN* II.ii.23/291；I.iv.11/44；*LJA* vi.127/377）。纸币是增加流通中存货数量的权宜之计（*LJA* vi.130/378）。纸币代替金银增加了财富，因为它提高了生产力（把滞留的存货变成流通的存货［*WN* II.ii.86/321］），因而增加了货物的数量，提高了货物的品质。休谟说过同样的话——即便更谨慎一些，并具体到一个特定时间框架中（*E-BT* 317 n）。纸币产生之初是作为商人之间的约定（*LJA* vi. 132/379），这导致银行的建立（*LJB* 248/504），斯密明确提到苏格兰的银行，认为它们为商业和工业的发展做出了"很大贡献"（WN II.ii.41/297）。本质上讲，纸币是一类期票（*WN* II.ii.28/292）。该词本身就有启发性；就像休谟声称的那样，"承诺总是指某个未来的时间"（*T* 3.2.5.3/*SBNT* 516）。期票是唯一能够承担此项功能的，因为人们相信它有价值。这个信念需要被接受。斯密建议说，纸币体现的这个抽象功能需要由金银来保证。[9] 而且，由于纸币具有有利的 100 功能，银行作为其发行代理人需要有信心（*WN* II.ii.28/292），甚至在它们得到发展之前，都有必要信任商人同胞的诚实和忠诚（*LJB* 248/504）（进一步讨论见第 6 章）。休谟干脆指出，"人类商业的自由和范围完全取决于信守承诺"（*T* 3.2.8.7/*SBNT* 546）（Schabas1994；Wennerlind2001）。

斯图亚特指出，"纸币只是一种信用"，因此，"用纸币支付的那个人让他的债权人仅仅拥有让这个价值有利于他的义务"（*PPE* II，406-7）。实际上，这是一种契约。我们在第 2 章（第 45 页）中看到，契约的历史如何成为从具体到抽象的自然史进程的最好证明，契约的广泛影响是商业社会的显著特征。现在兑现这个承诺的时候，斯密评论说，契约的义务性完全"源于他在拟定契约时对那个人的期望和信赖"，在此之后才有了这些假设（*LJA* ii.56/92）。

我们已经阐释了"期望"在这段引文中的作用，不过我们现在还得概括一下契约的约束性背后隐含的意义。这个问题将我们重新拉回到稳定性上来。支撑人们信守承诺 / 履行契约义务的，保持契约所体现的相互合作精神的，是斯密所谓的"法律的常规实施"（*WN* V.iii.7/910），或者休谟所说的"普遍且不变的"［正义之法］（*T* 3.2.6.9/*SBNT* 532）。在详细讨论之前，我们可以在一般用语上摆出主要观点。正义的制度是一种非人格化的抽象秩序，贯穿于整个一般规则，其反题是部落首领或地方地主人格化的具体法律规则，如米勒所指出的，在"富裕而优雅的民族"，"正义不偏不倚的实行几乎被视为最重要的事情"（*HV* I，8/131）。只有生活在法治之下，个人才会对"信守契约"和"偿还债务"有信心（Smith，*WN* V.iii.7/910）。只有在"商业国家"中，"法律的权威……才能充分保护该国中最低贱的人"（Smith，*TMS* Vi.ii.1.13/223）。

此中隐含了一句俗语：没人能够不种就收。法律权威提供的是对所有人财产的保护。带着这份信心，我将花点精力敦促自己言归正传。我继续探索的"权利"将被坚定不移地实施。如我们所见到的，"权利"概念所包含的固有的抽象性，只是斯密这里提到的法律威权所带来的成果。同样，财产作为一种附着的权利，就像信用票据或专利一样可以是相应抽象的（Smith，*LJA* i.20/11；*LJB* 175/472）。实际上，只有在商业社会，思想财产的权利这个概念才成为一种明白清楚的命题。[10]

正义

正义是商业社会的核心原则。恰是对其核心地位的证明，它才成为广泛分析的主题。在这些分析中，休谟的《人性论》是最著名的，尽管在很多方面，他归到正义之上的功能（我们可以这么描述）与其大多数同时代人是共享的，但这个分析结构还是非常独特的。[11] 不过这里详细讨论这种独特性并不合适，我将致力于对指派给正义的作用进行更广泛的讨论。

休谟旗帜鲜明地提出，正义是人为之德。从柏拉图一直到格劳秀斯、普芬道夫伟大的自然法体系，正义就被认为是"自然的"——它是人类本性公正行为的一部分。但休谟敏锐地意识到"自然的"这个词语的模糊性，他用心建立了属于自己的观点。在概述中，他的观点是，正义是两个事实同时产生（他认为如此）时形成的约定：一是人性的一致性这个事实，即人类只有"有限的"或"受限的慷慨"，二是事实上相对于人类的欲望来说"外部事物"是相对稀少的（ *T* 3.2.2.16/*SBNT* 494–5 ）。这一同时出现的持续性和不可避免性意味着正义的人为性"必然"来源于此。休谟用了强调语气："没有正义，社会必然会立即解散。"（ *T* 3.2.2.22/*SBNT* 497 ；cf. *M* 3, 38/*SBNM* 199 ）这种实用的必需性得到其他苏格兰人的回应（虽然西塞罗 ［ 1913: 209/II.40 ］ 将**正义** ［ *iustitia* ］ 和**事业** ［ *negotiis* ］ 联系在一起，形成了一个颇有影响的先例）。由此，我们发现斯密也同样坚决地辩护道："正义是支撑整个大厦的主要支柱。如果移走了这根支柱，人类社会巨大宏伟的结构……必定顷刻间坍塌。"（ *TMS* II.ii.3.4/86 ）凯姆斯也毫不含糊："［正义］是维持一个社会所必需的。"（ *PMNR* 33 ）

对休谟而言，正义借助自我施加在人类头上的规则来支撑社会；他们同意控制或限制自己。正义是人为的，因为它是这种同意的产物。休谟详细论述了这些规则/同意/约定如何产生，以便不违背他对契约论的批评（ *T* 3.2.5.1/*SBNT* 516, *E-OG* ）。[12] 因为这些规则对于社会凝聚力如此必要，所以他说，"称它们是自然法是不合适的"；因此，它们是"自然的"符合"自然"一词的标准含义，也就是说，"常见的"那种意义，或者"和这些词语的意义密不可分"（ *T* 3.2.1.19/*SBNT* 484 ）。

最后一个用语具有象征意义。休谟对这些人为规则为什么必需的解释是其哲学人类学的核心（ Berry 2003b ）。他在"正义和财产权的起源"这章的开头比较了人类的状况和其他动物的状况，并提到，从这一比较中可知，前者"无穷无尽的欲望和需求"不会自然而然地得到"弥补"（ *T* 3.2.2.2/*SBNT* 484 ）。与狮子、绵羊和公牛相比，人类在"最大满足"中经历着"体弱和需求的不自然结合"（ *T* 3.2.1.2/*SBNT* 485 ）。这种"外在环境"的不方便由"人性的状况"调和了，尤其是"我们自然天性"中那种有限的慷慨。将人和动物放在一起，

102

比较一下其他动物所经历的稳定的"自然秩序"，动物世界中的需求和满足它们的手段是平衡的，而人类的群体生活自然是不稳定的，因此，唯一的补救措施是人为地或按照惯例促使稳定性的形成。这就是正义所要提供的内容。

休谟确定了三条自然法则或正义原则——占有的稳定性、经过同意的转让以及信守承诺（*T* 3.2.6.1/*SBNT* 526）。这三条原则有两个重要特征——普遍性和稳定性。一般规则形成的基础是期望过去发生的事情继续发生（*T* 1.3.15.6/*SBNT* 173；*T* 2.2.5.13/*SBNT* 362）。它们是不可或缺的；实际上，休谟认为人性的真谛是我们"强烈地沉迷于一般规则"（*T* 3.2.9.3/*SBNT* 551）。这是对"生活向导"因果分析的回应（"宇宙的粘合剂"[*A* 35/*SBNA* 662]），借此，这个社会的凝聚就取决于习惯从一个人的经验延伸到另一个人身上。这三条规则准确控制或调整着行为，因为，只有在此范围之内，它们才是非人格的（抽象的、一般化的），"不以喜恶而变，不因私人或公共利益的特殊见解而改"（*T* 3.2.6.9/*SBNT* 532）。这实际上是"最好民事制度"的标志，在这种制度中，"每个人都受到最严格的法律的约束"（*E-PSc* 31）。这种严格性或不变性是第二个特征，它必然承认个人"期望他人采取相同的做法"时的行为能力（*T* 3.2.2.10/*SBNT* 498）。这样的期待建立在"重复经验"之上，是自我成立的，因为累积的经验"进一步让我们确信利益感对于我们所有同胞都是普遍的，让我们**相信**他们行为在**将来会规律性地发生**"。而且，"正是在对此**期望**的基础之上，我们的中庸和节制才得以形成"（*T* 3.2.2.10/*SBNT* 490 – 黑体是我加的）。

103　　鉴于我们前面的讨论，对"期望"和"信心"的注释揭示出，隐藏在休谟分析背后的正是商业社会的画面。他关于正义三条具体规则的那一节强化了这一点。休谟在确认人类困境时突出了三类人类"福利"——"我们心灵的内在满足、我们身体的外在好处以及我们对通过勤勉和好运已经获得的这些财产的享受"。但他没做任何解释就接着断言，只有最后一种"既可以被他人暴力攫取，也可以不遭受任何损失或变化而被转让"（*T* 3.2.2.7/*SBNT* 487）。从这个论断来看，就休谟而言，最后一类福利的状况或条件的改善是"社会的主要益处"。

这种益处主要仰仗稳定的财产，而且正如我们已经看到的，这就是人为的正义的功能。

财产的稳定性是最主要的协议，在此基础上，根据这些稳定财产通过同意的转让形式，第二条规则就被设计出来。这种设计从休谟不可分的意义上说是自然的，因为它与两个深层次的事实结合在一起；首先，"地球的不同地区产生了不同的物品"，其次，在这个事实基础上，人们"天生适应不同的职业"，因而，工作的专业化导致了"更大的完善"。[13] 因而，这种结合需要"相互交换和互相通商"（*T* 3.2.4.1/*SBNT* 514）。第二条规则，即经同意的转让，反过来需要第三条规则，即信守承诺。需要信守承诺是因为人类慷慨的自然限度和这个事实关联在一起，即从事物的"自然"方式来看，这种交换通常不可能同时发生。所有这些一起抑制了前两条规则即稳定的财产及其转让的有效运行（*T* 3.2.5.8/*SBNT* 519）。许下承诺（以及信守承诺）的协定弥补了这种压制，因为用休谟的话说，它默许"有利可图的商业"。承诺是对将来某个时候以特定方式行为的一种许诺或决定（*T* 3.2.5.3/*SBNT* 516）），"万一没做到，其惩罚是将永不再被信任"（*T* 3.2.5.10/ *SBNT* 522）。虽然外部强加的制裁是必需的，但事实是，这种相互有利的通商有其自己内在的契机，即"我预测他因**期望**别人也会有相同回报所以会回报我的服务，目的是保持与我或他人帮助的往来"（*T* 3.2.5.9/*SBNT* – 521；黑体是我加的）。这种对互惠的认知，罗素·哈尔丁（Hardin 2007: 149）称之为休谟的"核心政治原则"。而且，它与商业社会天衣无缝的贴切是显而易见的（我们会在第 6 章回到"信任"的作用这个话题上来）。

关于休谟正义论最常见的抱怨之一，是说他将正义过于局限在财产问题上（一个典型的评论，见 Harrison 1981）。对财产所发挥作用的解释让我们又回到正义规则的不变性以及这个因素所起的主要功能性作用上来。正义必须是不变的，因为放宽这些规则的诱惑太强烈了。主要的诱惑有两种。第一种在于人类激情。人类条件的"弱小"意味着人类自然受其激情的驱使进而妨碍了激情的满足。然而，通过人为的设计，人类约束自己的激情，建立起正义的规则，以便这些激

104

情能够得到满足。这就解释了财产权的协议。尽管有一种为自己（家人和朋友）获取好处的持久的"躁动、迅猛的"激情（*T* 3.2.2.9/*SBNT* 489），但是，经验使其"不证自明"，即这种"激情通过被约束而非放任自流所得到的满足要充分得多"（*T* 3.2.2.13/*SBNT* 492）。财产是一种人为的设计，发明出来是为了建立占有物的稳定性，因为财产"只是那些占有物，它的长期占有是由社会法则形成的；这个法则就是正义之法"（*T* 3.2.2.11/*SBNT* 491）。同样地，人类还创造了人为的地方行政制度，以对抗雷切尔·科恩（Cohon 2008: 219）贴切地称为"暂时的短视"，即人性优先考虑琐碎的"眼前利益"而非"正义的持久维持"的"危险"性（*T* 3.2.7.3/*SBNT* 535；*E-OG* 38）。这种霍布斯式的观点（Hobbes 1991: 129）以一种"抽象的视角"来看待休谟《政府的起源》中所说的问题，而短视是人性中仍然"无法矫正的"弱点，政府的起源是随意的、无目的的（*E-OG* 38-9），这个观点就是一个很好的证据。

第二种诱惑在于"自然道德"的运用。休谟声称我们"关于道德自然的、未开化的观念"被我们的"偏爱"巩固而非抵消了，因而就无法提供稳定性。我们自然道德的反复无常，可从休谟所举的例子中看到，这个例子说的是一个吝啬鬼理所应当获得一大笔财产。"自然道德家"能够准确判断钱应该流到更值得拥有的人手中，而非不需要它的人手中。[14] 休谟充分承认类似这样一个"单独的正义行为"可能"本身有损于社会"（这笔钱应该在其他地方做更多好事），但尽管如此，他还是坚信"整个计划或方案"是"绝对必要的"（*T* 3.2.2.22/*SBNT* 497；cf. *T* 3.3.1.12/*SBNT* 579）。如果一个例子是例外，如果规则灵活多变，或者失去了它们的普遍性，那么，"人人都会做自己想做的"，这种例外会让正义彻底崩溃。

休谟的分析有一个可以争辩的维度。如果财产被视为一项"自然的权利"，"先于正义并独立于正义"，是"自然道德"的另一个要素，那么，对休谟而言，它将"在人类社会产生无限的混乱"（*T* 3.2.6.9/*SBNT* 532）。[15] 遵循"人性的一般原理"（*T* 3.2.6.9/*SBNT* 533）就无解了，因为它们显而易见在支持我们最亲近、最喜爱的那些天性方面生来就很灵活。同样，自然法 / 作为一项自然权利的洛克式财产论也无效了，因为它通常潜在地促使固定的所有权决定变得可变，从而让正义变得灵活多变。由于这种"编造"特殊分配或积极调整的假想权威，从而破坏了正义的"社会效用"，它确保稳定性的能力源于"严格而规律性地遵守"（*T* 3.2.6.8/*SBNT* 530 ；*M* 3，12/*SBNM* 188 ）。对正义采取一种更宽泛的定义，事实上让它成为贯穿所有人类关系的行为规则。虽然存在狭义的或严格的正义（比如格劳秀斯的"诅咒正义"）[16]，不过这个广义上的定义不仅体现在希腊的正义论中（比如亚里士多德包括所有德性的"普遍正义"）[17]，而且还体现在基督教伦理和自然法伦理中。哈奇森为休谟的论证目的做了一个恰当的说明。在哈奇森"公共利益"的论述中，个人可以"被剥夺其获得的东西"——如果这种剥夺被认为符合"道德感"的话，道德感是哈奇森"自然道德"的决定性因素。[18] 但是，对自然道德的依赖，如我们所提到的，是有助于不确定性的。因此，一旦我们摆脱了对正义的狭义理解——即严格限制在财产权上，给予其宽泛的或"深厚的"（Boyd 2004: 130）意义，我们就会迷失在对第一原理难以解决的、完全无意义的讨论之中（cf. Krause 2004）。

休谟对正义坚决的去自然化没有被他的苏格兰同胞接受。凯姆斯尽管不是批判性地接受了沙夫茨伯里和哈奇森，但也将"道德感"归功于人类，并把休谟当作一个公开的靶子。正义依附在协议之上，"属于人这样的动物"，建立在"内感官"之上（*PMNR* 35，83）。虽然他表面上似乎同意休谟，认为休谟是"保护"财产的德性，但并不认为财产是人为之正义的创造物，而且，正义也建立在一种"自然的感官之上，与同意或协议完全无关"；实际上，人"天生就是一种喜欢储藏囤积的动物"（*PMNR* 47，49 ；cf. *SHM* I，113）。作为支持其论证的一部分，凯姆斯提到，"对财产权的违背伴随着悔恨"（*PMNR* 47），虽然他也批评了斯密的道德哲学（*PMNR* 70-3），但这一点却合上了斯密自己与休谟分歧的节拍。

和凯姆斯一样，斯密也谈到了"悔恨"：在所有"深入人心的情感中，它是最可怕的一种"（*TMS* II.ii.2.3/85）。斯密将其正义论植根

106

于（可以这么说）自然情感。他对休谟"功利主义的"正义论的主要反驳是一种更综合性的论断的子集，这种论断认为，与对实现目的的方式的关注相比，"效用"或功能往往在人类行为中不那么重要（所以每天慢两分钟的手表会被"一个对手表很挑剔的人"抛弃，而更喜欢一只两周之内慢一分钟的手表，但他在日常生活中却并不比别人更准时）（*TMS* IV.i.5/180）。当运用到正义上时，对个人福利的关注而非对社会福利的关注（如休谟所言），才是其有效的来源（*TMS* IV.i.5/180）。[19]他声称，我们若不需要考虑非义对社会大厦主要支柱的破坏性结果就会受非义的"驱使"。驱动"我们"的"非义"让我们每个人都遭受苦难，恰是这些人特殊的"运气和幸福"让我们关心自己，而非更一般的社会考虑。实际上从斯密对人性的理解来看，人类"乐于"看到不公正的惩罚——如果对"社会持存没有任何关切"的话（*TMS* II.22.3.9–10/89）。这种乐意只是人类憎恨非义的基本倾向的情感表达而已，惩罚是这种憎恨的"自然结果"（*TMS* II.ii.1.5/79；cf. Vi.ii. intro.2/218）。[20]斯密推测这种憎恨感"似乎赋予我们一种天生的防御能力"，因为它"促使我们击退伤害"或"报复已经受到的伤害"（*TMS* II.ii.1.5/79）。作出这一恰当回应的，是因为这种报复会得到"无偏旁观者"的赞同（见第 5 章）。

这里提到的憎恨的作用已经被大家接受了。凯姆斯（*HLT* 4）将其作为一种"激烈的激情"，把它放在刑法讨论的开头，而在特恩布尔（*MCL* 293；cf. Reid［《积极能力》］1846: 655）看来，憎恨是人所拥有的一种"秉性"，其目的是让"我们对伤害充满愤慨之情"。罗伯逊对这一作用的接受不那么理论化。他从历史的角度论述了正义的发展，从它在"自然"欲望中的起源到"抵制伤害、对所受冤屈进行报复"（*VP* 321）。就这一解释而论，从最开始（具体地）关心个人（或那些与他们相关的人）所受的冤屈，这种"欲望"随时间发展，随着文明化进程以常规的（且抽象的）程序表现自身。与凯姆斯以及休谟[21]一样，斯密也流露出正义运作的时间维度。他在《道德情感论》的结尾，通过比较"蒙昧和野蛮民族"与"更开化的民族"，前者所处的境况让正义制度毫无规律，后者所处的环境让"正义的自然情感""准确而精确"地得以实现（*TMS* VII.iv.36/341）。

这里后一种用语提示斯密论述中规则的作用，在这里，他现在与休谟有很多共同之处。正义与其他德性诸如仁慈（见后面第 5 章）的区别已根深蒂固，这个区别的主要维度是，如休谟所表述的，它更多是局限性（不是行为）的问题，而不是行为本身的问题。与此推理一致的是，斯密将正义作为一种消极德性。它是消极的，因为它需要忍耐克制，不伤害他人，所以实际上"我们安静地坐着什么事都不做，往往就履行了正义的法则"（*TMS* II.i.1.9/82）。

斯密把正义的这些法则比作语言规则，因为两者都有精确、准确和不可或缺的特性（*TMS* III.6.11/175）。这种精确性让语法和正义都容易被教导。所以，我们可以被教导动词怎样正确变换时态，同样，我们"也可以被教导着公正地行为"。这有两个重要的结果。第一个结果，它重复了休谟永恒不变的要旨。就像用"seeked"来表示"seek"的过去时是不准确的（不是一条随便决定的规则），"正义的规则达到最高程度的准确，不承认任何更改的例外情形"（*TMS* III.6.10/175）。第二个结果是，正义涉及所有人，或至少涉及"最大多数的平庸大众"（这种无所不包特性的意义将和第 5 章讨论的斯密的自由论结合在一起）。这是事实，因为

> 几乎任何人通过训练、教育和示范，都会对一般准则留下如此深刻的印象，以致能在几乎一切场合表现得还算得体，并且在整个一生中避免受到任何重大的责备。（TMS III.5.1/163）

这个教育过程的结果（或者说社会化过程）是为了形成确定性和可预测性，因为"没有对一般准则这种神圣的尊重，就没有行为非常值得信赖的人"（*TMS* III.5.2/163）。我们可以再次看到正义作为遵循的规则和人人都是商人的社会中的生活之间的联系，也就是说，这个社会包括休谟所说的"能工巧匠"，他们身处相互依赖的关系网络之中，这种关系依赖对每个人期望得到别人同样对待的那种信心。

　　米勒紧随斯密。他也明确将正义和具有"准确和精确性"的"一般规则"联系起来（*HV* IV，7/787）。[22] 在米勒那里，制度的背景是重点。正是"商业和文明的推进"，才往往"促进了严格的正义这种德性"。这种促进是法律这门科学培育的重要内容（*HV* IV，7/787）。米勒还接受了休谟的观点。他回应了休谟关于沉迷于一般规则的说法，指出一般规则的引入，及其因"习惯和类比"带来的扩展，根源于"所有人都很自然的一种倾向"。尽管有这一基础，但起作用的却是这些规则的"效用"。这种效用有两个层面。它让每个人"简化他的交易"，并且审查"法官的偏私性"（*HV* IV，7/793）。罗伯逊从广义上的相似方式同样坚持规则的去人格化，他追溯了司法程序体系的发展——最初依赖于"个别人"，进而易于导致"任意妄为、并不平等的"实施，到一个更"常规司法"的建立（*VP* 321）。

　　这个"常规性"的核心是逐渐消磨掉解决内部争斗的复仇原则。把这一权利让给酋长（最开始他处理的是外部事务［Kames *HLT* 35, 283; Ferguson *ECS* 100］）的意义是由斯图尔特提出来的（*VSE* 37；cf. *HD* 90），还被罗伯逊在他的好几部著作中特意提到（参见 *HAm* 828; *VP* 322; *HSc* 97）。米勒也不例外。他将这一过程置于"政府的进程"之中（*HV* I，6/107）。或许最具决定性的发展是司法制度的分离和独立，因为它的独立保证了行政的无偏性，由此才给予全体成员以安全保障（Smith *WN* V.i.b.25/723; *LRBL* ii.203/176; Kames *HLT* 285/6）。

商业政治

　　让商业社会能够运行法治并不偏不倚地、常规地实行正义是有必要的。从前文所述，我们知道，这种能力尤其是"第四阶段"的任务。先前政府被贴上偏私的标签，因为它们完全按照"首领们"（可汗和地主）的兴趣行事。在斯密著名的列举中，商业社会的政府有三种任务：抵御外部敌人，维持公共事务，"正义的严格实行"（*WN* IV.ix.51/687）。我在第 6 章会对第二个任务详细讨论，这里具有重要意义的是第三个任务。这项职能适合于商业社会或者说"文明而兴旺的"社会。在关注"文明"的意义之前，这里我们需要解释一下这种"实行"牵涉哪些事情，作为政府工作，它排除了哪些内容，又包括哪些事情。

斯密那里有一个明显引起争论的因素。这三项职能的开场白是"根据自然自由的体系"，按照"人人只要不违背正义之法，就有充分自由按照自己的方式追求自己的利益"。政府管制着任何这样的违背，不过"完全没有义务……监督个人的勤勉，并引导这种勤勉走向适合社会利益的职业"（*WN* IV.ix.51/687）。其主要目标是重商主义的政策，虽然优先考虑农业的重农主义同样也有嫌疑（Medema and Samuels 2009: 307）。重商主义者强制贸易进入一种特殊渠道的尝试被判为"陈腐而致命的"（*WN* V.vii.c.56/610）。如果任由贸易按照自己的进程发展，那么这种尝试的结果不仅没有多少好处，而且还与不偏不倚的原则——这种原则有利于某些行业超过其他行业——相悖。而且，重商主义的这种目标是妄想，因为这种强制性的掌舵是"一项人类智慧或知识完全不足以完成的任务"（*WN* IV.ix.51/687）。即使在弗格森的《文明社会史论》中——如我们在后面几章中将要看到的——他也特别强调政治行为，指出"当一个干练的政治家伸出积极之手，他只会加重干扰、加深抱怨"（*ECS* 144）。对斯密而言，政府的不干预原则拥有比商业更广的职能，一如他对禁奢法的驳斥，他讽刺禁奢法是"最不合理也是最傲慢的"，通过禁奢法，"国王和大臣……自以为能监督个人的经济行为，限制他们的消费"（*WN* II.iii.36/346）。休谟同样鄙视这种立法（*HE* I, 535; cf. *HE* II, 231; *HE* II, 602）。在他看来，政府"的目标或目的除了分配正义之外别无其他"（*E-OG* 37）。[23] 实际上这种限制是有好处的。在讨论亨利七世的历史背景时，休谟归纳说，与需要执行"复杂""商业原则"的"长期经验和深刻反思"相比，国内正义的执行相对简单，因而无疑也会较少错误，实施起来也比较容易。（*HE* II, 51）。

虽然这种反重商主义的辩论无疑最有力地体现在《国富论》中，但斯密迂回的论证比较复杂。有三个复杂的因素：政府在消除自由障碍时的作用；一个更积极的作用——即便与维持社会福利这个特殊任

109

113

务无关；对执着于既得利益的清醒认识。我将依次讨论，每一个因素都比前一个因素复杂。

我们提到斯密反对限定继承权、抨击济贫法，还可以加上他鼓吹废除学徒法、确信公司专有特权应被终止（*WN* IV.ii.42/470）这些例子时，就已触及了第一个因素。这里的观点是政府应该从某些特定任务中退出。实际上，这种立法应该废除，这样就将政府从执行的义务中解放出来。正如我们也提到的，斯密在这种政治紧缩的论断上并不是唯一的一个。休谟也支持扫除实施经济自由的障碍。因此，他也反对公司强加在行业中的"荒谬限制"（*HE* II, 56-7），纺织行业中"荒唐的"七年学徒制（*HE* II, 323），以及学徒法中的固定薪资制（*HE* II, 231）；虽然与斯密稍有些不同，但他也认为高利贷法"不合理、不公正"，并认为专利垄断的后果是"有害的"（*HE* II, 573; cf. II, 595; III, 83-4n）。[24]

商业社会中一目了然的积极政府的行为（第二个因素）并不那么直截了当。除了鼓吹扫除障碍，休谟还提出连续的、不随心所欲的课税（*E-Tax* 345）和自由贸易，激烈反对禁令"狭隘而有害的"政策（*E-JT* 328; cf. *E-BT*）。斯密没有表达出来的立场是，政府这种原则性的、恰当的作用提供了安全，进而承认个人追求他们自己目标的自由，并由此带来了繁荣，换言之，促进了普遍的物质福利（参见前面第 3 章第 78 页）。这看起来是"看不见的手"的主旨，在这一点上，有意以社会福利的名义尝试引导行业不仅是无效的，而且将公众的权威托付在这个任务上还是危险的（*WN* IV.ii.9-10/456）。[25] 斯密的观点被米勒（*HV* IV, 3/717）和弗格森（*PMPS* II, 425）接受，但与哈奇森的见解相反；后者认为，"通过所有正确有效的手段促进德性的真正原则，比如引导人们对上帝虔敬，对其同胞心怀公正、平和、善良的品性，这些必须是立法者的事情"（*SMP* II, 310）。不过警惕仍然是需要的。斯密以他惯有的谨慎方式避免给"看不见的手"做各种限定。所以，"公共利益"不"常常"是个人追求自己利益的无意图的结果，这一点并不"总是对社会有害"。这个谨慎的措辞表明，正是这种实际上的"未表达出"可能被覆盖掉，并且不是某个绝对原则。而且，斯密的确包容了一些例外情形（Skinner 1996: 1, 86ff，他受惠于瓦伊纳［Viner 1927］），尽管不是以哈奇森式的方式。

　　杰弗里·杨（Young 2005: 92, 106）在一个全面而翔实的分析中虽然认为斯密对国家的讨论存在一种"根本的冲突"，但竟然将一种"干预理论"归到斯密头上。这些干预一般说来迎合的是"国家利益"或安全。[26] 所以含蓄地提一下政府的首要任务，它的国防责任，"非常恰当的航海法案"让英国船只垄断了自己的贸易（*WN* IV.ii.24/463）。相应的"行政"任务部分是形成恰当的管理调控（这不是单一的"政策"事务——一旦确保国内和平的任务得以实现，调控就能促进财富的增长［*LJA* i.2/5］）。例如，按照同一原则，建立防止火焰蔓延的防火墙有正当理由侵犯建造者的自然自由，所以要调整银行的支票发行事务（*WN* II.ii.94/324）。同样，斯密——这里和休谟有分歧——认为一个合法的利率是有充分理由的，其目的是为了让资本"可以看得见地"放在那些将会使其更充分增值的人手中（*WN* II.iv.15/357）。为了"鼓励国内产业的发展，把负担抛给外国人"，这种偏离"自由贸易"原则的做法也可以是合适的（*WN* IV.ii.23/463）。最后，尽管没有任何积极的建议，没有反映出我们在第 5 章所说的斯密版本的"道德化的经济"，但他还是指出，有利于工人的调控"总是公正的、平等的"（同样有利于"老板"的调控就不能这样说了）（*WN* I.x.c.61/158）。

　　现在，我们谈谈第三个复杂因素。斯密敏锐地意识到，评价偏离默认立场的合适度时需要判断的精确尺度。然而，他对这种判断的实施表示怀疑。这些怀疑既体现在现实处理中，更体现在理论中。在现实处理或实际操作中，他在讨论社会的"三大阶层"时发现，从评判上说，在实现良好治理时每一个阶层都有缺陷。"靠利润生活"的那个阶层没有资格去很好地治理国家，因为如我们已经看到的，他们的利益和总体利益不能保持一致。靠工资生活的阶层的利益"完全与社会利益联系在一起"，但他们所处的环境意味着他们没时间获得广博的见识，进而让他们"不合适"治理国家（还可参见第 7 章）。最后一个阶层——以地租为生的乡村绅士——他们是政治秩序传统的中流砥柱，因为就像斯密所承认的，他们自己的利益将不会与国家利益相悖，但是，他们懒惰而不能必要地"运用头脑……预见、理解社会调控的结果"（*WN* I.xi. pp.8-10/ 265-6）。对地主和政治判断联系的怀疑——我们在第 6 章还会谈到——由他在《法学讲义》中的评论补充完整，在那里，他评论说，在一个"文雅的社会"，权威仰赖于"高级的思维能力"（*LJB* 12/401）。

112　　　从更理论或抽象的层面讲，斯密将"立法者科学"与"阴险狡猾的动物，通俗地说是政治家或政客"的技能相提并论，前者是应该由固定不变的"一般原理"主宰的深思熟虑，后者却关注自己，在"政治事务中随时左摇右摆"（*WN* IV.ii.39/468）。斯密的用语并不严格。因此，他也在第四卷的开篇指出"政治经济学被当作政治家或立法者科学的一个分支"（*WN* IV.Introd.1/428）。[27] 显然，斯密不是说某个人就能扮演"立法者"的角色。[28] 而且，他的确认为"伟大的政治家或立法者"的评价更冷静。即便他们的确拥有功劳，也喜欢居功自傲、自我赞美（*TMS* VI.iii.28/250）。亚历山大和恺撒就是古典时代的例子，但斯密把这一点用到当代的例子上，他引用了萨沃伊的尤金王子和古斯塔夫·阿道夫，他们对民众喜好自负的感受能力导致了鲁莽而毁灭性的"冒险"（斯密承认马尔堡公爵是个例外）（*TMS* VI.iii.28/251）。[29]

　　　更有意义的是，"立法者"和"政客"之间的比较回应了上文所提的斯密的判断，即正是司法权的分离这一决定性优势使得牺牲正义给"通俗所说的政治""几乎是不可能的"（甚至没有任何腐败的意图）（*WN* V.i.b.25/723）。但这只不过是个推测。斯密假设法官不是唯一特别能干的人（他们拥有难以企及的优秀思维能力），而且，由于他们的报酬"很少"，所以他们工作的动机是出于他们对其职责的巨大荣誉（*WN* V.i.b.18-20/718/19），所以随之产生的社会赞誉是"他们报偿的一部分"（*WN* I.x.b.24/123）（米勒补充说，"职业法官"的独立性由终身委任加强了，他还认为陪审团制度进一步加强了法治［*HV* IV，2/707］）。越过这些假设，即便有分离或独立的司法机构的安全保护，那位"平庸的政客"仍然能够决定偏离不履行责任的恰当程度。这就产生了商业社会"政治"的大问题。[30]

在比较"立法"与"政治"之后的几段中，斯密指出，期望自由贸易在不列颠完全恢复就像"期望英国会建立大洋国或乌托邦一样荒唐"。理由是这样的复兴与社会"偏见"相悖，与"无法压制的……大多数人的个人利益"相悖（WN IV.ii.43/471）。这一评价在后文得到回应，在那里，斯密评论了他自己处理美洲危机的方案，美洲注定是个"乌托邦"，因为它与"大多数有钱有势者的个人利益"完全相反（WN V.iii.68/934）。[31] 更宽泛地说，就像杰里·穆勒（Muller 1995: 79）指出的那样，《国富论》包含了一些简明扼要的例子说明个人和群体如何尝试促进他们在社会开支中的利益。对"利益"能力的认识与斯密对商人的贬抑之词结合在一起，他把商人描述成伪君子，比如他们一面抱怨高工资，一面却对高利润的"险恶后果"沉默不语（WN I.ix.24/115）；他们合谋算计着抬高价格（WN I.x.c.27/145）；"他们通常欺骗获利，甚至压迫大众"（WN I.xi.p.10/267）。而且，这些利益（垄断中的利益）得到议会议员的支持（这些人大部分是思想懒惰的地主），因为这给了他们"理解贸易的好名声"，主要的还是"这个阶层的受欢迎程度及其影响——他们的人数和财富赋予他们重要的意义"（WN IV.ii.43/471）。与此一致的是，斯密对那些"参与公共事务管理"的人不抱任何幻想，因为他们那样做"主要是出于管理职务所赋予他们的重要意义"。他们不会因为"表达他们对公共德性的承诺"而参与此事（见第6章）。同样暗示性地强调"德性"和"政治"的联系还可以在休谟那里看到；"政治"中的每个人（包括统治者在内）都被谨慎地假设为一个"无赖"，即便没有几个人真的是无赖（E-IP 42）。[32]

在这种"清醒的认识"（Lindgren 1973: 78）面前，斯密对于自我改善的努力给予了某些信赖（或者说或许是某些希望），自我改善有可能跨越"鲁莽冲动的障碍，愚蠢的人类法律也常常因这些鲁莽行为而妨碍这种努力的运转"（WN IV.v.b.43/540；cf. WN II.iii.36/345）。这种乐观主义的假想的确设想这种行政充分要求为个人提供足够安全保证改善自己状况的冒险行为。尽管斯密在《法学讲义》（LJA v.10-

113

12/273-4）中评论道，英格兰人比苏格兰人享有更多安全，因为他们的选举权更广泛，但他没有按照其出版著作中的线索继续探索。这并不是说斯密设想了一种恩格尔式的"事务管理"的划分，随着"革命"的到来，这种管理会取代"人的统治"，但这种方式的确表现出"去政治化的"商业社会（以及某种类似于"文明社会"的概念将会在斯密和其他人的著作中被考察——换言之，可能更确切一点说是被建构 [Berry 2010；Boyd 2013]）。更冷静地说，重要的是，商业社会中政治的实践地位在考察之列。[33] 这里，斯密也不是唯一一个。必须承认，这种漫不经心的想法是有关联性的。真正的问题是，第6章考察的很多对商业的批评是从"政治的"角度出发的，表达了对政治德性腐败的"共和式的"担忧，财富、奢侈以及之后的商业摆在德性的台面上。如我们将要看到的，这不是简单的是非黑白之事，因为商业的辩护者们对这些担忧也是警惕的。承认了这一点，剩下的是苏格兰人没有写《利维坦》或《政府论》的念头（休谟的《人性论》被认为在范围和野心方面和前者有某些相似之处，但他绝没有重复《利维坦》的事业）。

　　这三个因素可以作为意义淡化的表现。首先，背景是苏格兰人自己反詹姆斯党的情感；他们急于被视为良好的汉诺威人（第1章）。他们对英国宪政满口赞誉。其次，某种程度上反映了这一点——即"忙于"政治思索几乎不明显。除了休谟同时代的争论 [34] 以及米勒后来对英国宪政发展的评论（见下文）之外，可能的例外是"军事"问题（见第6章）和美洲殖民地问题（见 Berry 2010；Boyd 2013）。再次，他们将商业社会视为一个整体，其中，政治只是一个因素，而且并不必然是一个关键因素。

　　考虑到这一点，在现在的语境中，有两个问题可以继续探讨，它们为苏格兰人商业社会的观念提供了线索。第一个问题，是对前面一段所说的最后一个因素的回应，它在宪政思考中处于不重要的地位。第二个问题聚焦于苏格兰的政策——事实上他们认为该政策是适合执行的，而且，与他们对汉诺威王朝的遵奉不同，在该政策中能够发现一些差异。

　　自柏拉图以来，或许更有意义的是亚里士多德，关于政府的讨论都是从组织结构角度出发的（见第 1 章）。苏格兰人没有完全抛弃这种讨论，而且，一些人还在继续使用这种语言，并多于其他人的使用。而且，"古典理论"中一直都有我们可以所说的"社会"因素，就像在亚里士多德寡头制和民主制的概念中蕴含着富人和穷人的统治一样。另外，像我们在第 1 章中也提到的，孟德斯鸠重塑了政体分类，将贵族制和民主制看作"共和制"的子集，将君主制与专制主义区分开来。

　　如邓肯·福布斯（Forbes 1975b: 188）所指出的，最后一种区分在休谟那里再次出现，休谟区分了开明君主制和绝对君主制。正是前一个术语表明了苏格兰人的方法。休谟声称，"现在可以断定前面说的开明君主制只是对共和制的赞美，这些政体由法律和人统治"（*E-CL* 94; cf. *E-AS* 125, *HE* II, 15）（cf. Vlachos 1955: 169, McArthur 2007: 12）。这就产生了一个重要的结果，即承认商业社会和重商主义共和国统治在时间上的差别。因为重点落到"开化的"合格者，而非本质上的"君主制"，因此，这就使得政治结构的形式被历史化了。这一点在斯密那里非常明显。他比较了当代"开化的"君主制和"古代君主制"（*WN* V.11.a/822）。后者是军事政府，在这种政府中，司法执行是岁入的来源，而非一项开支。在前一种政府中，岁入由税收积聚而成。[35]当用来评价是否遵循了政府的"一般原则"，政府的三项任务是否被执行时，开化的程度（或者相反，"专制主义的等级制"[Smith *WN* V.i.g.19/799]）就是主要标准而非外在政治组织形式（当然，不列颠 / 汉诺威的混合制度是极为"文明的"）。[36]

　　这种观点同样也适用于米勒的《英国政府历史观》（用完整的主标题来表示）。如我们已经看到的，而且如我们将要证明的，米勒的"政府"总是置于我们所谓的社会学语境中来考虑的。因此，英国历史被划分为"封建贵族制"（1066 年之前）、"封建君主制"（威廉一世到斯图亚特王朝）和"商业政府"这三种"政治体系"的标准，是"财产的分配"（*HV* Introd/11）。这并不是说，米勒在"政治维度"上不同意休谟《英国史》的各个层面。不过，这也应该放到猛烈抨击休谟——比如丹尼尔·麦克奎因、凯瑟琳·麦考莱对休谟的抨击——的视野之中。[37] 米勒更明显的"政治"担忧在其死后附在《英国政府历史观》的一篇论文中清楚地表达出来了；在这篇文章中，他批判性地追溯了"王权的秘密影响"，作为复辟以来两个重大变化的其中之一（另一个变化是作为补偿商业和自由的兴起）（*HV* IV，2/707）。[38]

米勒和休谟之间的争论，我们可以说是"学术上的"，但还有一种争论是更实际的政策焦点。我们在第 1 章提到，1745 年之后"开化"高地的政策是非常谨慎的。这意味着在法律法规的基础上实施特殊的政策。这些是商业社会和文明结合的前提，为商业社会的"政治"应该如何"运行"——当这种"政治"涉及政策问题时——提供了一种解释。在这个问题上，用杨的话说，我们可以考察"施政"的严格性与政策贯彻的必要性和可行性之间的紧张。关键的问题是我们在第 1 章提到的"开化高地"的计划。

这里有历史的先例。第 1 章，我们还提到罗伯逊认为詹姆斯一世 /六世在高地上的政策"原则"是对的，但实施起来却是受挫的。休谟回到詹姆斯对爱尔兰的"开化"政策。这项政策的目标是让爱尔兰人接受"法律和产业"，进而使他们"长期而有益地"臣服于"英格兰的王权"。为了达到这个目的，有必要"革除爱尔兰的习俗——这些习俗占据了法律的位置，被认为让这个民族一直处于野蛮和混乱中的状态中"。尤其是，这些妨碍人们享有土地不动产（没有土地不动产的权利，就没有"围起栅栏、开垦土地、改良提高"的动机）的习俗应被取而代之（*HE* III，33，34；cf. Millar *HV* IV，1/684）。休谟对同时代苏格兰高地人的立场省略不提。在为阿奇博德·斯图亚特辩护那个颇为丰富的语境中，爱丁堡市长大人因其 1745 年的行为称它们"野蛮人"，浸染着（未被驯化的）"勇武精神"。[39] 然而，1752 年《政治论文集》中详细解释了"一般原理"（*E-Com* 254），它们的形成并没有落实到地方性的具体情况中，这意味着只作出了解释性的推论而已（Emerson 2008a；Caffentzis 2001）。爱尔兰的革新本质上是法律体系的改革，但詹姆斯引入"人道和正义"需要"不屈不挠和关怀殷勤的时代"才能完全奏效（*HE* III，35）。展开来说，考虑到合法改

116

变的法律，休谟对作为原因的风俗或习俗的强调（Berry 2006b），把他说成反对以迅速的外在经济应急措施解决"高地问题"的谨慎辩护人是有道理的。

　　一些为高地设计的开化措施涉及基础建设，诸如修筑道路桥梁，这些措施可以归入为公共设施这项职能之下，该职能是斯密确定的政府三项恰当任务之一。但其他一些措施具有更直接的目的，我们可以从蓄意的"干涉主义"政策中确认改良和开化高地的决心是错误的路线。作为商业社会重要特征的法律之下的自由下放给了政府，如我们看到的，其任务是确保支持性框架——在此框架中，个人可以追求自己利益——的安全。这意味着政府的事务并不只是让人们制造别针。而且，如果它本身专注于别针制造，那么它就会重现重商主义的愚蠢；其提高"国家"地位的目标所花费的代价便是该国中每个人的福利。苏格兰人并不教条；当然，他们关于商业社会的观念原则上并不排除超出框架准备之外的政府作用。我们在第 6 章会再次讨论这个问题，但在当下的语境中，我们可以稍微深一点地谈论一下错误路线。

　　这一讨论最好通过"奖金"问题来进行。和休谟一样，斯密的分 117
析也是从一般层面上进行的（就像完整的标题所揭示的，他探索的是国民财富的"性质和原因"）。尽管如此，这本书包含一些具体问题的"离题论述"，"奖金"问题就是其中之一。这里切题的是斯密在《国富论》第三版（1784）中加了一些评论，明确呈现了高地问题上的争论。宽泛的语境是谷物的奖金制度，斯密评论说，就国内制造的商品出口来说，"强制该国某些产业进到一个渠道所获的利益比它自然发展运行要少"（*WN* IV.v.a.24/516），这体现了重商主义体系的基本缺陷。通常，斯密不反对简单的奖金制度，因为此时奖金有利于国防。不过在苏格兰明确提倡的鲱鱼捕捞的奖金这个具体背景中，斯密的裁定是，"法律已被大力实施"（*WN* IV.v.a.28/518）。[40]

　　对斯密谷物奖金分析的一个批评来自詹姆斯·安德森（《国富论》的编辑在注释中提到，第三版时斯密在安德森的批评下对其观点做了细节上的修改）。[41] 安德森和斯密一样是爱丁堡皇家协会的创始人，他写了一本很厚的书，标题是《评激起国家产业精神的方式；

主要目的是促进苏格兰的农业、商业、制造业和渔业的发展》。这本书体现了苏格兰启蒙运动总体视角的一些标志，比如，在序言中提到"文明社会进程的每个阶段"（Anderson 1777: v，xi，xiv）。如这个标题所表明的，需要"保持无私的爱国主义精神"的信念激励着他（Anderson 1777: xvii）。作为该目的的一部分，他讨论了鲱鱼产业。他的讨论中充满着斯密主义的色彩。他谴责"管控的政客"，宣称"委托一个人管理自己的事务比让他处于别人控制之下更安全"，并改述了斯密对奴隶制没有收益性的段落，讨论了"改良的自然进程"（Anderson 1777: 445，465，467，475）。不过，他相信，"如果恰当处理"，鲱鱼产业可以繁荣，并提倡对每一桶加工过的鲱鱼给予"小额奖金"，对较大船只装载的鲱鱼给予"中等的附加费"（Anderson 1777: 466，474）。

斯密和安德森之间的交替措辞在一个层面上阐释了争论的状况，毫不例外，商业社会中的政策问题会产生这样的争论。虽然安德森比斯密乐观，但两人都对我们所谓的政策制订的政治流露出不信任或警惕之心。在某种程度上，这是经验的教训——斯密（*WN* IV.v.a.28/518）含蓄地、安德森（Anderson 1777: 468 n）明确地批评了法律的实施（Geo II c.24）。尽管如此，这还是违背了苏格兰人思想的不完美性质（Millar *HV* IV，2/703）——如果他们认为商业社会没有政治激情的许可或妨碍就可以运行的话。

注释

[1] 法律和货币经济之间的协调受到齐美尔的重视（Simmel 1990: 354，427，442）。齐美尔一心想要解释的"逻辑"（非常明确地）体现在苏格兰人的思想中（齐美尔以苏格兰人的方式提到儿童和原始人的相似性，并在同一页上提到了别针制造业[301]）。

[2] 人们可能认为猎人较少依赖将来，因为他现在有一支弓箭比他自制的好，不过他也得思考一下下一支"好质量的"弓箭从哪儿得来。

[3] 关于斯密使用"自然"的意义，阿斯普罗蒙格斯（Aspromourgos 2009: 43-8）

的讨论让人获益匪浅。

[4] 尽管休谟这样说过，但这并不能被理解为"不经思索"的过程。安奈特·巴耶尔（Baier 1991: 79，97）关注休谟思想中她所谓的习惯的"认识论影响"。克雷格·史密斯（Smith 2006: 61）更一般化地指出，对苏格兰人而言，习惯和惯例是"以经验为基础的知识形式"。关于苏格兰人思想中习惯和惯例作用的延伸讨论，参见 Berry（2003a）。

[5] 特别参见威廉·坦普尔《论政府的起源和性质》（1672），收录在其《论文集》（Temple 1680）第 54 页。休谟知道坦普尔的著作，并认为他为"值得一提的作家"（*HE* III，782）。感谢吕寿里（Ryu Susato）提醒我注意这个判断。

[6] 与弗格森（*ECS* 100）相比，"钦佩父辈的大多数人也打算将这种尊敬延伸到他的子孙后代身上"。

[7] 比如，约翰·洛克（Locke 1965: 409）在其《政府论》下篇（1689—1690）中给出了一个很有说服力的表述；他声称，法律权力"将由已经颁布的、已被接受的法律主导，不会在具体案例中发生更改。而无论富人和穷人、宫廷宠臣和乡野村夫，共享一条原则，一视同仁。"

[8] 所举例子参见 Wennerlind, Schabas and Caffentzis（见 Wennerlind and Schabas 编辑的《休谟政治经济学》，London: Routledge，2008）；Duke（1979）；Gatch（1996）；Wennerlind（2005），Vickers（1960: Chap. 11）。

[9] 可以用一个奇怪的比喻来形容，当商业以金银为"稳定基础"时，它比"悬在纸币的脆弱翅膀"上安全（*WN* II.ii.86/321）。这个比喻为斯密货币论的两种讨论提供了标题——Paganelli 2006 和 Rockoff 2011；斯密对货币的看法还可以参见 Vickers 1975。这个比喻可能来源于斯威夫特论"南海泡沫"（1721）的诗歌，其中提到"克里特青年的鲁莽"，他"绑着纸做的翅膀飞行"。参见 Wennerlind 2011: 237。

[10] 斯密提到一些新书的作者有资格享有"暂时的专利权"（*WN* V.i.e.30/754）。参见拉马提亚（Rahmatian 2006: 188，200）讨论思想财产权利时特别提到凯姆斯；凯姆斯明确表示从法律上反对任何有关永久版权的观念。专利权在英国经济发展中被视为一个关键因素。一个例子就是艾瑞克·罗宾逊（Robinson 1964: 209），他宣称"对詹姆斯·瓦特改进蒸汽机专利权的延伸承认可以视为工业革命中最重要的个别事件"。关于当代争论和关于这一问题的现代研究的评论，参见 Mokyr 2009: 403-6。

[11] 拙著《大卫·休谟》（2009）对此进行了充分讨论（这里就是从那本书中来的）。精辟的分析性考察参见 Harrison 1981，最近的讨论参见 Hardin 2007 和 Harris 2010。

[12] 正义的协议是相互同意的结果，参与者知道这些协议，"形成一个恰当的决定和行为"。例如，"两人在一艘船上划桨，他们靠同意或协议来采取这个行为，

虽然他们从没对彼此承诺什么"。正是通过同一原理的运行，语言"逐渐地"、"缓慢地"形成了，金子变成了交换的尺度（*T* 3.2.2.10/*SBNT* 490）。

［13］ 与第3章讨论的非柏拉图主义的一致性相符，休谟使用的"自然"的意思是与"非同寻常"相对（*T* 3.1.2.8/*SBNT* 475）。在斯密认可的有限先天论中，一些人比其他人更适应某些工作（弓箭制造）是常见的观点。

［14］ 凯姆斯为此做了辩护（*PE* 19）。他对自然道德的论述，也主张永恒不变性："一个生活在底层的人赖掉他所欠吝啬鬼的钱，让自己及其家人免于破产……不过，道德感在善恶之间没有任何摇摆，不给非义任何空间，无论非义会带来怎样的好处"。

［15］ 休谟在《人性论》中分析忠诚时使用了相同的语言和观点。避免弄混财产权和忠诚的办法是"从一般规则来探索"（*T* 3.2.10.3/*SBNT* 555），这些是人为的设计，而非自然的产物。

［16］ Gratius（Bk 1，Chap. 1，sect. 8［2005: 142］）. 哈里斯认为休谟的正义论最好在格劳秀斯的传统中理解（Harris 2010: 26；cf. Teichgraeber 1986: 101）。关于休谟和格劳秀斯的有益讨论，参见 Buckle 1991。

［17］ Aristotle（1894: 1129b）. 严格的、狭义的或者说消极的正义与"包含所有社会德性"的正义或归功于柏拉图、"每种德性都很完美"的正义两者之间是有区别的，斯密在转述这种区别时引用了格劳秀斯对亚里士多德的评论（*TMS* VII.ii.1.10/270）。

［18］ Hutcheson（*SMP* I，254）. 论"道德感"参见哈奇森（*SIMP* Bk 1，Chap. 4）。道德感赞同"一个慷慨的人"比"一个极度节俭的吝啬鬼"值得尊敬（*PW* 72）。普芬道夫指出，"指定遗产"看起来"不是分配正义，而是普遍正义"，在普芬道夫的注释中，后者指的是"不完美的权利"，即那些留给"每个人的体面和信心的感觉"（Pufendorf 1934: Bk 1，Chap. 7，paras 9，7）。哈奇森（*SMP* I，258）接受了这个观点；格劳秀斯（Grotius 2005: 142）本人起了链接作用。

［19］ "效用"在斯密思想中发挥了主要（虽然不是根本性的）作用，这一点在 Campbell（1971）和 Rosen（2000）那里得到强调。

［20］ 斯密的确承认违反纪律（哈奇森称为"小错"的案例）要被惩罚，严格说来（比如站岗时睡着的哨兵）"仅是从社会的一般利益出发的"（*TMS* II.ii.3.11/90）。凯姆斯认为，公共效用在防止一般伤害时可以比正义重要（*PE* 267）。斯密对休谟的反驳是说他将个别例外一般化了，但一旦植根于自然情感，斯密还是能够接受这一点，即我们从广泛的"效用主义的"界线来"确认我们对惩罚的自然的合宜感""毫无疑问是正确的"（*TMS* II.ii.3.7/88）。关于斯密对惩罚的论述，参见 Miller 1996（他与诺瑞［Norrie 1989］有争论），Stalley 2012，在比较语境的讨论见 Simon 2013。

［21］ 尽管在休谟的论述中，正义必须由社会共同评估（它也体现在家庭中），但
"正义的最初原理必定随着社会的扩展而得到改进"（*T* 3.2.2.14/*SBNT* 493）。
"人类的情感有一个自然的进程"，与此一致，"我们对正义的关注也经历了逐
渐扩大的过程"（*M* 3，21/*SBNM* 192）。

［22］ 凯姆斯尽管坚持认为正义是第一位的德性，仁慈是第二位的德性（*PMNR*
37；cf. *PE* 20）——进一步的讨论见第 5 章；但他还是指出，特定情形下
的仁慈（比如父母对子女的仁慈）"在很多情形下可以被当作精确的规则"
（*PMNR* 59，61）。

［23］ 如理查德·泰西格勒贝尔（Teichgraeber 1986: 10）所提出的，休谟和斯密"把
政治道德化"，就像他们"把道德政治化"一样。

［24］ 将休谟视为"自由主义的"例子由斯图尔特 1992 年出版的著作奠定，麦克阿
瑟 2007 出版的书中接受了这一说法。一个很重要的反例是将休谟解读为"保
守主义的"（我在拙文《科学与迷信：休谟与保守主义》[2011] 中讨论了这
种解读及其产生的广泛文献）。

［25］ 斯密对"看不见的手"的用法已经有相当多的评论了。我与罗斯柴尔德
（Rothschild 2002: Chap.5）和肯尼迪（Kennedy 2011）有同感，认为它被过度
阐释了。关于"无意图的结果"（"看不见的手"的子集）最好的阐释是克雷
格·史密斯 2006 年出版的著作。

［26］ 在解释许可的情况下，从《道德情感论》引用他的评论可能还有另一个主要
原则，这个评论即："政府的所有制度"将"根据它们促进生活在之中的人们
的幸福"程度来评价（*TMS* IV.i.11/185）。两个文本之间的语境差别让我不愿
将其作为同样重要的一条原则。

［27］ "政治家"这个词语或许承载了很多意义。斯图亚特约定俗成地用这个词语
"指代与政府形式一致的立法机关和最高权力"（*PPE* I，16）。斯图亚特将这
个特征派给了这项"事业"，即判断"不同经济方案的权宜之计"并"逐渐塑
造其主题思想，目的是从个人利益的诱惑到同意其计划实施引出这些主题"
（*PPE* I，17；cf."我一直将政治家设想为政府首脑，系统地指导［政治经济
体］的每一个部分，以免风俗的变迁及其自然而直接的后果或结果的革新有损
于共和国内部的利益"，*PPE* I，122）。正如这些话表明的，这一点与斯密着
力强调的观点恰恰相反。斯密在一封著名的信中对《政治经济学原理》表示
不屑，并预示（在《国富论》中）"书中每一条错误的原理都将得到清楚明确
的反驳"（*Corr* 132/164）。尽管如此，就像我们在前面几章中经常提到的，斯
图亚特的大多数立场都与斯密格格不入（考虑到斯图亚特自己承认受休谟启
发，所以这点并不奇怪，参见 *PPE* II，343）。

［28］ 斯密提到的是梭伦（*TMS* VI.ii.2.16/233；*WN* IV.v.b.53/543），这并不能说明
这种法律制订者切实可行的作用。而且，众所周知，斯密告诫人们提防"体

系人"，他迷恋自己"理想的治理计划"，把社会看作"棋盘"，却忘了一个事实，即"每个棋子"都有"自己的活动原则"，其结果产生了"最混乱的秩序"（*TMS* VI.ii.2.17/234）。

[29] 可以说，斯密承认柏拉图的困境，在这个困境中，那些清楚看见真理之光的人们不愿返回到阴暗的意见洞穴之中。人道最值得称赞的典范（那个"聪明睿智、品德高尚的人"）没有足够的"领导"能力；他及其与他类似的人也意识到自己的不完美（这样，麦克纳尔里就错了，因为他提出，斯密指望"个人公共精神的行为维持政府的道德诚实性"［McNally 1988: 191］）。斯密所举的例子显然是艺术家和哲学家——他们过着一种"严格合宜和完美的"生活，与"立法者"形成了对比，立法者遵循的是一种不太严格的标准，或者说"在俗世中一般能达到的"生活（*TMS* VI.iii.23–6/247–9）。当然，斯密没有将人道分离出来，因为人人都欣赏更严格的标准。关于那个"聪明睿智、品德高尚的人"的讨论，参见 Fricke 2013，Hanley 2013.

[30] 受吉谷一濑（Yoshiya Ichinose）的启发，我继续追踪这一问题。

[31] 这个政策占据了相当大一部分内容，在某种程度上，他被批评是因为为了适应发展中的事件而推迟了书的出版（最著名的抱怨来自布莱尔［见 *Corr* 151/188］）。总体的讨论参见 Skinner 1996: Chap. 9；Winch 1978: Chap. 7；Pitts 2005: Chap. 2。

[32] 休谟比斯密更踌躇满志。即便他承认，统治者可能"常常""被个人的激情而误入歧途"，但他仍然声称，他们在"不偏不倚地行使正义上还是有看得见的利益的"（*E-OG* 39）。这种认可本身证明了《人性论》中的观点，他在该书中将遵守正义归因于少数人的"直接利益"，这些人由于"满足于他们当前的状况"，所以能够公平公正地行为，因此"对社会中的绝大多数人并不关心"（*T* 3.2.7.7/*SBNT* 537）。

[33] 参见普尔基宁（Pulkkinen 2003: 19，121）详细的探讨。她鲜明的概念／语言分析的关注点是苏格兰人把政治看作一种"哲学现象"，而非一种活动（政治化的活动）。

[34] 特别参见 1741 年《政治论文集》中的《论新闻自由》、《论政府的首要原则》、《论议会的独立性》、《英国政府是倾向于绝对君主制还是共和制》、《概论党派》、《论不列颠的政党》这几篇论文，休谟在后来的版本中的确保留了这些文章，但做了大量修改，这表明这些文章的最初形式也是修改过的，就像他本人在第一版文集的目录公告（Hume 1875: III，41）中所承认的一样。而且，他在 1758 年的《论文集》中加了一个注释说明他从《英国史》的角度思考撤回了一些看法（*E-PGB* 72 n）。这个注释反映了休谟对将政治置于广阔的社会和历史语境中思考的关切，而在早先的公告中，他承认试图"在处理政治主题时保持中庸和不偏不倚的立场"。同样，他在 1752 年《政治论文集》的

开头声称他在这些论文中致力于"抽象的"思考，而非"咖啡馆的泛泛而谈"（*E-Com* 253-4）。爱默生（Emerson 2008a: 11）的确指出，《致绅士的信》（1748）和《贝尔曼请愿书》（1751）是"影响政治事件进程"的尝试。

［35］ 税收原则与作为商业社会标志的规则和连续性的首要地位保持一致。因此，斯密关于税收四条原则中的第二条就是，个人缴税"应该是确定的、不是随意的"，在一定时间范围内，支付的方式和总数"应该向缴税者和其他每个人讲得清楚明白"（*WN* V.ii.b.4/825）。

［36］ 这个争论在法国人那里被不断注解。休谟认为他们的政府是"绝对的"（*E-LP* 10；*E-CL* 92），不过他继续说道，尽管是这样一种君主制，在"强烈的政治斥责中"事实上还是顶着"暴政"的名义，但是，通过"公正而谨慎的施政"，为"人民提供安全"，它"达到了绝大多数政治社会的目的"。有些相似的是，斯密在比较君士坦丁堡的"等级制"时也认为法国是专制的，即便是一种"温和而轻微的"变体也是专制主义（*WN* V.i.g.19/799）。福布斯认为休谟思想中"统一性和连续性"在于贴着"科学辉格主义"的内容中（Forbes 1975a: 139；cf. Forbes 1977: 41）。这种看法质疑"辉格党人的种种感叹"，比如对 1688 年革命的评判，"古代政治制度"、斯图亚特王朝国王们的恶毒，以及（与这里有关的）英国"自由"与法国"奴隶制"的比较。福布斯（Forbes 1954）将这个标签贴在斯密和米勒身上，并将"怀疑的辉格主义"（Forbes 1975b）再次贴到斯密身上。

［37］ 麦克奎因是《关于休谟先生大不列颠史历史通信集》的作者，他在该书中不仅考察了"无宗教信仰的讥讽"，还考察了对"专断权力的原则"的"辩解"（McQueen 1756: 327，254）。麦考莱的《英国史》试图公正地评判那些竖起"自由大旗"的人们，反对"斯图尔特们的借口"把休谟当作他们的辩护人之一（Macaulay 1769: I，ix；III，84）。

［38］ 参见汤姆金斯（Tomkins 2009）对米勒的总体解释，他认为米勒深深担忧当时英国宪政中王权的发展对自由的威胁。米勒是一个立场鲜明的辉格党人，将《英国政府历史观》一书献给福克斯，还运用他的法律知识为那些"身处被惩罚危险而非让足以让他们犯罪"的人辩护（Craig 1990: lxxxix）。他是两篇（后来的）政治小册子《克里图通信集》（1796）和《辛迪尼通信集》（1796）有争议的作者。

［39］《阿奇博德·斯图尔特言行举止实录》（1748），第 7 页。

［40］ 斯密在其通信集中更坦率。在一篇没有日期的残篇中，他声称，"无论是对亚麻制造业还是对渔业的所有法律上的鼓励，其愚蠢和糟糕的后果，我可以写上一卷"（*Corr* 299/327）。至于亚麻制造业，斯密与凯姆斯还有争执，后者在关于亚麻的小册子中使劲鼓吹支持亚麻业（就像林赛在 1730 年代所做的一样）。至于渔业，威廉·维尔伯福斯提供了一个间接证据，认为斯密断然拒

绝了他发展渔业村庄的方案（引自 Ross 2010: 403）。拉什德（Rashid 2009: 225）批判斯密的经济发展论时引用了同一封给维尔伯福斯的信。他还断言，与这里提供的证据不一致的是，斯密"实际上没把苏格兰当作一个特殊问题来考虑"。

[41] 斯密 1780 年给安德烈亚斯·霍尔特的一封信中说安德森是"一个非常用功的、勤劳的、诚实的人"，他截取了斯密在一段话中承认过的观点，在这段话中，斯密表达的方式"非常肯定、语气强烈"。然而，斯密还说安德森用那个口误发起更全面的攻击，不过他认为自己在第二版中的修订消除了安德森整个观点的基础（*Corr* 208/251）。安德森虽然对斯密表示敬意，但他的书认为谷物奖金是"最明智、最好的政治制度"（Anderson 1777: 370）。杨森（Youngson 1972）对安德森有充分的讨论。

5

自由和商业的德性

本章讨论自由这个前面搁置的话题。如我们所见，斯密称"自由"是一项"福祉"，之前的休谟（*E-CP* 494）、凯姆斯（1766: 5）、华莱士（*CGB* 117）以及特恩布尔对海内克丘斯（*MCL* 245）的注释中都有同样的褒奖。乔治·贝克莱在其《论防止大不列颠的毁灭》（1721，1752）中把自由描述为"道德高尚之人"和"善良基督徒"的最大财富。他接着说，在"现在这个时代，自由的浅薄支持者们没有把自由和无法无天区分开来"（Berkeley 1953: VI，70）。这个陈述说明"自由"的含义并不清晰明确。作为一个用语，可能还是一个概念，它的意义丰富多样，这里的部分任务是在商业社会的广泛语境中梳理这些含义。

商业社会如何运行——它的运行原理和动机，是苏格兰人道德哲学的背景。商业看似在"自爱"的假设前提下"运行"（如斯密所说的顾客与屠夫的交易），这并不意味着商业在"无伦理的"地带运行。对商业社会的人类互动不是局限于买香肠（看似是这样）的认识搁置不论，一组特征鲜明的所谓"商业德性"被确定出来。这代表了一系列德性的转变（已通过第 2 章概述的"自然史"标示出来了）。对这一转变的考察是本章的另一个主要话题。

当斯密在《法学讲义》中提到自由和财富这一双重福祉时，他在"讲义"两个版本中的语境都是奴隶制。他以一种看似与直觉相反的方式说道，奴隶的状况越糟糕，社会就越"进步"，因为他们在"人类的野蛮阶段"待遇更好（华莱士有相似的观点 [*DNM* 91]）。他对

125　此的解释是，有越多的奴隶主以相同方式依靠奴隶生活，就越是不平等。他比较了北美种植园主和"富裕傲慢的西印度人"，前者常常和自己的奴隶一起工作，后者高高居于奴隶之上，"为他做最辛苦的事情"（*LJA* iii.110/184-5；*LJB* 37/453）。斯密直截了当、清楚明确地表示，他不容忍奴隶制——"几乎不需要证明奴隶制是恶劣的制度"（*LJB* 138/453）。

　　苏格兰人以及这场启蒙运动的其他思想家，他们的立场无一例外。对于奴隶制，虽然并不缺乏、但苏格兰人没有流露出强烈的道德义愤。所以，斯密的强调是奴隶制在经济上没有收益；自由人工作效率高于奴隶（这一论断在《国富论》中重申［III.ii.9/387；IV.ix.47/684］），这一事实是对奴隶制"恶劣性"判断的直接阐释；我们在第 3 章中提到，他指出，财富由勤劳的人增加，而勤劳则由"对劳动的自由报酬"促进（上文第 84 页）。凯姆斯是韦德伯恩与奈特这一著名案件（1778）的一名法官，他和多数人一起投票给了后者，理由是在牙买加可能合乎法律的事情在苏格兰得不到支持，因为奴隶制"与道德和正义的首要原则是相悖的"（引自 Ross 1972: 144）。[1]

　　米勒含蓄地指责斯密在他关于野蛮时代奴隶得到较好待遇的论述中漏掉了妇女的地位。他指出，"在远离进步的年代，妇女地位低下，被当作仆人或男人的奴隶"（*OR* 193）。罗伯逊吸取了这个观点，他提到美洲印第安人如此"卑微可怜"，其状况与被买卖的妇女一样（*HAm* 822）；米勒自己判断其结果是"自然的"（也就是说，和"自然史"一致，根据人性和外在环境可以预见的）（*OR* 195）。凯姆斯是另一个持这种观点的人（*SHM* I, 303f），而休谟特别渲染地评论道，在野蛮国家，男人优越性的体现在于"让女人沦落成最卑微的奴隶、禁闭、殴打、买卖和杀死她们"（*E-AS* 133）。[2] 商业社会的风俗和德性如何让这些行为变得不适用，这一隐藏其后的观点，我们将在后面说清楚。的确，休谟的语言选择刻意强调了这种对比。

古代自由和现代自由

虽然自由和奴役的对比相对清楚，但还有另一种比较——尽管同时也是时间顺序上的比较——是比较微妙的。后者便是古代自由和现代自由的比较。虽然最著名的说法由本杰明·贡斯当于 1819 年确定，但显然，苏格兰人也明确作出了这一区分（cf. Castiglione 2000）。其明确证据是斯密的评论（第 2 章引用过），即正是职业选择的表现，以及让自己孩子继承下去并通过遗嘱处理自己财产的能力，让人们感到"自由这个词当代意义上的无拘无束"（而它的缺乏是"隶农和奴隶制"的主要原因）（WN III.iii.5/400）。这几乎是离题的话题，但它的自我意识流露出对国外一些新事物的欣赏。当然，斯密不是唯一一个。休谟在《英国史》中至少有两处提到"那个时代风尚"所产生的"自由新计划"（HE II，602；III，99）。

这种新颖性的核心是法治之下的自由观念、所有人事先都知道的一般法则的程序性运行、或者说正义的严格实施，这些我们在第 4 章已经讨论过了。古代自由是古希腊和古罗马共和国的特征。我们可以确定两种气质。有一种很大程度上是斯多葛学派的看法，认为自由是一种宁静的状态，肉体的欲望被理性的意志牢牢控制住了。李维、西塞罗等人还有一种"公民的"或共和式的观点，他们认为，自由体现在政治世界中实现社会福利的活动。当然，两种看法是相互关联的。两者都来自亚里士多德，两者都猛烈抨击腐败。这种划分有些人为性，我们会在第 6 章详细讨论后一种气质，这里只是提一下，前者是我们的重点。

我应该一开始就承认，接下来的讨论比较仓促，而且要迁就某些生硬的一般化。另外，在苏格兰人那里有一个系谱。除了几乎顽固不化、刚愎自用的蒙博杜，他们全都接受了我们所谓的"早期现代的共识"，所以没人反对亚里士多德的物理学和斯多葛学派的宇宙论。但是，如我们将要看到的，当涉及伦理学时就出现了某些分歧。

爱比克泰德就是个有益的例子。他的《手册》由文章汇编而成，其开篇就比较了哪些在我们的掌控之下，哪些不在我们的掌控之下。

前者"天生是自由的","思想、选择、欲望（orexis）、厌恶"就是很好的例证。后者"自然是奴性的","我们的身体、财产、名誉、职务"是典型的说明（Epictetus 1928: 483）。按照自然生活（合乎自然 [kata phusin] 或顺应自然 [secundum naturam]）就是顺从这一区分。"自然的生活"是自由的生活。反之，投身于价值上的"不自由"则是有害的错误；从字面上讲是"病态的"，为忧惧惶恐（pathê）所困（那些非理性的、不自然的激情 [alogos kai para phusin] 困扰着灵魂）（Laertius 1925: par. 110）（cf.Rist 1969: 27）。

这种分析可以衍生出两个一般观点。首先，"欲望"是可控的，其次，肉体（soma）包括在自然而然的奴性范畴之内。"控制"是理性意志的一种练习，斯多葛主义的一贯气质，正是肉体需要控制；特别是肉体欢愉的欲望（epithumia）[3] 为了其恰当的目的必须受到控制。比如，塞内卡指出，食物的"目的"是为了缓解饥饿（为身体补充能量），由此，不饿的时候吃东西就是不自由的，体现了"不完美"；馊了的面包和新鲜面包的作用是一样的，因为大自然要求肚腹填饱时不要被伺候得太好（delectari）（Seneca 1932a: no. 119）。那些一直控制自己的人所过的生活就是应该过的日子；是和我们作为人类、有理性的人类所定义的生活一致的（Aristotle 1894: 1177a-b）。这种生活就是致力于沉思永恒不变的第一因或上帝的永恒完美性。这种宁静的、禁欲的或斯多葛式的淡漠生活，其鲜明的比照是变化无常的凡夫俗子的生活，它在山涧奔流不息，呼唤肉体欲望的需要（饥、渴、性欲及其类似的欲望）。虽然爱比克泰德的这两个层面形成了鲜明的对比，但并非没有"中立事物"（adiaphora）的位置；比如，财富和健康就可以被"恰当地"使用，尽管它们容易被不当利用，比如用来追求奢侈。[4]

我们在第 6 章会看到"奢侈"的情形在苏格兰人中激起的不同态度，由此，从广义上讲对斯多葛主义的评价也各不相同。然而，这种论述中把"权力"指派给"理性"的共识却是难以成立的。这个判断是"现代"（后亚里士多德的）视角的关键因素。为了支持激情或欲望（或本能），理性的推动力被抛弃了。苏格兰人在广义上接受了约翰·洛克的经验论，即他们接受了他对笛卡尔近代理性主义论调的扬弃。他们也反对托马斯·霍布斯对现代立场最冷酷的阐释。虽然这一反对的基础是抛弃对霍布斯论断自我中心主义的理解，而非他对人类受激情（他们的嗜好和厌恶）驱动的基本假设，所以理性的角色是从属的工具。由此，譬如斯密清楚明白地写道："苦乐是欲望和厌恶的最大目标"，并加上一句，理性不能区分那些目标（*TMS* VII.iii.2.8/320；cf. Hume *T* 3.3.3.1/*SBNT* 574）。[5]

在洛克的论述中，"欲望"是"心灵对某种没有的利益的局促不安"：要么是消极的——忍受痛苦时，要么是积极的——享受快乐时。这种局促不安是"人类勤勉和行为的鞭策"，正是在这种情形中，他宣称，"我们在面临自己自然的、易被接受的欲望的诱惑时几乎感受不到轻松自在、足够自由，因为这些欲望而一直处于局促不安之中，自然的需求或获得的习性促使这些欲望的产生，让意志急转直下：一旦被一个行为迅速处理……不过另一种不安又即将驱使我们工作"（1854：I, 378, 353, 388）。对此的回应显然回荡在斯密的判断中（*WN* II.iii.28/341），他说，每个人从娘胎到坟墓都有着无休无止的改善自己状况的欲望。"不安"这个洛克的词汇直接被哈奇森拿过去了（*PW* 81）。如果说对休谟而言理性是不活跃的（*T* 3.1.1.10/*SBNT* 458），对哈奇森来说也是如此，理性"太慢、充满疑虑和犹豫"不能引导我们的行为（*PW* 109）。理性范围的缩小在他们的道德哲学中是最明显的。在休谟看来，"道德善恶的区分不可能由理性作出"（*T* 3.1.1.16/*SBNT* 462），而在斯密看来，设想对错的初步认知源于理性完全是荒谬的、令人费解的（*TMS* VII.iii.2.7/320）。凯姆斯的看法也同样明确（*PMNR* 69）。

否定这种前现代见解的意义以下面的方式影响了对现代自由的理解。否定上帝的永恒性这一规范性优势的后果，意味着承认世俗的变动不居的价值。商业生活——为谋生而赚钱的有机框架——本身就是有价值的。因此，过这样的生活是道德的。如我们将继续概括的那样，商业社会的生活由诸如正义、人道、正直、遵纪守法这样的道德规范主导。这些承认法治的真正运行，庇佑其运行的保证是自由。现

128

代自由人人享有，如斯密所说的"每个人"，与其相一致的是公正得体的行为举止，"让人完全自由地按照自己的方式追求自己的利益"（*WN* IV.ix.51/687）。这个包容性明确将现代自由与"古代自由"区分开来；第6章讨论第二种气质即公民气质时会进一步讨论这一点。这种区分的深层后果是君主的利益不在于仅仅可能与他们和平共存的那些"利益"（欲望）的特殊内容；不在于特别挑选的音乐，而在于演奏的乐章；不在于呈现出的特别宗教仪式，而在于对选出来履行这些仪式的人的约束；不在于从事事业的特殊性质，而在它与公平竞争原则的一致性，等等。

129　　这种选择的现代自由——普遍适用的法律的一般框架中所实行的选择——直抵人类动机以及商业社会的心脏。将这些关联在一起的是"自爱"这个观念。这个观念有段复杂的历史（布鲁克［Brooke 2012］的著作特别有价值；还可以参见 Myers 1983，Hutchinson 1988，Force 2003）。不过，对这段历史的考察不是我的职能所在，尽管如此，我还是会涉及一些相关内容。

正义和仁慈

　　第4章提到，斯密和休谟、凯姆斯等人一样都声称正义是不可或缺的。他选择非常谨慎的事实来阐释这种不可或缺性，即正义让有着分歧差异的商人社会——这个社会缺乏"相互关爱和怜惜"（*TMS* II.ii.3.2/86；cf. Hutcheson *SIMP* 270）——变得可能。由此出发，那么，"和正义相比，仁慈对于社会的存在来说就不那么必要"（*TMS* II.ii.3.3/86）。既然商业社会是一个"人人都是商人"的社会，那么它的凝聚就不是依赖爱和仁慈。你可以和那些与你在情感上完全不相关的人共存于一个社会。

　　我的主张是商业社会体现了伦理关系，与此相符的是，这并不意味着斯密否认仁慈的道德性，也没暗示商业社会有损于德性和道德。商业社会中行为举止公正得体的附加费、"不伤害我们邻居"的顾虑，由那个"完全清白公正的人"相应的正直品性构成。他继续说道，这样一种品性，"几乎不会不伴着其他很多德性，伴着对他人的巨大同情，伟大的人道和仁慈"（*TMS* VI.ii.intro.2/218）。因此，商业社会的成员都是正直而仁慈的。所以，狭隘或苛刻地认为苏格兰人的正义概念体现了对"道德"的漠不关心是错误的。[6]

然而，商业社会的的复杂性意味着，一方面，任何个体都需要很多人的帮助（那件粗羊毛大衣的例子体现的就是这个信息［见上文第 77 页］），但另一方面，只能享受"和少数几个人的友谊"（*WN* I.ii.2/26）。在商业社会中，我们主要生活在"一个陌生人的群体"之中（*TMS* I.i.4.9/23; cf. Ignatieff 1984: 119; Paganelli 2010）。相互关爱或怜惜的人际关系或者说友谊，相应地几乎没有。由于我们的大量事务都是非个人化的，因此，这些事务的处理基础必须遵守作为补充的非个人化的（抽象的）正义原则。在一个复杂社会中，零售商不可能还是你的朋友；对你来说，他提供你想要的，对他来说，你是他的顾客。这种关系模式在斯密著名的段落中提到，这段话在第 3 章引用了一部分：

> 我们想要的主餐不是靠屠夫、酿酒师或面包师的仁慈心，而是靠他们对自己利益的关切。我们不是诉诸于他们的仁爱之心，而是他们的自爱，我们从不对他们提起我们自己的需要，而是他们的好处。除了乞丐，没人选择主要仰仗他同胞的仁慈而活。（*WN* I.ii.2/26-7）

斯密再次不否认仁慈的存在而是其范围。[7] 实际上，在《道德情感论》中，他小心谨慎地说道，与一个践行仁慈的社会相比，商人社会将是"不那么幸福愉快"。而且，由于公正的"行为"就是"不作为"（制止伤害），那么一个"纯粹"公正的人可以说是"几乎不会感激的人"，拥有"几乎不积极的功劳"，将不会被待以关爱（*TMS* II.ii.1.9/82）。

正义不同于诸如仁慈之类的其他德性，这一点并非斯密独有。实际上，这一区分有一个长长的系谱。在现代早期思想中，它常

常被表述为完全权利和不完全权利的差别，前者的履行是被强制的
（Hutcheson *SIMP* 113；*SMP* I，257）。在《道德情感论》中，斯密间
接提到（如编辑注释中提到的）凯姆斯《道德和自然宗教原理》来支
持他的观点，即，与我们做到慷慨大方相比，按照更严格的义务行事
才是正确的（*TMS* II.ii.1.5/80 n）。凯姆斯说，"仁慈和慷慨比正义更
美好，爱和尊重比正义更有吸引力"，不过这些行为超越"我们严格
的义务"而更高尚（*PMNR* 33；cf. Forbes 1982: 199）。稍稍不同的是
米勒的区分。他把正义从其他德性中区分出来，是因为它容易处理为
精确的、可还原的、准确的一般规则（参见上文 107 页），而其他德
性（慷慨以及其他仁慈的情感）的践行容易变化，取决于具体环境的
具体情况，"几乎不会发生两个一模一样的例子"（*HV* IV，7/787/8；
cf. IV，7/795）。

现代道德化经济

　　显然，苏格兰人没有把商业社会当作"无伦理地带"，但他们也
意识到，这个社会可以解释为貌似以"自我"或"私人"这些该谴责
的利益而非"社会的"或"公共的"利益为基础。让这些利益明显受
131　到批评的，是反对将道德作为客观理性判断的对象，它们应留在情感
的主观领域之内。这是思想上的或论辩中的危险领域，因为这一领域
似乎由霍布斯统摄，按照他的看法，所有的人类行为都是由行为者的
利益决定的。苏格兰人在自己立场和霍布斯以及后来曼德维尔谨慎善
辩的表述之间设置某种概念差距是必然的。所有苏格兰人，无论他们
之间怎样不同，都反对"自私的体系"——就像休谟笼统的称呼一样
（*M* App.2，4/*SBNM* 297）。这是他们道德哲学的常见主题和主线。这
里并不需要以各种不同形式详细阐释这种哲学；因而我将有选择性地
挑出一些。我选择的原则或标准是，他们的道德哲学如何支持商业社
会所谓的"道德化经济"。[8]
　　与后亚里士多德"现代性"一致的是，所有人都喜欢快乐、避免
痛苦，这一重要事实承认人类行为中固有的可预见性和确定性（这种

规律性是形成我们今天所谓"社会科学"的本质）。这一连续性最明显的证据是人性中的自利这一突出特点的事实（回忆一下第 3 章塔克的话 [第 85 页注释]）。当然，"突出特点"并不意味着"独有"。人类有多重动机，即便在"斯密的经济学"中也是如此，正如阿马蒂亚·森所强调的（Sen 2011；cf. Sen and Rothschild 2006）。霍布斯 /曼德维尔式的观点与经验是相悖的。这是哈奇森哲学的核心命题。

虽然哈奇森批评理性主义道德哲学家，但他的主要靶子还是利己主义体系，尤其是曼德维尔的体系（哈奇森早期作品之一 [1726] 是对《关于蜜蜂语言的评论》的系统拆解）。哈奇森论断的整个着力点是自利原则不能代表"原本的人性"（*PW* 129），其缺陷意味着它不能解释道德的现实性。当然，他承认人类受自爱的驱使。实际上，他一度声称，"该体系 [普遍仁爱] 的维持需要每个人清白无罪地关心他本人"（*PW* 89）。尽管哈奇森在这里没有清楚表明这种关联，但这种要求与斯密认可的斯多葛创始人芝诺的观点一致，根据他的看法，"每种动物天生被推荐给自己照料，被赋予自爱的秉性"（*TMS* VII.ii.1.14 /272）。莱昂尼达斯·蒙特斯（Montes 2004: 8）声称，夸张一点，斯密"完全仰仗"斯多葛学派的自足（*oikeiosis*）原则。[9] 不过，正是在这种情形中，这一原则尤其是西塞罗《论义务》（Cicero 1931: V，9–*Omne animal se ipsum diligit*）中重现的原则，通常被包括在其中。一个非常著名的借用来自卢梭，他小心地区分了自爱和消极意义上的骄傲这两个概念[10]（我会在第 6 章回到卢梭的问题上来）。虽然实际上承认人类拥有种种自利的动机，但仁慈的种种事实正是对哈奇森主题的重现；对公众福利的渴望、慷慨等其他德性的践行，在这个假设之下都无解释力，人类唯有受他们自己的利益感的推动。这几乎不是独一无二的。譬如，特恩布尔就说过同样的话（*MCL* 256）。

哈奇森将他的论断设计为一种"研究"。其目的是揭示道德善（和道德恶）"在天性中的一般基础"（*PW* 67）。调查的结果是这种基础在于所有人都拥有的道德感。[11] 在这个基础上，他建立了一种以仁慈原则为终极的道德论，他将仁慈原则推向了道德善的顶峰（cf. *PW* 88-9，100）。他的苏格兰继承者们接受了他对道德的这一证据性

132

基础（参见第 3 章注释 8 中引用的斯密《道德情感论》中的开篇一句）。所不同的是，哈奇森的继承者们超越了呼唤鲜明的道德感来判断现实的需要，越过了他配给仁慈的特权地位。这一点在休谟和斯密那里非常明显，尽管凯姆斯批评休谟和斯密，给予道德感一个基础性的位置，但他还是和哈奇森保持了一定距离，哈奇森将道德简化为仁慈，不利于充分论述我们为什么**不得不**正确行为的原因（*PMNR* 31；cf. *PE* 30–2）。

虽然哈奇森使用了"同情"这个术语，但同情还是在休谟和斯密（尤其是斯密）那里凸显出来。休谟继哈奇森之后**不接受**霍布斯"人类只是自利的"论断，并在很多段落中强调人类的社会性及其意义（比如 *T* 2.2.4.4/*SBNT* 353；*T* 2.2.5.15/*SBNT* 363）。支撑这一观点的是"一般经验"，因为，如果考虑到这一点，那么结果就是"和善的情感"比自私的情感重要（*T* 3.2.2.5/*SBNT* 487）。这些和善的情感比如温和、仁爱、慈善、宽容、慷慨、宽容以及类似的情感，这些情感既是**自然的**又是合群的德性（*T* 3.3.1.11/*SBNT* 578；cf. *M* 5，3/*SBNM* 214，*E-OC* 479）。这些情感无可否认的存在意味着休谟直接反驳了霍布斯 / 曼德维尔的说法，即**所有的**道德区分都是"政治家人为设计"的产物（*M* 5，3/*SBNM* 214；cf. *T* 3.2.2.25/*SBNT* 500，*T* 3.3.1.11/*SBNT* 578）。不过，这里显然与哈奇森出现了分裂，因为，即便是这些合群的德性也不能维持社会，所以，如我们在第 4 章提到的，为了维持社会这一任务，需要正义和其他人为的德性。在确立了正义有用之后，休谟仍然不得不解释正义为什么还是"道德的"。这种解释是最为必要的，因为，如他承认的，正义的确立不是在自利基础上的（*T* 3.2.2.24/*SBNT* 499）。从我们的角度看，这可以理解为，休谟在尝试为一种适于商业社会的道德背书。

为了在德性和自利之间建立一种联系，休谟诉诸于"同情"这一秉性。这一秉性让我们"脱离自我"（*T* 3.3.1.11/*SBNT* 579）。它的核心是一个过程，在这个过程中，我对陌生人"不快"（诸如遭遇不公）的"观念"被"转化为恰当的印象"，因此我也感受到了那种不快（*T* 2.1.11.7/*SBNT* 319）。现在，由于"一般考察中，人类行为中产生不快的每件事物都被称为恶"（*T* 3.2.2.24/*SBNT* 499），所以，尽管实际上我没有受到那件具体的不正义的行为的影响，但我还是要谴责它。通过这种方式，同情在所有人为的德性中"形成了我们关于道德的情感"（*T* 3.3.1.10/*SBNT* 577）。同情本身不是一种道德原则，而且，我们也不用像哈奇森一样需要一种直接的道德感去确认正义之德。

休谟论述的技术性（cf. Mercer 1972: 44）让他容易受到批评。譬如，凯姆斯就直接反驳他，认为它不足以完成休谟指派给正义的任务（*PMNR* 32，19）。休谟在某种程度上承认这一点，他后来对正义的讨论中不再提及同情这一"艰涩的"体系，并声称承认这一事实就足够了，即人性中体现了"人道或同情"，因此没人会对他人的幸福或悲伤漠不关心（*M* 5，18 n /*SBNM* 219-20 n）。这后来的词汇是常见的。譬如，弗格森在《文明社会史论》一章（"论道德情感"）中明确讨论"道德问题"，认为我们道德天性的基础在于"温和的倾向"，由此，我们的"是非感"就从"人道情感"延伸到我们的同胞（*ECS* 35，37）。在后来体系性的《道德和政治科学原理》中，他说道，"人道"是"同情秉性和对同胞状况不加选择的关心"（*PMPS* I，125）。实际上，米勒在其出版的著作中唯一一次提到道德问题是他的评论——正是"人道的情感"，让人类戒除非义（*HV* IV，4/773）。[12] 我们会回到"人道"这个问题上的。

到此为止，斯密的同情论是最广泛的，他在不同版本的《道德情感论》中不断"提炼完善"它。关于这个问题已经有大量研究了[13]，与我信奉的选择方法一致，我将限于一个方面。斯密承认，每个人"自然……优先考虑自己的幸福而非他人的幸福"（*TMS* II.ii.2.1/82）。不过他相信，霍布斯/曼德维尔式的观点不能包容这一事实，即互动 134 的社会生活"轻松挫败了傲慢自大的自爱"，乃至"没人胆敢直视人本身"，并承认人的行为依据是自我优先的原则（*TMS* II.ii.2.1/83）。这种视觉语言是关键主题。人类是社会动物，在社会中生活就像在照镜子（*TMS* III.i.3.3/110；cf. Hume *T* 2.2.5.21/*SBNT* 365，*M* 9，10/*SBNM* 276）。正如镜子让我们看见自己的形象，生活在社会中让我们看到自己的行为对他人的影响。暴露在社会注视之下的重要结果是，"人这种动物"将会观察到他人赞同自己某些行为，不赞同其他一些行为，作为结果，对斯密而言，这个人"将在赞同时受到鼓舞，而在不赞同时感到沮丧"。对这一反应的解释在于他对同情动态变化的论述中。

在斯密看来，"再也没有什么比看到他人与我们心中的所有情感有所共感更令我们高兴的了"（TMS I.i.2.1/13），这是人性的一个事实（他接着哈奇森的说法指出，这种愉快，不能解释为那些人的所有情感都源于自爱）。这是最有意义的，因为同情正是道德判断的根源。如果我们像旁观者一样，通过想象，通过同情复现出他人在他们所处情境下表露的激情，那么我们同情并进而赞同这种反应（TMS I.i.3.1/16）。关于人性一个假定的事实是，旁观者同情而生的情感比被观察那方（行为者）的情感的程度要轻。同样也是事实的是，人是社会动物，行为者希望获得旁观者的同情。在对这些事实作出回应时，行为者为了在他的情感和旁观者的情感之间达到"和谐一致"，他"把他的激情降低到旁观者能够附和他的那个程度"（TMS I.i.4.7/22）。斯密正是用这种对他人的回应——对他人的赞同感到愉快，对不赞同感到痛苦——来解释，为什么富人炫耀他们的财富，而穷人藏起他们的贫困。富人更看重他们财产所带来的尊重，而非效用（TMS II.iii.2.1/51），正是这种"附和有钱有权者激情的倾向"奠定了阶层区分的基础（TMS II.iii.2.3/52）。进一步说，现在，与商业社会的其中一个联系就变得更明显了，正是这种想要得到尊重的欲望构成了对上文提到的改善我们状况这一动机的重要解释（TMS II.iii.2.1/50；cf. IV.i.10/183）。

因此，就斯密而言，正是"虚荣而非轻松或愉快引起了我们的兴趣"，"虚荣总是建立在我们对所关心和赞同的对象的信念之上的"（TMS I.iii.2.1/50）。这不是替代前商业社会贵族制或封建制的现象，而是在某种程度上它意味着生活在社会之中。这一点被斯密的评论再次强化，这一评论标志着他与霍布斯狭隘设想的动机论的区别：他在《法学讲义》中指出，"人类生活的整体事业不是获得吃穿住这三种基本需求的满足，而是根据我们趣味的微妙和敏感获得舒适满意的吃穿住"（*LJB* 209/488）。当然，在自然史的轨迹之内，这种"获得"在不断发展。这一点显然由商业社会解决了。这个被休谟、斯密等人描述的或暗示的社会中，其成员对社会地位有着明确意识。这种自我意识所呈现的特征鲜明的现代（商业）形式在"趣味"上表达自己，而趣味通过所拥有的东西明显地展示出来。例如，休谟在《人性论》第二卷关于激情的讨论中，对骄傲的详细阐释就是对"日常生活"这一事实的认可。[14] 我们在第 6 章中会讨论到，这将成为忧虑的一个原因，但还是有积极的维度，因为对"声望好处"的争夺，形成了斯密所指出的勤勉精神。而且，商业社会中的这种竞争形式比早先时期的破坏力要小，在早先的时代中，正义的约束松弛，"大地主们""彼此之间几乎不停地"开战（*WN* III.iv.9/418；cf. Hume *E-RA* 277），社会地位在战场上获得成功。如我们将要指出的，黩武精神和封臣附庸的勇武之德逐渐被温和的、和平的商业德性所取代。

我们开始追溯这个问题，是想了解这种社会 – 道德的互动如何直接影响斯密商业社会的分析。上文提到，这个社会的复杂性意味着大量的非人格化的交往发生在陌生人中间。根据斯密的理论，行为者从陌生人那里期望的同情少于从朋友那里期望得到的。[15] 这一点可以理解，因为斯密在回忆休谟的论断中指出，在先前更简单的年代中，家人和朋友间的交往占主导地位，会形成大量的同情。有鉴于此，所以不需太多努力去"压低"自己的情感。但陌生人就没那么好说话了（*TMS* I.i.4.9/23），需要更多的努力去"克制"自己的情感。

习惯于陌生人的生活形成了两个相关的结果。第一，每个人都将自己（几乎）视为"无偏旁观者"（*TMS* III.3.25/147；cf. III.3.38/153）。这个旁观者是品行端正的内化标准，所扮演的角色传统上和良心有关——他是"心中的那个人，伟大的法官和仲裁者"（*TMS* III.2.32/130）。这一标准和斯密归功于人性的另一事实牢牢拴在一起，即人"不仅希望被爱，而且希望是可爱的……不仅希望被赞美，而且希望值得被赞美"（*TMS* III.2.1/113–14）。这个结果就是，即便没人赞美，我们也仍然乐于按照值得赞美的方式行为。因此，我们在自

136

己的行为中不是依赖于真实的赞美或谴责，而是追求以"无偏旁观者"将会赞同我们行为的方式行为（*TMS* III.2.5/116）。"只有咨询这位法官"，我们才能获得恰当的评价距离来看待自己的行为（*TMS* III.3.1/134）。他在后面说道，每个人都能对"自己和他人的品性和行为"逐渐形成"严格的合宜和完美"的观念（*TMS* VI.iii.25/247）。换言之，我们全都可能（因为总是可能会有一些短缺）形成一种典范或参照标准。这种标准用到他人同时也用到自己身上，原则上让我们能够对社会实践获得一种距离感。例如，个人和制度可以被赞美得严重偏离其实质，不足以关注他们行为是否值得赞美。所以，斯密批评路易十四的宫廷鼓吹君主平庸的资质，反而让"知识、勤勉、勇气和仁爱"失去了尊重（*TMS* I.iii.2.4/54）。

生活于陌生人中间的习惯性结果的第二个影响是，获取同情所需要的更大努力强化了人的性格。这一点让行为者在商业时代获得比部落或宗族的时代更大程度的克制，更持续得表现出自制的德性（*TMS* III.3.24/146）。商业社会的个人以这种方式能够（通常说来）"按照审慎、正义和恰当的仁爱"（*TMS* VI.iii.11/241）。如此，不仅坚持"神圣的正义原则"——商业社会的基础——变得可能，而且，坚持"自制的高尚行为"让与众不同的商业德性"勤勉和节俭"增添了"光晕"（*TMS* VI.iii.13/242）（见下文）。

这里提到的自制让我们回到斯多葛学派比如爱比克泰德命名的"控制"。常有观点主张斯密赞同斯多葛的信条（一个经典论述来自麦克菲和拉斐尔［Macfie and Raphel 1982］《道德情感论》格拉斯哥版的导言，但他们不是唯一这样主张的学者）。[16] 如果斯密赞同斯多葛，这一点也不奇怪，因为他们有共同的立场。举个例子，比如弗格森就在其《道德和政治科学原理》的导言中公开承认，他"可以被认为钟爱斯多葛哲学"（*PMPS* I, 7）。

然而，也有充分的理由怀疑斯密与斯多葛派的关系。他直截了当地宣称，"大自然为我们行为勾勒的计划和体系似乎**完全不同于**斯多葛哲学"（*TMS* VII.ii.1.43；黑体是我加的）。但更有意义的是，这些理由可以被当作源于他的商业社会论。其中一部分会在第 6 章阐释清

137

楚，不过这里我们可以适当地回顾一下第3章（第81页）斯密对"繁荣之乐"的肯定作为他反斯多葛立场的著名例子。[17]另一个有力说明斯密与斯多葛主义保持距离的因素是，他的道德理论的基础在于动态的社会生活。将社会比作一面镜子的那段话，其着力点就是道德是社会化问题。社会交往教会每个人怎样的行为是可以接受的，在这个过程中，这些社会判断被当作良心内化在心中了。斯密非常清楚地知道，这有悖于古典的斯多葛主义对"圣人"的描述，这个人在表达其彻底的独立性时真正懂得他的控制是什么。我们可以回顾一下爱比克泰德关于"自由人"对其"名誉"（*doxai*）、对他人看法漠不关心的论述。形成鲜明对比的是，斯密声称，"他人的情感在绝大多数情形下是吓倒所有那些反叛躁动激情的**唯一**原则"（*TMS* VI.concl.2 /263；黑体是我加的）。对斯多葛学派来说，自制的德性源于理性的意志；在斯密看来，它的来源是社会互动。而且，我们在上文提到，自制的践行不断改进，因为生活于陌生人中间的需要这一商业社会相互依赖的特征有助于达成同情的协调一致（cf. *TMS* V.2.8-10；I.i.4.7）。这种相互依赖是区分斯密和卢梭的关键因素，我们在第6章会针对这个观点讨论的。

　　但是，有一段话尤其被经常引用来说明斯密的斯多葛情结。这就是他对以下两方面的比较：一方面，有钱人的宫殿提供的欺骗性满足以及"激起想象那些宏伟、美丽和高贵"的"财富和伟大的愉悦"，另一方面，"肉体的放松、心灵的平和"这一任何阶层即便乞丐都有的状况中所拥有的"真正的幸福"（*TMS* IV.1.9.10/183，185）（爱比克泰德是奴隶，另一位晚期的斯多葛派奥勒留是皇帝）。然而，他的观点比斯多葛道德化的段落更为巧妙。这段话的整个意义是肯定的（Hundert 1994: 222；Berry 1997: 44-5）。人们在想到财富带来幸福时可能被欺骗，但无论如何，追求这种欺骗的确会产生财富这一福祉。因此，在这同一段中，斯密接着确定了这些利益。这种欺骗"激起并维持了人类勤勉的持续动机"，正是通过这些手段，地球得以改变，城市得以建立，人口得以增加并得以养活，"让人类生活变得高贵、多姿多彩的一切科学和艺术"得以发明（*TMS* IV.1.10/183）。其

138

意义是，如果斯多葛（或者卢梭）的箴言被奉行，也就是说，如果人类局限于"现实的"满足，那么，人类的生活将是凄惨可怜（而且不幸）。实际上，斯密后来号召开垦土地，推进制造业、发展商业（财富）"这些现实的改进"，通过这些改进，"人类获益"，"人性变得高贵"（*TMS* VI.ii.2.3/229）。最后这个用语有着特殊的深层含义。它突出了斯密立场和反斯多葛的新奥古斯丁道德心理学之间的距离，尽管这些主张本身明显被曼德维尔扭曲，但他的观点尤其受惠于此。[18]

《道德情感论》第四卷的这一讨论，是斯密在该书中提到"看不见的手"的唯一一次（*TMS* IV.1.10/184）。这也被解读为反映了新斯多葛派关于自然和社会的幸运论[19]，不过它貌似更多是对"无意识的结果"更一般现象的特殊表达而已（一种隐喻方式）。的确，斯密在这里提到了天启（Providence），但很难对此赋予更多内容[20]，尤其因为他没有把所有无意识的结果的所有情形都视为良性的——国债的发展以及劳动分工徒劳无功的结果就是两个著名的不良例子，我们在第 6 章讨论这两个例子。

如果把休谟放一边[21]，苏格兰人常常谈到天启，这是无疑的事实。大卫·艾伦（Allan 1993: 207-17）指出，对"无意识的结果"的认识是他们长老派加尔文主义的遗产，尽管他在特殊情形下有所省略（不过，我们可以回顾一下哈利巴顿对"看不见的手"的用法［第 30 页的注释］）。[22]凯姆斯常常提及天启，像里德、布莱尔和罗伯逊这样的思想家都是职业牧师（弗格森还曾被任命为牧师），这个事实并不是偶然性的。"天启"一般预示的是由"科学"支持的这种看法，即大自然由一个系统的秩序或设计构成。弗格森表达了共同的看法，"正是从设计这些证据，我们推出上帝的存在"（*ECS* 6）。这容易与良性指导的天启形成一对。蜂窝的几何特性，在里德看来是设计蜜蜂的那位"伟大的几何学家"而非蜜蜂本身的杰作（Reid 1846: 546-7；弗格森还在《文明社会史论》第 182 页引用了同一个关于蜜蜂的例子；这是麦克劳林一篇论文的主题，里德也承认这一点）。而且，凯姆斯的著作满是关于"漂亮的终极因"的注解。斯密也偶尔使用这个词语（参见 *TMS* II.ii.3.5/87），而且，似乎充满了潜在的亚里

士多德主义的味道。一些评论者一面给出大量警告，一面在这个观点 ₁₃₉
上又尝试着和斯密站在一条线上，不过，和斯多葛的同盟一样，这一
点看起来太勉强了。[23]

商业德性

和所有其他"社会阶段"一样，商业时代产生了某些特定的行为
方式，一套特征鲜明的生活方式和规范（a *Sittlichkeit*）。米勒直接回
应了斯密"人人都是商人"的评论，他声称"商业精神不局限于行商
坐贾、大小商贩；从一种相似的情形出发，这种精神在某种程度上渗
透到所有层次和阶层之中，由于习惯和模范的影响，它多多少少熏陶
到社会的每个成员"（*HV* IV，6/777）。这里提到"习惯和模范"揭
示了他及其同胞中的自然历史学家所认同的软决定论（见上文第 72
页）；他接下来的一句话就为这个观点做了说明，"每个人根据一般
标准形成关于财产的概念，塑造与那个时代的主流趣味一致的道德"
（相似的论述参见 *TMS* V.2.7/204）。

商业塑造的"道德"是什么呢？明确的"商业德性"是什么呢？
米勒已经在其书中稍前一点提到，随着社会交往的拓展（就是说，社
会变得越来越复杂），"就需要越来越多的相互信任和信心，不能维
持信任，就没有始终如一的信念和诚实、公平交易的严格执行"（*HV*
IV，6/773）。弗格森在一个岔开的话题中提到"守时和公平交易"，
将其作为商人的"生活方式体系"（*ECS* 189；cf. *IMP* 39，内容一
致）。一种斯密式的先例再次清晰可辨。在格拉斯哥的讲义中，斯密
指出，"当较大一部分人是商人时，他们总是将诚实和守时带入时
尚"，以致这些特征成为"商业国家的主要德性"（*LJB* 328/539）。这
些德性占主导地位直接反映了面向将来的"市场"交易的可预测性和
信心。这与"野蛮民族"直接相悖，所以就像我们提到的，"野蛮
民族几乎了解正义规则［而且］……几乎不考虑他们的允诺"（Millar
HV IV，6/773）。这一对比开启了通往"文明"的进步史的道路。

休谟 1750 年代的论文可以从这个角度理解富有启发意义。根据

他的《论技艺的进步》一文，我们可以再次挑出他的观点"勤勉、知识和人道像一条不可分割的链条一样联结在一起……为那些更文雅的、通常说来更奢华的年代所特有"（*E-RA* 271）。这三个标志性标杆（几乎是对称的）的对立面是稍后一点用到的"无知、懒惰和野蛮"（*E-JT* 328）。这里提到的不可分割性标志着苏格兰人的共有观点：社会形成了共时性的整体，我们在第 7 章讨论这个观点。

我们在斯密关于地球如何得以变革的论述中已经遇到了"勤勉"——三要素中的第一要素。这个支配性的假设是人类都是懒惰的。罗伯逊描述"早期社会"人们的"努力""少而懒散，几乎没有"（*HAm* 819）。这种描述也典型地用到了高地人身上。托马斯·彭纳特（Thomas Pennant）在其 1769 年的《游记》中断定他们"极为懒惰，除非激起战争"，"懒散、怠慢，除了追逐"（但他也承认女人"更勤劳"）（Pennant 1979: 193，117）。斯密评论说，"我们的祖先懒散"，但他接着没有将这种懒散归咎于某些假设的"自然因素"，而是归因于"缺乏对勤勉的足够刺激"（*WN* I.iii.12/335）。在休谟那里，与推动商业"革命"一致的是，这种刺激是对"比他们祖先的享受更豪华的生活方式的渴望"（*E-Com* 264）。

休谟通常——但也不是专门地——将勤勉和"节俭"联系起来（*M* 6，21/*SBNM* 243；*M* 9，12/*SBNM* 277；*M* App，4，2/*SBNM* 313）。这种联系反映了一种转向。**俭约**（*Frugalitas*）意味着生活简单，与必需的自然需求一致（例如，Seneca 1932a: no. 5）。类似地，新斯多葛派，比如乔治·麦肯齐 1691 年要求"我们在恶被成功遏制住的帝国中拥护古代的节俭，节俭让我们摆脱贫穷，保证我们抵抗恶带来的所有诱惑"（Mackenzie 1711: 292），更近一点，贝克莱在其《视觉新论》（Berkeley 1953: VI，74）中也鼓吹节俭。顺着这个推理，节俭、苦行、贫穷一起，构成了休谟所谓的"严苛的"道德（*E-RA* 269），这种道德阐释了一种有价值的（**正直的**［*honestum*］）生活。相反的生活，如西塞罗描述的，是一种奢侈的、温柔乡里的、娇气的生活（参见第 3 章对贫穷的看法，第 6 章会讨论这种反面）。休谟的文本是不同的（而且是相对的）。他使用的术语与斯密所说的大地主的崩溃及其对商业产生的论述的语境背道而驰。休谟声称，除了"土地利益"什么也没有的地方，那里将"几乎不会节俭"，因为地主们"铺张浪费"（*E-Int* 298-9；cf. Wallace *CGB* 125）。但随着商业的发展，我们越来越勤劳。他认为这"促进了节俭"，因为它导致商人的出现（"人类最有用的种族之一"[*E-Int* 300]），他们的激情是爱财。[24] 他们不会贪图享乐而挥霍财富，却"带来了勤勉"，因为他们将资源分散到社会之中。这形成了一个链条，即商人之间的竞争减少了利润，导致人们乐意接受低利息，而低利息又让日用品变得便宜，进而刺激了消费，由此"促进了勤劳"（*E-Int* 302-3）。从更早的讨论中我们知道，由于商业"渴望平等的法律"，与此相随的就是商业带来了自由。

上文我们提到，斯密也将节俭和勤勉关联起来，而且和休谟一样，他说节俭引导人们"获得财富"（*TMS* IV.2.8/190）。这不仅再次与斯多葛的教育相反，而且与威廉·达文南特这样的思想家的训令相悖，达文南特 1698 年颁布命令说"古代的节俭必须恢复"（Davenant 1771: IV，424）。然而，休谟将节俭和商业排在一起，而斯密则认为"节俭的原则"主导了"大多数人"的整个一生（*WN* II.iii.28/342）。在他的讨论中，顺着古典时期的先例（cf. Cicero 1927: III，8/245），斯密将节俭和审慎之德关联起来。

在所有德性中，审慎对我们自己是最有用的（*TMS* IV.2.6/189）；它的"适当任务"是关心人们的健康、财富、地位和名誉（*TMS* VI.1.5/213）。正是"连续不断的勤劳和节俭"，正是牺牲当前利益换取以后更大的回报，那个审慎之人的行为才受到无偏旁观者的赞同（*TMS* VI.1.11/215）。虽然它不是"最高尚的德性"，但它适合商人社会的环境。由于审慎之人不会煽动自己致力于公共服务，或追求"坚实的荣誉"（*TMS* VI.1.13/216），所以，他的商业品性体现了商业社会的危险，我们在第 6 章讨论弗格森的时候会说到。对斯密而言，商业社会在乎正义，我们已经看到这一点，而且，重要的是，奉行正义之德并不需要那些高贵的品性，而只要审慎便可。[25] 而且，陌生人群体形成的调和行为，意味着这个（商业）社会会是和谐的；它可以

"协调一致"（"这是所有社会都想要的、并且都需要的"），如果不是"整齐划一"的话（*TMS* I.i.4.7/22）。虽然斯密没有指出这一点，但很难看到，一个社会充斥着激起人们追求和享受自然自由的众多个体的欲望，其内在的多元化与貌似构成"整齐划一"的单一目标为特征的社会如何相称。

不过，考虑到休谟那个不可分割的链条的比喻，勤勉（节俭和审慎）不会单独作用；三要素的其中一个发展，都会影响到其他两个，也会受到其他两个发展的影响。因此，"勤勉受到知识的大大促进，而知识与技艺和优雅的年代密不可分"，理性本身因"练习并运用到更为大众的技艺至少运用到商业和制造业"之中而得到"历练"（*E-RA* 273）。而且，"勤勉"和"机械技艺的改进"与人文技艺的"提高"一起产生，所以"我们不可能理性地期望，一块羊毛布会在一个不知道天文学或忽视伦理学的国家中完美地纺织出来"（*E-RA* 270-1）（注意这里又假设了共时性）。那些未开化的民族是无知的，作为其结果的迷信，是这场启蒙运动贯穿始终的主题。商业社会的重要指示剂是，其公民的居住不再彼此相距遥远（这个特征尤其相对于"无知野蛮的民族"而言），而是聚集在城市中。非常巧合的是，"礼仪"（"civility"）成为一种有价值的方式（Boyd 2008）。罗伯逊指出，城市产生了"优雅的风度"（*VP* 319）。休谟提出的一个例子是，在城市中，两性之间的见面"轻松、友善"。这是与众不同的商业生活方式的主要部分：其风度和德性。我们在本章开头指出，其中一个表现便是妇女地位的改善。如休谟所说，正是这一改善的结果，还有知识以及人文科学的"进步"的结果是，两性之间"必然感到人道情感的增进"（*E-RA* 271）。

人道，这条链条上的第三个环节，我们已经提到，休谟在《人性论》中以此替代了同情扮演的角色。这个术语带着一堆历史包袱[26]，但作为三要素之一，它说明了一套重要而范围广泛的关联。我们在第4章提到，人道有一个突出的现代转换。曾经，人们"不太受到他们自己需求的压抑"，所以他们"有更多自由培育人道的情感"（Millar *OR* 176）。休谟这里形成的是和情感的隐晦联系。他把人道与温和的

"性情"或令人动情的品性关联起来（*E-RA* 274），并将其与古代道德学家比如爱比克泰德的严厉进行对比。斯密将这些仁爱的情感与对他人情感强烈的感受力连在一起，"仁爱而优雅的民族……更能感受他人的激情"（*TMS* V.2.10/207）。斯密有一个颇有力度的评论在第 6章会变得清晰，他在这个评论中将"人道"视为"妇人之德"（*TMS* IV.2.10/190）。与这种仁爱之人的多愁善感相反，他比较了蛮族在抵抗和蒙受折磨时所表现出"所需要的顽强坚韧"。但这种行为"削弱了他们的人道之情"（*TMS* V.2.11，13/209）。

虽然这种顽强坚韧可能看起来极好地体现了自制之德，但这会让人误解。这里，我和莫琳·哈金（Harkin 2002: 29）的理解不同，哈 143金认为这违背了斯密对"现代性""极为矛盾的心态"。正如我的解释一样，这种野蛮的（斯多葛的）自制，与开化民族表现的自制相比，更多的是一种压抑（Berry 1997: 139）。其假定的榜样地位被进一步削弱了，因为正是文明化的人而非野蛮人体现了"最细腻的人道，并且自然而然最有能力获得高度的自制"（*TMS* III.3.36/152）。野蛮人的行为由于其与"虚假和伪装"相联，与"文雅民族""坦诚、率直、真诚的"习惯相比再次显得令人更为讨厌（*TMS* V.2.11/208；参见休谟关于与"无知、野蛮通常相随的"变节的论述［*E-NC* 211］）。商业民族高尚的人道精神（和他们的诚实、正义一起）所得到的回报是他们同胞的"信任、尊重和爱"（*TMS* III.5.8/166）。如我们上文勾勒的，由于斯密的道德理论与他人的回应维系在一起，所以，这些德性会自我确立，每个人将会相应地照此行为。另外，因为总是渴望他人的"好意见"，所以它会形成"规律性的行为"（*TMS* I.iii.3.5/63），换言之，规则主导的、可预测性的行为对于商业社会的运行是必要的。

弗格森也评论过人道的特点。他以休谟的方式（见上文第 76页）将人道确认为"战争法则"已被"软化"的文明的"首要特征"，而米勒宣称，杀死一个人的敌人是"人道精神厌恶的"（*HV* IV，6/754）。在同一段中，弗格森进一步指出，荣誉在于保护那些被征服的人，而非毁灭他们（*ECS* 199–200）。尽管如此，他还是担心商业国家往往流露出对"荣誉的鄙视"(ECS 258)。荣誉是战场上的"胜利",它展现了英勇这种明确的勇武之德。第 6 章我会回到这种德性上来,这里考察一下这种德性——尤其是其与黩武精神联系起来时——如何令商业德性忧虑不安。斯密、休谟、米勒都怀疑英勇(或者说顽强)在现代社会的合宜性。

米勒明确区分了英勇和顽强。前者是积极的,后者是消极的。他认为后者的实践在"社会的初期阶段",因为,正是"人道的缺乏"才让它变得恰当(HV IV,6/747-8)。相反,"富裕文雅民族中的人们中间形成的生动的感受力和细腻的同情……尤其不利于顽强精神"。这种同情是商业"生活模式"的产物,包括"常规政府"、"安宁"、"安全舒适的境况",在这种模式下,更"亲密的交谈"的形成让风俗变得"柔和"(HV IV,6/751)。米勒含蓄地利用其历史和民族志的资源(对此,参见 Fauré 1997)宣称,"世界上各地区的野蛮民族……据说都是懦弱和奸诈的"(HV IV,6/749),因此,当骑士气概和荣誉感获得发展时,英勇就展现出来了(他提到了决斗)(HV IV,6/748;cf. Hume E-RA 274)。然而,这个品质也随着"商业和制造业的进步"而发生了改变,以至于"骑士精神的习惯"和"军事荣誉的形式""明显与商业民族的行为方式相悖"(HV IV, 6/750, 752)。

斯密在其专心投入的《道德情感论》论德性的那部分内容中没有将英勇包括进去。由于这是古典四主德之一(其他三个是正义、节制、审慎,这三个他确实都考虑到了),这种疏漏值得注意,但从这一讨论来看并不奇怪(受拉斐尔启发,见 Raphael 2007: 73)。斯密不怀疑克制恐惧是高尚的(见第 6 章关于劳动分工的有害结果的讨论),但他指出,"最无畏的勇武精神也可以运用到最不义的事情中",由于它可以同样影响好的或坏的目的,所以,它是"极为危险的"(TMS VI.ii.12/241;cf VI.concl.7/264)。休谟也承认,英勇和荣誉之爱是一类英雄品质,表面上看来"非常值得钦佩",但"冷静思考一下",却倾向于将这种英雄主义视为有害的品质,一种"想当然的德性"(T 3.3.3.13-15/SBNT 599-601;cf Baier1991: 210)。英雄的时代已过;他们导致混乱,他们将在秩序以可预测性为前提的社会中无立锥之地。休谟赋予这种看法一种明确的历史视角——"这的确非常明显，在所有未开化的民族中，他们仍然没有充分体验到仁慈、正义和各种合群的德性所带来的好处，英勇是占主导地位的美德"（*M* 7, 15/*SBNM* 255）。他在《英国史》中评论说，提到16世纪的苏格兰，当"武器"压倒"法律"，"英勇就排在公正或正义之前，成为最有价值、最值得尊敬的德性"（*HE* II, 81；cf. I, 115, 论盎格鲁-撒克逊人）。

商业社会所接受的英勇仅是有限的作用。一如我们已经遇到的，常常赞誉性提起的"温和"，表明了这条思想线索，它因"温和的商业"一词的表达而引起人们的注意（Hirschman 1977: 60）。这一表达出自孟德斯鸠。他在《论法的精神》第20篇中指出，商业让野蛮的风俗变得文雅而温和（*adoucit les moeurs barbares*），其自然的结果是带来和平（*porter à la paix*）（Montesquieu 1961: II, 8）。赫希曼指出，孟德斯鸠的用词被罗伯逊近似地采纳了。实际上，他对这一观点 145 提供了一个最清楚的阐述：

> 商业磨掉了那些让各国执拗于差异和敌意的偏见。它让人们的行为方式变得温和而文雅。它通过一条最强大的纽带——满足他们彼此需求的欲望——将各国维系在一起。它让他们走向和平……（*VP* 333）

这幅画面，和孟德斯鸠所谓**"对严格正义的确定认识"**（*un certain sentiment de justice exacte*）（Montesquieu 1961: II, 9），有效地成为让商业社会与众不同的一个核心因素。和社会的所有形式一样，它发展出一套自己的德性规范，或者说，它对其较早形式的表达有了自己的转向。不过，就商业生活方式整体的广泛认可而言，这本身没什么问题。而实际上，在苏格兰人中间，以及整个这场启蒙运动之中，它都是激烈争论的主题，就像下章为我们揭示的那样。

注释

[1] 凯姆斯在第 3 版《衡平法原理》（1778）中对这个情形做了注释。当时苏格兰的矿工和盐场工人中间还残留着奴隶制，从事这些职业的工人终生被束缚着工作。米勒遗憾地承认了这一点。他认为，这种"恶劣的"工作显然有损于业主；可能亟需被废除（*OR* 319）（废除这一工作制度在 1774 年一次不成功的尝试之后，1799 年又发生了一次）。

[2] 一般来说，斯图尔特是这种共识的例外。他与罗伯逊、凯姆斯和米勒争论，不承认在财产权形成之前妇女处于卑贱的奴隶地位（*VSE* 11）。塞巴斯蒂安（Sebastiani 2005）讨论了斯图尔特的解释。

[3] 这个术语被用作（比如，芝诺的用法 [Laertius 1925: 110])）过度冲动（*hormê*）的形式，更具体的是用作欲望（*orexis*）的理性形式 [Laertius 1925: 113]。因此，这是一个消极意义的词语，有别于作为爱比克泰德所用的 "*orexis*" 的欲望（见上文）。这些词语之间的差异，可参见 Inwood（1985: 167）和 Nussbaum（1986: 275）。讨论"肉体"时一般使用 *Epithumia* 这个词语，常常被翻译为"嗜欲"，基督教神学家吸收了这个词语。

[4] 这里消遣放松这一明显证据反映了斯多葛主义的发展，尤其罗马时期的发展。尽管塞内卡一贯吹毛求疵，但他本人是个有钱人，写了一篇《论幸福生活》的文章，包括对财富的辩护（Seneca 1932b: pars 21-6）。这一发展也受到那时作为主流观点的斯多葛学派需要将自己与臭名昭著的犬儒主义区分出来的影响，斯多葛学派将"按照自然生活"发挥到极致（通常因狄奥根尼桶中生活的形象而引起注意 [Zeller 1885: 317]），同时"圣人"或 Sapiens 经历了从法官到治疗师的角色转变（Griffin 1976: 170）。爱比克泰德虽然从时间上讲是晚期的斯多葛派，但他代表了从较早的苦修形式的倒退，因此，一定程度上，他的教学是僵硬的，尽管他也赞许地提到了狄奥根尼，但他还是厌恶犬儒主义者（参见《论说集》[Epictetus 1928: 4，11]）。关于这一联系的讨论，参见 Schofield 2007。

[5] 斯密牢牢植根于这一"现代早期的共识"，是约瑟夫·克洛普西（Cropsey 2001）1957 年首次发表的阐释斯密思想著作的核心主题。

[6] 约翰·萨尔特（Salter 1994: 312）在批评洪特和伊格纳季耶夫（Hont and Ignatieff 1983）时声称，斯密的正义观不要求他关注穷人的需要，即便他的人道论需要，但即便如此，他也不打算不现实地主张"极度不平等和压迫"将会得到补偿。这当然与否认斯密拒绝将道德标准运用到商业社会是有区别的。

[7] 如果解释恰当的话，自爱和仁慈不冲突，这一点是巴特勒《布道辞》（Bulter 1964）的主题，他的著作在苏格兰人中间很有影响；实际上，哈奇森后期的

思想被形容为"巴特勒化"了（Filonowicz 2008: 236），尽管有人比如莫尔（Moore 2000: 250）对巴特勒的决定性影响还是有所怀疑的。关于斯密和巴特勒的讨论，参见 Raphael 2007 和 Forman-Barzilai 2010.

[8] 这不同于 E.P. 汤普森的道德经济。他用来指代传统权利和惯例的法律功能，比较的是"新政治经济"，这种经济"去除了道德命令"，而斯密被当作这种经济的典范（Thompson 1991a: 201ff）。对此的批评参见洪特和伊格纳季耶夫（Hont and Ignatieff 1983），汤普森回应说，他不承认他提出了"斯密在道德真空中思考问题"这样的观点（Thompson 1991b: 271，268-9）。

[9] 参见福曼－巴尔奇莱对斯密"谨慎借用"拿捏得当的评价（Forman-Barzilai 2010: 7 ; cf. Chap.4）。关于斯多葛派本身，参见 Annas（1993: 262f），她把 *oikeiosis* 翻译成"熟悉化"。

[10] 卢梭在其《论人类不平等起源》（1755）（Rousseau 1962: 118）中做了区分（尽管这种区分的确最早始于卢梭），斯密在《爱丁堡评论》中评论了这一区分（*Letter* 11-17/250-4）。在那篇论文中，卢梭提到了曼德维尔，斯密在其评论中指出了这一点。曼德维尔在他的论文中区分了"自爱"和"自我喜好"（Mandeville 1998: II, 129）。对斯密用法的细致研究，参见 Heath 2013。

[11] 尽管沙夫茨伯里使用了"道德感"这个词语，但哈奇森的用法反映了他吸取了洛克的经验主义（尽管对内在观念的反驳推出的结论有一些疑虑 [*PW* 35]）。与沙夫茨伯里的分歧将哈奇森牢牢地推到"现代主义者的阵营"。威廉·利奇曼（格拉斯哥大学当时的神学教授 [1743—1761]）抓住了这一点，他在关于哈奇森生平的"叙述"中指出，哈奇森看到，"与过去相比，自然哲学被带到更大程度的完善"，并确信"只有通过追求同样的方法"才能形成"一种更严格的道德理论"（参见第 22 页他对仁慈和引力的关联）。这进一步说明他的观点不同于沙夫茨伯里的看法，沙夫茨伯里预设了一种贵族气质和敏感性（以及与哈奇森浓重的长老派精神相反的自然神论的倾向）。哈奇森的"普遍主义"失败，因为它所依赖的自然神学建立在洛克的经验主义之上，这一点被埃尔顿（Elton 2008）指出，并得到麦金太尔（MacIntyre 1998: 289）的进一步阐释。

[12] 米勒格拉斯哥的讲义中，作为其教学职务的一部分，涉及伦理学及其相关的法理学——参见格拉斯哥大学图书馆（MS Gen 812）《关于根据海内克丘斯版本的查士丁尼法典讲义的笔记》（1789）。从中可见，斯密的影响是明显的。

[13] 比如，Griswold 1999, Broadie 2006, Otteson 2002, Forman-Barzilai 2010, Frazer 2010。

[14] 克里斯托弗 J. 芬莱评论说，休谟提出了一种"复杂的社会纽带论，这些纽带既被商业社会的消费者互动所需要，同时也被这种互动所加强"（Finlay 2007: 42，参见 第 6、7 章对这一观点的深刻阐释）。同时参见詹姆斯·哈里斯，

他在谈到《人性论》第二卷时说，在休谟看来，人类"主要考虑的是社会地位，以及与这种地位相关的事物，包括物质财富、地位和名声"。

［15］ 格里斯沃尔德（Griswold 1999: 142 以及整篇当中）都提到"同情圈"（福曼 – 巴尔奇莱［Forman–Barzilai 2010］把这个术语用到其书的标题中了）。奥特森（Otteson 2002: Chap 5）稍微相似地提到了"亲疏原则"。

［16］ 比如（虽然他们之间有些差异），Force 2003，Turco 2003，Fitzgibbon 1995，Muller 1995，Waszek 1984。

［17］ 同时参见他的评论，如果这些自然而然影响我们行为的情感"任何场合下都看上去不道德的话"，那么"人性的状况"可能会"尤其艰难"（*TMS* VII. ii.3.18/305）。关于斯密人性的评论，参见 Berry 2012。

［18］ 此语境中，皮埃尔·尼科尔（Pierre Nicole 1625—1695）的著作特别容易想起来，但即便搁置一边，他对人性的奥古斯丁式看法仍然没有"高贵"的余地，任何直接影响充其量都是推理而出的。他读过霍布斯，而且受霍布斯影响（Malcolm 2002: 509）。尼科尔本人指出——作为他对斯多葛学派的詹森主义批评的一部分——**"启蒙的自爱"**（*un amour—propre éclairé*）可以"**从外部**"（*au-dehors*）再造一个**稳定的**（*trés réglée*）社会，虽然"**从内部**"（*au-dedans*）以及在上帝眼中，这个社会或许是腐败的（Nicole 1999: 408）。这就是说，虽然自爱本质上是彻底的骄傲、贪婪和嫉妒，但在和他人打交道时，包括引导商业事务、形成文明（Nicole 1999: 182）时，这种天性不得不隐藏起来，或者伪装一下（Nicole 1999: 384；cf. 213）。这种互动实际上形成了（我们可以这么说）一种自我欺骗（cf. Nicole 1999: 409）。用布鲁克（Brooke 2012: 155）的话说，曼德维尔在其对斯多葛学派的批判中对这种论述做了一个"世俗化的转变"（布尔特［Burtt 1992: Chap.7］指出，曼德维尔实际上是一个真诚的奥古斯丁派。）菲利普森（2010: 61）主张，曼德维尔和斯密"肯定都知道"尼科尔的著作，但就斯密而言，这种"必要"并不基于直接的文本依据。福曼 – 巴尔奇莱（Forman–Barzilai 2010: 38 n，40）承认斯密对尼科尔著作的了解"看起来极大可能是二手的"，但曼德维尔"无疑"引用了尼科尔，注意一下，曼德维尔在后期著作中的确提到尼科尔（《宗教散论》，1729），而这本书据推测斯密"可能"读到过。然而，那里曼德维尔的引用并不是说的眼前的这件事。福曼 – 巴尔奇莱也断定，巴特勒使用了"与尼科尔特别相似的概念和范畴"，而斯密"受到尼科尔 – 巴特勒'启蒙的'或'理性自爱'取向的影响"（Forman–Barzilai 2010: 40，42）。马勒（Muller 1995: 51）从尼科尔那里引用了这段有用的话（同时还从另一位奥古斯丁派让·多玛那里引用了一段，而后者借用了尼科尔的话），但对其影响未置一词。多玛（根据其《民法》［1689］的英文版［1722］）同样被哈钦森［Hutchinson 1988: 101-2］引用，多玛以及更重要的尼科尔，是曼德维尔"重要的启发

者"。哈钦森还主张，尼科尔"准确地预言"了斯密关于屠夫、面包师、酿酒师的论述，但这种准确性难以找到，但伍顿（Wootton 1986: 75）认为，尼科尔"提出了亚当·斯密《国富论》开头几章中主要观点的雏形"，甚至，"我们可以将商业社会新哲学第一次清晰明确的形成归功于"尼科尔。几乎所有这些都是假设的，整个詹森派的关联应以浓厚的怀疑论看待。

［19］ 参见 Force 2003: 74; Macfie 1967: 107; Murphy 1993: 193ff; Otteson 2002: 245ff; Young 1997; Alvey 2003: 267; Forman-Barzilai 2010。这些思想家并不是吸取了同一立场，彼此之间也不必然一致。至于清晰的历史回顾，可参见 Vivenza 2001。

［20］ 斯密本人的信仰很难察觉。伊安·罗斯（Ross 2010: 432）自己仅仅说，"没有重要证据表明斯密为身后生活储蓄钱财"。一些评论者确实在他的思想中看到一种原则化的有神论或自然神论的言辞（比如，Evensky 2005，特别是第 4 章，不过整本书也可以参考，Hanley 2009a, Otteson 2002, Young 1997）。对斯密自然神论假设和世俗经验主义双重性的精妙论述，参见 Tanaka 2003，还可参见 Campbell 1971。对斯密和宗教完整的传记性论述，参见 Kennedy 2013。

［21］ 休谟的一般名声是一位不信教者，即便尊重他的朋友，但他还是安排其最具颠覆性的著作（《自然宗教对话录》）在其身后出版。

［22］ 阿南德·屈尼斯（Chitnis 1976: 254）的部分观点是，关于改良和改革的启蒙主题在 18 世纪之前就已产生，他也援引了加尔文主义的遗产。还可参见 Emerson 1989。

［23］ 比如，卡尔金斯和维尔亨（Calkins and Werhane 1998: 50）主张，从实践层面上说，斯密和亚里士多德关于人类繁荣的概念"相差无已"，但他们马上又说，"斯密的计划缺少亚里士多德对目的或说对幸福的普遍关怀、终极目标的关注。"韩雷（Hanley 2007: 20，19）叙述了斯密和亚里士多德基本论述上的相似，以及他们在方法概念和伦理学目的上的相似，但他承认，斯密和亚里士多德的"主要区别""可能是无法逾越的"。弗莱施哈克尔（Fleischacker 1999: 120，140）认为斯密接近亚里士多德，但仍然存在关键性的区别。

［24］ 这将休谟的看法与孟德斯鸠（Montesquieu 1961: I, 52）对民主制度中节俭的描述区分开来。虽然《论法的精神》涉及了这一点，特别是商业共和国（比如雅典）中的节俭（frugalité）和工作（travail），但它是为了限制人们对钱财的欲望（Montesquieu 1961: I, 47）。在这些共和国中，节俭只剩下严苛的属性；它说明了消极意义的贪婪（或者休谟所说的爱财）。节俭和这种"精神"之间的相似性让它区分于休谟对诱因的现代论述，有助于将商业社会从重商主义共和国中区分出来。我们在第 6 章还会看到，休谟将德性和奢侈联系起来，而非将两者对立，而对立的情形存在于那些共和国。

［25］ 这不是说斯密否认"较高的审慎"所具有的"高尚"或"优点"，但在社会

（商业）生活的一般语境中，它们的"完美"让它们变得非同一般（商业社会没有英雄或圣人也能有效运行）。参见韩雷（Hanley 2009a: 43，69）颇有说服力的（或许可能时而也不太有说服力）论断：斯密道德哲学的"核心"是，他区分了"真正卓越的德性"和"仅仅一般的社会合宜性"，前一种德性主要示范是高贵，据韩雷的解释，它的"复兴"是斯密的目标之一。回顾一下斯密自己对"高贵"的注解（上文中），他是在物质改善的语境中提到的。

[26] 我们已经提到它在法学中的地位，在法学中，它是不完全权利的对象（见 Reid 1990: 147），作为"仁慈"的同义词，它有别于完全义务是合理的（见第 5 章，第 129 页）。罗马道德学家们赋予它宽泛的意义，包括学识、文化、以及善良、宽恕（见 Ferguson 1958: 116）。前者经过文艺复兴逐渐成为人文研究，所以 18 世纪苏格兰大学的人文教授教授拉丁语。

6

商业的危险

詹姆斯·莫尔指出，苏格兰启蒙运动的"突出特征"是"思想差异"（Moore 2009: 180）。这一点无可非议，但也有点夸大其词。苏格兰人并不总是意见一致，不过他们均认识到商业社会有其缺点或不足，这一点却再明显不过。对这些缺陷的描述和补救形成了活跃的讨论，这也是本章的焦点所在。

我们可以从第 5 章关于古代自由被赋予的两种气质的说法开始。关于自由，第 5 章讨论的一种气质是宁静，在这种状态下，难以驾驭的欲望处于理性的控制之下，这一章讨论自由的另一种气质：公民的或政治的活动。对后者的宽泛理解意味着作为公民参与国家的积极行动，其重要的消极推论是商业社会不那么"自由"，必须限制在相应有限的范围之内。

这一双重性观点的根源是亚里士多德。他有句著名的话：人，天生是**城邦**的动物。[1] 因为在亚里士多德看来，人类只有根据他们的天性才意识到自我，所以，作为政治动物，换言之，参政是对他们**目的**（*telos*）的实现。"参政"意味着参与到城邦的公共领域中来。那些参与的人是**公民**（*polites*），或者用罗马的词汇说是 citizens。公民是积极的。作为行为者，他们享受彼此之间的平等，拥有受过良好训练的伦理品质来维系公共福利。这一描述背后的隐含意义是说，公民也是自由的、独立的——亚里士多德的确将城邦定义为"自由人的共同体"（Aristotle 1944: 1279a23）。在这个共同体之内，公民是一家之主。家庭料理的是单纯生计的工具性事务——它是不自由的领

151 域，属于妇女、奴隶和牲畜。根据他被关照的需要，家庭的男主人有"**闲暇**"（*skole*）致力于"好生活"、本质上有意义的活动，其中参政是主要特征。这种积极公民权的看法在罗马政治道德学家们那里被重新提出。在他们看来，公民就是将其活动献身于**公共事务**（*rei publicae*）的人，据此，这种看法就与"共和主义"联系起来了。共和思想重现于文艺复兴时期意大利的独立城市共和国（马基雅维利是关键人物），从这里被输送到 17 世纪英国思想中（哈林顿是主要人物），接着传到 18 世纪。这个气质可被恰当地称为"共和"自由（Goldsmith 1994: 197）。

除此之外，对公民权意义的叙述是对它所受威胁的担忧焦虑。具体威胁的来源或许可以不同，但威胁本身保留了同一个结构。其根源还是亚里士多德派。本质上有意义的公共政治任务不应该和工具性的家庭私人目标及其**支配方式**（*oikonomikê*）混淆。也不应该和**赚钱**（*chrêmatistikê*）的任务混淆（Aristotle 1944: 1256a）。家庭的作用是收集那些对其功能（满足有限的需要）必要的物资。这可以延伸到交换，所以一件大衣可以换一件陶器，只要接受者将它用于恰当的或**自然的目的**（*kata phusin*），也就是说，这件大衣缝制出来不是为了交换，而是为了穿破、为了满足保暖的需要，钱在促进这一过程中可以发挥合法的作用。其危险是这种工具性的角色执意变成了目的本身。这是这种持久威胁的症结所在，即，私人利益将会变成公共福利。"经济"和赚钱（交换）是关键。[2] 通过延伸，个人膨胀的欲望（野心）而非对公共福利的欲望，对个人消费（贪婪）的欲望而非对社会财富的欲望，腐蚀了本应支配共和国的框架。总而言之，有意义的人类生活贬值了，如果把时间花费在奴隶式地追求个人目标的话，这些目标本质上被定义为追求嗜好和**欲望**（*epithumia*）的满足。

这种消极的欲望说明了它与古代自由第一种气质的联系。这种关联在分配给奢侈的（消极）作用以及贫穷扮演的（积极）角色中得到了很好的解释。我们可以在李维《罗马史》（*Ab Urb Conditur*）第一卷战略性的序言中看看这种联系及其在古代自由第二种气质中的作用。

没有共和国永远是伟大的，好的榜样中没有更**纯正** 〔*sanctior*〕或更富裕的，没有一个共和国中，奢侈和贪婪侵入得如此迟，或贫穷或吝啬受到如此赞誉的。的确，越不富裕的地方，欲望越少〔*cupiditatis*〕。更近一些，财富将贪婪和过度的**快乐**〔*voluptates*〕变得重要起来，附带着对毁灭我们自己和一切事物的**奢侈放纵的渴望**〔*desiderium per luxum atque libidinem*〕。（Livy 1919: I，pars 11-12，英译有改动）

这有助于树立一个影响深远的样板。罗马便是从推崇贫穷和美德到毁于奢侈、陷入衰败的一个例子。这里有用的因果关系假设"美德"的概念是"个性"。**美德**（*arête*）是一种实践形式，它从训练或习惯中获得，借此，一种自然的品性在行为中得以发展并自我表达出来；对亚里士多德来说，监督这一行为是"**立法者**"（*nomothetai*）的恰当工作（Aristotle 1894: 1103b）。在这些前提下，疲软的环境将产生疲软的个性。

一个重视财富的社会将会产生"为奢侈、贪婪和骄傲所困"的一代人（Sallust 1921: par 12）。进而，这个社会将会致力于个人目标，人们将不情愿为社会福利卖力，而在这种福利中，最关键的，也是这种行为最核心的，是愿意为之奋斗。一旦被奢侈毒害（Sallust 1921: par 11），他们就会赋予生命本身以价值，并变得害怕死亡（Seneca 1932a: no. 124），其结果是，这个社会将会在军事上变得虚弱——一个懦夫的民族（有着温和个性的懦夫）将很容易屈服。而萨鲁斯特的叙述在修辞上风格强劲（这些段落为喀提林阴谋的叙述做了准备），他引用了他一再强调的一套习俗。譬如，弗洛鲁斯（公元2世纪）在他自己的罗马史中描述了叙利亚的安提阿征服希腊诸岛之后如何变得松弛、在奢侈安逸中度日，乃至面对罗马人被轻易打败（Florus 1943: I，24）。奢华温和的民族、如果不是同时也致力于贸易的国家面对军事义务时，唯一的方式是雇佣别人充当那个角色。这就在奢侈、财富（商业）以及雇佣军确立了一种重要而且持久的联系，而这标志着公民的不自由。依赖有道德的（自由的）人的自由国家致力于公共福利，他们愿意为此奋斗（以及牺牲）。这一点形成了古代自己的公民气质，这种气质自亚里士多德将置办武器作为公民权的标准，一直持续到 18 世纪杰斐逊及其同胞的共和宪政。

153　　这是个复杂的遗产，且这个复杂性本身也激起了讨论。自 17 世纪以来贸易和商业的辩护者们不得不缓和其与奢侈和雇佣军的消极联系。前者不得不被去道德化（Berry 1994: Chap.5），后者不得不被重新评价。在这两种层面上，古代"美德"的概念需要重新校准。我们在第 5 章中已经讨论了这个方面，不过现在需要发展一下这个观点。

　　我要开始从三个层面展开。第一部分重新了解一下支持公正规则（法治）的现代自由和先前共和自由这种参与性气质之间的差异，第二部分，继续考察一下苏格兰人如何围绕奢侈的去道德化问题论辩，最后轮到的是他们关于民兵制作为职业军反面的相对优势的分歧这个问题。这将导致对两个终极层面的讨论。

I
个人自由和社会自由

　　抓住商业社会自由讨论的一个办法是将这个问题转化为自由是公共事务还是个人选择的核心问题或主导问题。这是一个权衡问题；任何否定一方肯定另一方的观点都没有意义。

　　苏格兰人与前一种立场最一致的思想家是亚当·弗格森，尤其是其《文明社会史论》中的观点。由于他的观点最能说明问题，因此值得我们充分思考一下。他宣称，"人被造出来不是为了休息"（ECS 210；cf. 7，PMPS II，508），人天生是行动的，这个观点被合情合理地视为弗格森思想的主调（Smith 2008；Oz-Salzburger 2008）。关键的问题是这种行为应该适当展现自我的舞台。如果我们比较一下他和休谟的立场（参见 Finlay 2006: 44，但我的观点很不相同），这一点就可以理解了。休谟认为"行动"是人类幸福的主要因素（E-RA

269-70）。他这里强调的行动是"勤勉"的形式。这本身是快乐的源泉，但作为结果，就像我们在第 5 章中说到的，也是进步的源泉——机械"技艺"和人文"技艺"的发展，相伴而来的是作为那条不可分割的链条其他两个环节的知识和人道的增长（见前文第 139 页）。我们将在第二部分提出的一个观点中表明，勤勉由"贪婪"和"奢侈"促进（*E-Com* 263-4）。休谟谨慎地提出，"社会"利益来源于此，个人利益同样如此。但社会利益是由全方位的技艺进步包括自由的加强来衡量的（*E-RA* 277）。与目前从这个观点抽出来的主旨相关的是西塞罗的**公共事务**（*negotiis publicis*），包括社会或政治事务，不是这种行为的直接目标，毋宁说在于个人勤勉的工作之中。西塞罗的见解抓住了古代自由的公民共和主义，相映成趣的是，西塞罗本人更倾向于爱比克泰德的气质，而这一气质体现在那些从公共事务中抽离出来的人以及他们追求宁静的、沉思的生活的"闲暇"（*otium*）（Cicero 1913: I，20-1）中。

154

弗格森具有西塞罗的气质。他认为，"行动"应该由作为"社会"成员的公民实施（*ECS* 214），当他们关注"私人事务"（*ECS* 255）或目的是维持自己单独的"财富"而"不关心共和国"（*ECS* 222）时，导向就错了。后一个用于表明弗格森同情"古典"的观点，即"政治"是自由人的事情，相反，"经济"（家庭的组织和行为）在不同程度上——如我们已经指出的——是妇女、奴隶和牲畜的困窘或不自由的领域。致力于贸易或商业就是让自己卷入"私人"事务，其推论是，在亚里士多德的传统中，与完全意义上的公民形成了对比，后者献身于公共福利，商人过着一种不那么完美、不那么极具价值的生活。[3]

弗格森对这种"共和"立场的同情并不意味着他彻底认同它。与丽莎·希尔（Hill 1999: 44）和马可·盖纳（Guena 2002: 183）的观点相反，弗格森对于前商业社会－经济秩序并没有怀乡病。他明确否定奴隶制（*ECS* 161，185；*PMPS* II，472）。和休谟、斯密一样，他承认古典共和制建立在那种社会基础之上。虽然他在这里还远没有否认商业社会带来的好处和进步[4]，但他对商业社会中暗自贬低积极公共生活的价值感到尤为不安；这在他看来是一个重大危险。他的担忧集中在自由问题上。他承认与自由和法治相联的"现代"立场；"我们必须争取"获得自由和正义，为"行政官的权力设置限度，依赖于确保臣民的地产和人身安全法律的保护"（*ECS* 161；cf. 261，*PMPS* II，459-61）。但即便在这段中也有一个暗示，即次好的情形是，"德性"而非法律是"国家目标"。弗格森忧虑的核心是他对消极态度的厌恶，他认为这是"现代的"自由观所导致的。

155　　　从弗格森的视角来看，这不是实行法治这一商业社会主要原则的偶尔缺陷，而是根本性的。他宣称，自由"从来不会比我们评价民族幸福时更危险……评价标准是可能伴随着公平施政的纯粹的安宁"（*ECS* 270）。而这种安宁，可能是个人的"理想"，斯多葛的圣人可以达到，但作为一种社会价值，它享受不到古代自由公民共和气质中的那种值得尊敬的地位。它的意思，弗格森的潜台词，是单个的公民乐于接受"行政机关"强制实施正义的一般规则的工作，同时他们继续干他们自己的私人事务。从他们个人的立场来说，行政机关对"商业的、赚钱的行当"干预越少越好。这当然准确来说是斯密想要的；政府严格执行正义，个人享受他们按照自己方式追求自己利益的自然自由。但对弗格森来说，这种"对社会性事务漠不关心"（*ESC* 256）的结果，准确来说是对自由本身的威胁，甚至在一定程度上，他用一种夸张的修辞声称产生了一种"比我们想象的更接近于专制"的状况（*ESC* 269）。

　　　通过反复灌输或放任消极态度，现代自由无法保护自由的真正价值，而对于这项任务，古代自由就有效得多。沿着李维的传统，弗格森从罗马历史中选取了很多例子充实到《文明社会史论》中，并充分相信罗马"教训"的价值，对此，他写了多卷本的罗马共和国史。在这部著作中，他讲述了罗马从美德堕落到腐败帝国的熟悉故事，正如他在题词中所说的，其重点是"共和国的后一段历史"。他对罗马和迦太基联系的处理有着贴切的教育意义。他们的制度"仅就形式方面来说……几乎相同"（*Rom* I，108），但对弗格森来说，简单描述其外在形式上的结构是不充分的。真正起作用的是激励精神。迦太基是个

"贪婪的"民族，为了在那个城市地位显赫，人们不得不成为有钱人，而在罗马，"财富在确立地位时无关紧要"，因为重要的是"为他们的国家作出卓越的贡献"（*Rom* I，110，122）。虽然迦太基在商业上比罗马优越，但这种优势的代价是扼杀"他们自己公民的勇敢性格"，这意味着他们不得不"一直求助于他们外国人，他们将武装之事托付给这些外国人"（*Rom* I，10）。相反，罗马的优势在于他们的"民族性"和"公共美德"（*Rom* I，108）。这种"美德"在"勇武精神"中表现出来（*Rom* I，126），其决定性结果是在接踵而来的战斗中，罗马的民兵取得了对迦太基雇佣军的胜利。在整部《罗马史》中，弗格森都将"勇武精神和政治精神"结合在一起，从中窥见"国家的力量和安全"（*Rom* I，333，还有其他部分的内容如 III，304；V，396）。唉，到了凯撒和庞培的年代，"囿于公众尊重有社会效用行为的严苛美德"已经变成无效的"过时概念"，腐败随着"挥霍奢侈"而来（*Rom* III，79，98）。

几卷《罗马史》阐释的这个道理被弗格森对商业社会面临的危险诊断再次强化。除了罗马，弗格森的另一个主要例子是斯巴达。弗格森的确将斯巴达描述为一个"唯一目标就是美德"的国家，同时，对"公民自由"的维护深藏于"其成员的性情和心底"（*ECS* 158）。当然，弗格森对斯巴达的根本缺陷没有幻想（至少因为其奴隶制），不过正是这种"性情"让它成为榜样[5]，正是他们展现了自由的真正价值。作为一个公民，作为一个自由人，需要积极涉入"共和国"的运行之中。这应该不会和现在理解的"民主"混淆。弗格森的立场，如同《道德和政治科学原理》中所概括的，评价政府时参与的人数是重要因素，不过有一个资质问题："政治考虑和功能应该最大程度地分散，与政治实施的智慧保持一致"（*PMPS* II，509）。这个资质问题被用到他的小册子中，为其反驳理查德·普莱斯关于公民自由的小册子辩论，此争论因美洲殖民地而起。在这个小册子中，弗格森将"政治自由的本质"确认为"把权力交给了解并保护全体的权威"（*Remarks* 8-9）。他将这一认识贯彻到底，并宣称"每个等级、每个阶层的自由都和他们享有的权力不相称，但与他们为保护自己权利而享有的安全相称"（*Remarks* 11；cf. 3，7）。被提起的仍然是罗马，因为罗马史描述的是"人民权力不是人民利益"（*Remarks* 52，cf. 5）。

虽然提到安全和保护是"现代自由"的标志，但事实仍然是，弗格森对自由在商业社会扮演的角色不满意。这一点在《道德和政治科学原理》中很明显（该书的语气有别于《文明社会史论》和小册子中更具吸引力的特征），他在该书中评论道，"人类本性的利益"恰恰在于"自由的实践"（*PMPS* II，508）。商业社会不需要这样的实践，所需要的仅仅是克制非义、遵守法则。如我们已经看到的，虽然没有对安全的基本提供进行讨论，但他和斯密一样对这些内容做了区分。与从这种法则遵循中看到"表面完美的"政府相反，他看到的是政治冷漠（Medick and Batscha 1988: 79）。根据弗格森的理解，这种冷漠不仅与人性中基本的竞争特性相反（*ECS* 20），而且将政治简化为一部行政机器的运行（cf. *ECS* 225），这一简化能"弱化社会纽带"（*ECS* 191）。[6] 这里隐含的联系是政治不活跃潜在地带来了满不在乎。由于忙忙碌碌于个人事务，"政治精神"处于休眠状态；通过拴牢"积极德性"，商业民族变得"不配他们所拥有的自由"（*ECS* 221）。[7]

自由的价值只有在"国家机构"号召公民"为自己而行动以及维护自己权利"时才会被意识到（*ECS* 191）。这里"权利"的意思需要整理一下。我们已经看到，弗格森采取的是我们称为标准现代法学家的立场，即认为"自由是对权利的保护"（*APMP* 53），这些权利被认为是消极的，是防止他人的侵害（cf. *IMP* Pt 5）。与此同时，他还宣称——如我们刚才提到的，自由是"人人必须随时准备维护自己的一种权利"（*ECS* 266）。权利的维护不能交给"政治集团"去做，因为"法律在维持自由没有任何实际效果时，它们的影响不是从装满书的书架子中跑出来的魔法力量，而是现实中决心实现自由的人们的影响"（*ECS* 263）。这种必要的维护根源于"自由心灵"拥有的"坚定刚毅的精神"（*ECS* 266）。后一个词语回应了他早期对"心灵权利"的说法（*ECS* 167）。这不是对自由意志的某种论述，而是说意志需要自由。这些权利在政治自由中得到表达（*ECS* 167），而政治自由本身代表着一种高尚的品格（cf. *ECS* 247）。

弗格森反复提到"势气"或"精神"，唤起"德性"的根本意义（阳刚的男子气概）。《文明社会史论》中的一段抓住这种关联写道："男人构成了国家；堕落、懦弱的男人构成的国家是虚弱的；活跃的、具有公共精神的、意志坚定的男人构成的国家是强大的……美德是国家力量的必要部分"（ECS 225）。在共和词典中，美德的反义词是"腐败"。弗格森对这个词语的认可——至少可以说是偏爱——在后面的内容、尤其是在《文明社会史论》中很明显。[8] 比如，当他说，专制统治（如我们所见，他担心现代自由会变成专制）"是为腐败者的政府打造的"（ECS 240）。腐败的主要根源是"奢侈"，不过转向这个话题之前，需要强调一下弗格森关于商业社会忽视政治的危险这个观点的意义。回顾一下斯密可以更容易达到这一点。

斯密对"现代"自由的使用意味着他将弗格森式（共和制的）的政治行为的美德和公共福利的促进之间的联系切断了。对斯密而言，商业社会的公共福利是公众的福利，体现在构成这个社会的个体对物质福利的普遍享有上（富裕之福）。这种福利是劳动分工的产物，而每个个体在法治限制之内（自由之福）追求自己个人利益相互作用的结果。如此理解，公共福利则不再需要有目的地引导的**政治**行为。而且，这也没有任何损失。我们在第 4 章看到，那些真正参与政治的人那样做，不是表达他们对公共德性的义务，而是因为那样做赋予了他们"意义"。

奢侈之争

古代自由两种气质最明显的共同点之一，是它们都讨厌奢侈。我们在本章开头看到奢侈如何作为罗马史的原因力量被搬出来，以及第 5 章它如何被斯多葛学派公开谴责。它们的结合根源于将奢侈与阴柔之气等同起来；奢侈是被阉割的（virilem effeminat）（Sallust 1921: par 11 ; Mackenzie 1711: 355）。这种性别化的语言不是凑巧。"德性"一词的词根是 vir（男人），它的主要意思是勇气（希腊语的意思是一样的）。所以斯密才将人道的（部分）意思和女人的"德性"联系起来（见前面第 142 页）。

就道德气质而言，奢侈就意味着男人经不起肉体愉悦的诱惑性快乐；就像女人，她们渴望奢华的服装、柔软的装饰品、精美的食物和蕴热的沐浴。就公民气质而言，如我们已经看到的，奢侈意味着男子气概的美德被腐蚀了，因为追求或看重奢侈就是促进个人（个人高于社会）利益、有利于"经济"（经济高于政治）、付钱帮自己打仗；总之，就是让男人和女人的角色、公民和非公民的角色变得模糊不清。

虽然古典时期轻视那些过着工具性生活的人，这样的生活被认为不如公民的自由生活有意义，[9] 公民确实减弱了商业的传播，但是，这让另外两种忧虑变得尖锐起来。因为商业最确切依赖的莫过于信念、意见、期望或"信用"，所以，它显然过于虚化而不足以维持一种社会秩序。我们在下文第三部分讨论这种忧虑。第二种忧虑是，商业对领土的防御构成了威胁。我们在下节内容中讨论。不过在这些讨论之前，我们需要考察一下，对现代自由的辩护如何需要对奢侈的重估。

最初 17 世纪的作为是那些为"商业"辩护的小册子。这些就特征上说往往是"狭隘的"，为特殊利益（比如东印度公司）进行具体辩护，但对国家利益的表述，只有一个例子，比如约翰·霍顿的《英格兰的伟大幸福》（1677）。该文最开始是辩护词。例如，早期涉足此领域最著名的文章，托马斯·孟的《英格兰得自对外贸易的财富》（1664 年出版，但可能写得更早），就为商人的高尚职业辩护，他们个人的努力，如果适当引导的话，将会带来公共福利，但他也提到，"声乐丝竹、烹饪熬煮、宴请四方、追逐时尚，把时间都花在无聊和享乐之上……让我们变得阴柔娇气……让我们的势气颓废"（Mun 1952: 122，193），进而体现了他对奢侈批评的支持（如我们所说的那样）。这种支持在尼古拉斯·巴尔本那里弱化了。1690 年，巴尔本为时尚和欲望（"心灵的需求"）辩护的理由是那些物质"能够满足其感官、让其身体活色生香、促进生活的安逸享乐、浮华炫丽"（Barbon 1905: 14）。到了曼德维尔的时期，出现了对奢侈的更多公开辩护，尽管在他的辩护中，这也不是占主导地位的特征（我会简要提一下他的观点）。不过，他的声名狼藉确保了奢侈批评没有衰落下去。实际上，非但没有衰微，反而逐渐丰盈起来。

保尔·朗福德评论说，

> 奢侈的历史和对奢侈原因的探索将与 18 世纪的历史形成非常接近……有意思的是，这一时期（1727—1783）的政治是关于这种奢侈的分配和表现的，宗教是关于努力控制奢侈的，社会辩论是关于产生和控制奢侈的，社会政策是在那些不产生奢侈的人们中限制奢侈。（Langford 1989: 3-4）

但朗福德这里提到的是英格兰，马克辛·伯格和伊丽莎白·艾格同样更宽泛地声称，"奢侈是现代早期的明确问题"（Berg and Eger 2003: 70）。我们可以概括一下，这一普遍性解释中的主要因素是商业社会的产生，诸种焦虑因社会变迁的步伐和范围以及拟好的抨击名目中批评奢侈的就近便利而产生。这些潜在的恐惧形成了大量文献，其中多数都在哀悼这个"时代特征"，就像约翰·布朗广受欢迎的《评时代风俗和原则》中的用语——"虚荣的、奢侈的、自私的阴柔之气"（Brown 1758: I，29，67，129）。该书在 1757 年出版时已经有了 6 个版本，其广为流行表明它击中了时代的神经，尽管（或者可能就因为）其粗糙的观点。

从更复杂的层面上讲，"奢侈"激起的种种问题在整个欧洲讨论，包括苏格兰，虽然各自涉及的背景不同，但大致观点还是相同的。[10] 一方面，奢侈通过货币流通增加了国家的人口和福利，它以优雅开化的风俗代替了野蛮，推动了精细技艺的发展和培育，增进了个人幸福和国家权力。另一方面，根据对奢侈的批评，它维持了财富上的不平等，由于鼓励城市生活而毁掉了乡村，它导致人口递减、扼杀爱国主义，削弱勇气。[11]

在苏格兰，大多数文人都参与了这场讨论，尽管在方法上一般是共享的。这一点可从休谟的著作中窥见。我们已经暗示过他的立场，不过作为最精道的苏格兰见解，我们现在可以在沿着这一谱系粗略提提别人的立场前从细节上考察一下。

休谟在其《论技艺的进步》一文的开头指出，"奢侈"是一个"意义不确定"的词语（*E-RA* 268）（他 1760 年将 1752 年最初的标题"论奢侈"改为"论技艺的进步"，原因或许在此）。对这种不确定性的洞察并非休谟一人。其他苏格兰人也采用了类似的立场，而狄德罗在休谟之后、梅隆在休谟之前也是这一立场。[12] 和他在《政治论文集》的总体策略一致，他追求消除肤浅思想的雾霾，目的是洞察这场讨论中过于讲究的极端观点。他的动机不是仅仅和稀泥；他还推进了一项有利于现代商业社会的计划。因此，虽然他在开头比较了那些"严苛道德学家"（就像他对他们的称呼——萨鲁斯特是他点名的例子）——在他们看来，"奢侈"就是恶——和曼德维尔（但他没有点名）的辩护，但显然前者是他主要关注的。

在《论技艺的进步》和《论商业》两文中，休谟为我所说的"剩余价值"（完整的论述见 Berry 2008）做了辩护。[13] 对严苛道德学家而言那些自相矛盾的说法，毋宁说是休谟拒绝那种见解的表达。我们已经看到，他抛弃了那种给予理性优先权的哲学人类学，他以穷困等同于匮乏——明显缺乏物质基础的生活——代替了贫穷伦理。商业所呈现的是缓解贫穷的方式，这种缓解所必需的是赋予奢侈品生产以价值。这种积极评价包含两个层面。

第一个层面源于他的定义：奢侈是"对各种感官享受的满足有了极大的改进"（*E-RA* 268）。作为"严苛"道德立场的反面，奢侈的作用通过休谟"'优雅时代'是'最幸福、最道德的'时代"这一概括性评论清楚凸显出来（*E-RA* 269）。与奢侈批评的明显分歧是，休谟将奢侈／优雅、幸福／美德作为一对，而不是将其对立起来。奢侈品，虽然表面上看是过剩的，但代表了快乐或享受的源泉，而快乐或享受从本质上说是有自身价值的。

第二个层面承认工具性利益，这些利益来自于作为消费品的奢侈品生产，以及它们在商业体系中的参与；即有助于总体的利益。休谟这里表明了他对"现代派的"视角的认同（见第 5 章），即欲望驱使着人类。人人都具有"公共福利的激情"的斯巴达政体，是与"心灵的自然倾向"相悖的（*E-Com* 262-3；cf. Moore 1977: 820）。实际上，按照斯巴达的方式统治人需要"人类的奇迹般转型"（E-RA 280）。实实在在的人、彻彻底底的人，其驱动力是"贪婪、勤勉、技艺和奢侈"（*E-Com* 263）。"贪婪"，休谟描述为"难以控制的"、"普遍的激情"，它遭到公民道德学家和严苛道德学家的一致谴责，比如我们在上文中李维和萨鲁斯特所看到的就是如此。不过提到稍早一点的观点，比如在休谟看来，贪婪是值得称赞的"勤勉的鞭策"（*E-CL* 93；*E-AS* 113）。这种鞭策是源于认识到剩余价值的利益的核心，因为当勤勉精神普及，每个人将会不仅富裕而且幸福，（重新引用第 5 章的话）人们"从……商品中获得好处，只要这些商品满足感官和嗜欲"（*E-Com* 263）。

进一步说，"勤劳而开化的"国家中的居民将"渴望拥有每种最完善的商品"（*E-JT* 329），因为他们"渴望——比他们祖先所享受的更炫丽的生活方式"（*E-Com* 264）。这种炫丽是"进步"的本质，是对质的差别的认识。"严苛的"生活方式认为所有对功能性的违背都是过剩的（回顾一下第 5 章 [第 127 页] 塞内卡的评论：道德不能评价面包质量）。休谟适当地比较了一下吃死马的饕餮鞑靼人和当时有着"精致烹饪"的欧洲宫廷（*E-RA* 272）。推动精致——体现在食物质量上的区别、品鉴精致食物或炫丽服饰的技艺和美丽的能力的表现，不是沉溺于过量。过量——比如鞑靼人所表现出来的，只是在一定总量之外数量上的增加，不过这样一来，它就在概念上区别于质量上的改进。承认食物具有剩余价值，就是承认并支持这种区别。其他人也接受奢侈与过量的这一区分。

尽管如此，这种支持开化的商业社会的积极观点还是可能会陷入奢侈批评观点主张的纠结之中。麦肯齐就是很好的说明，他声称，"节俭让男人的性情变得像军人一样"（Mackenzie 1711: 303-4）。以军事力量来衡量的顽强对于国家的强大至关重要。因此，它对于休谟为商业社会辩护的争议性成就非常重要，即对"伟大"及其相关德性的看法被削弱了。在休谟的辩护中，他诉诸证据（这种策略也被曼德

162

维尔采用［Mandeville 1988: I，122–3］）。奢侈和军事上的软弱之间假想的因果联系不能检验这种一贯的结合，就像法国和英国两个例子即两个最强大的**原因**、最文雅的商业社会所表现出来的（*E-RA* 275；cf. *HE* II，598-9）。

休谟详细阐释了这后一种因果联系。在他看来，正是"根据事物最自然的进程"，"勤勉、技艺和商业增强了君主的权力"，**而且**这样做不会让人们陷入贫穷（*E-Com* 260）。这种联系因那种特有的"剩余"而变得可能，这种"剩余"由追求奢侈的勤勉增加。在和平年代，这种剩余转而养活制造业者和"人文学科的改进者"（文明的标志），不过，需要一支军队时，君主就开征赋税，其结果是缩减了奢侈的花费。对于军队而言，这就解放了那些此前被雇佣到奢侈品生产中的人；他们构成了劳动的"后备军"（*E-Com* 261-2；*E-RA* 272）。这些人也将不会是劣质军队。相反，回想一下那条将勤勉、知识和人道连在一起的"不可分割的链条"，这些战士将不仅从商业社会能够掌控的技术中获益，而且还会从整体高水平的思想竞争中获益。[14]野蛮民族"无知又不熟练的"士兵所取得的所有胜利都是"突袭、猛烈的征服"（*E-Com* 261；cf. Hume *HE* I，627）。就像卡洛登战役证实的，那群人在反对训练有素、武器精良的军队时完全无用。[15]围绕着军事问题的讨论，我们会在下面的"国防"一节中考虑到。

重温一下第 5 章的观点，我们现在可以理解休谟称奢侈的年代是"最道德的年代"，他又如何含蓄地声称本质上属于男人的英勇之德现在已经过时了。一旦英勇之德被贬低，那么，对阴柔之气的指控，以及针对商人无心于社会福利义务的指控就可因难以立足而烟消云散。因此，上文引用的休谟的判断［第 140 页］，即"商人是人类中最有用的一个种族"，因为，他们不仅是"社会自由最好、最坚实的基础"，而且他们还"带来了勤勉"。勤勉就这样被推动着让所有人收益。不过，"精美"同样也被奢侈享乐，以及渴望获得更奢华的生活方式刺激起来。随着人们从"他们的怠惰"中振奋起来去获得日用品（"奢侈的物品"：*E-Com* 264），精美和勤勉就相携而来了。这里有一种隐藏的活力。休谟承认，梅隆（Melon 1735: 123）和曼德维尔（Mandeville 1988: I, 169–72）也承认，一次性奢侈品变成必需品，就意味着两者之间的联系是有关联的。没有什么一成不变的、固有自然的标准（需要）来像奢侈批评所表示的那样区分它们[16]，也没有什么永恒不变或既定的准则去确立相应的限制。毋宁说，人类在"任何依赖比较和经验的特殊快乐上"都赋予了"价值"（*E-RA* 276；cf. *T* 2.1.6.2/*SBNT* 290）。

我们已经看到，渴望享受比上一辈过更奢华的生活的欲望，促进了就业和勤勉，同时还有全面的国家实力。这导致穷人状况的改善，他们不仅拥有必需品，而且还有"更多生活便利品"（*E-Com* 256）。休谟明确指出，在优雅的年代，"很多人"现在能够"享有""更好的作品"；这些快乐不是（少数）富人的特权。这些享受给穷人带去了更多快乐，却丝毫不减富人的快乐。我们在第 4 章提到，在休谟看来，像禁奢法设想的那样限制消费只会是无用无效的；它们还会削减人类的幸福、对物质事物的享受（休谟这里很好地说明了维尔纳·桑巴特［Sombat 1913: 122］研究奢侈时所用的术语：对象化）。

这种为奢侈辩护的副产品是，它仍然让休谟承认奢侈可以是"邪恶的"，同时也可以是"无辜的"（道德的）。他所谓"邪恶"的意思是没有利益，或者说对社会没有好处（*E-RA* 269，278）。[17]他的观点容许他把曼德维尔的立场当作决疑论来谴责——他认为，无需否认（暗示包括萨鲁斯特在内）有害的奢侈是恶意的（*E-RA* 279）。他也不会指控那些谴责奢侈的人们的虚伪。[18]实际上，"邪恶的奢侈"在休谟看来描述了一类因限制自己的满足感而不能实施那些"出于义务和慷慨的行为"，而这些行为是他的地位和财富所需要的。即使这里，重心还是，缓解穷人的德性（*E-RA* 279）散布了更多更广的满足、扩大了公众利益。这是一种功利主义的计算。虽然他承认，奢侈在"过度"时会导致私人和公共的恶，尽管如此，更好的态度仍然是接受它，而非徒劳无功地根除它（*E-RA* 279–80）。这是一种权衡。若没有奢侈为勤勉提供的鞭策，个人（以及他们的社会）将会陷于懒散和怠惰之中。如此结果的社会和个人成本大于来自有风险的奢侈或许令人信服的利益——他认为，历史记载证实了这一情形。[19]

尽管休谟的讨论反对的是萨鲁斯特式（布朗式）的批评，但这种功利主义维度的权衡或"平衡"被其他苏格兰人所采用。奢侈与商业社会的联系既有积极方面，也有消极方面。一些人与休谟相反，强调后者。鉴于哈奇森对曼德维尔发自内心的厌恶，所以，看到他对奢侈优点的驳斥一点儿也不奇怪。在对曼德维尔的直接批判中，他将"奢侈"定义为"一个人的财富不能承受的更稀缺、更昂贵的住房、服饰、桌椅、马车"（Hutcheson 1989: 80），这相当于休谟形容的邪恶的奢侈。然而，哈奇森后来对曼德维尔/休谟式的看法视为例外，即为了"鼓励技艺和制造业"，奢侈是必要的或有用的，当然，作为一位严苛道德学家，他还是声称"奢侈"是一种"瘟疫"（SIMP 269）。

鉴于其随手可得的特性，文人中间对奢侈的批评时常提及，这一点毫不奇怪。比如，斯图尔特就在其极具争议的"历史"中运用了这一点（HD 36；cf.95；VSE 2，105；OPL 119）。最严格坚持批评奢侈的一个苏格兰人是凯姆斯。虽然他承认休谟所说的奢侈是一个模糊不清、相对而言的用语（SHM I，363-4），但他的文本中仍然充斥着沉溺于"柔软的枕头、舒适的椅子"以及乘坐四轮大马车的"奢华懒惰"的布朗式哀歌（SHM I，368-9），此后他宣布了对奢侈的一般控诉——"奢侈、自私的传染性热病在不列颠蔓延开来"（SHM I，477）。由于不列颠已经抵达商业时代，所以这就代表着一种危险。与斯密式的掩饰不同，凯姆斯坚持财富"带来奢侈"，在"让感官快乐心旷神怡的"同时也培育了自私（SHM I，230-1；I，195）。但他在对哈奇森的一个明确回应中坚称"服装、桌子、马车、住宅的精美"对于那些能够承担得起的人们来说并不是奢侈。实际上，这里展现了（尽管有些苍白）那种"总体权衡"的立场，"社会财富"因"技艺、制造业和商业"的刺激而增长（SHM I，373）。他承认商业"直接"带来好处，正如它提供了财富和权力，不过却是通过引入奢侈带来了这一切，奢侈"从根本上说是有害的"（SHM I，474）、"毁灭性的"（SHM I，373）。他担心"严格、常规的政府"形成的安宁让"尚武民族变得娇气、懦弱"（SHM I，459），因为它消除了男子气概（SHM I，487）和爱国主义（SHM I，474）。

在这一谱系上有一种共识，它的提出注定落到弗格森头上。他确实和凯姆斯一样认为，和平时期是"摆脱社会危险的一段缓冲期"，追求"私人利益"所促进的商业技艺可能让个人变得"阴柔娇气、唯利是图、沉迷感官享受"（*ECS* 250）。不过，和休谟一样（以及较早的特恩布尔［*PMP* 360］），他认为"奢侈"的意义不准确，在"论奢侈"的一章中，他一开始就采取了收支平衡的方式；谴责和赞扬都有基础。站在前一种立场上，奢侈是腐败和国家没落的根源，站在后一种立场上，它是"技艺之母、商业支柱、国家强大之肱骨大臣"（*ECS* 244）。邓巴的粗略描述回应了这一点。奢侈可以是苦口良药（作为勤勉的驱动力，它"产生了最高尚的结果"），或者它也可以是致命毒药（一旦获得那些"匠心独运的技艺、勤勉之成果"）（*EHM* 368-9）。

以"权衡方式"作出的最系统的尝试来自斯图亚特。他将该词的"道德"意义与"政治"意义区分开来。根据后者，奢侈"必然会产生好结果"（*PPE* I, 265），而根据"道德的教义"，它传输的是"滥用、肉欲或过量"这些观念（*PPE* I, 44 n）。斯图亚特尝试通过关注"过量"的问题来解决这个事情。他未加言明地追随休谟并指出，虽然政治意义与我们关于奢侈的观念"密不可分"，但"罪恶的过量"却是可以分开的（cf. Dunbar *EHM* 368）。这种思考策略现在允许他提出"奢侈在于提供物品——只要这些物品是多余的、不必要的。感官享受在于真实的享乐，而过量则意味着滥用享乐"（*PPE* I, 268）。在提供那些"物品"时，奢侈带来有益的结果，这些结果可以被认为独立于"道德的教义"。实际上，这是我们看待休谟的那种"功利主义"策略。

考虑到人口在奢侈讨论中的突出位置，我们可以将华莱士作为其中一人。他并不失望："现代城市和现代时期自身内部人口削减上因那些不计其数的奢侈手段而有更强大的根源，凭借那些手段，它们比古代城市或古代时期得到更充分的供给"（*DNM* 334）。但是，华莱士的总体立场并不像凯姆斯式的观点那样能被准确抓住。这在《大不列颠目前政治状态的特征》非常明显，在该书中，他采取了布朗《评 166

时代风俗和原则》（尤其是第 5 部分）中的一贯批评。他也对休谟的
《政治论文集》提出异议，不过值得注意的是，他并没有选择《论商
业》或《论技艺的进步》作为批评的靶子，而是集中在休谟论银行和
信用的观点上（见下文）。

　　华莱士承认，"某种程度上的放浪形骸"伴随着自由（*CGB* 65），
米勒对此有一个回应。我们在第 2 章已经讨论过，他承认商业和自
由之间的关联，但米勒承认，后者容易误入放荡的歧途，尤其在影
响女人时。相比"更淳朴的年代"，"富裕而奢侈的国家"中，"两性
之间的自由交往"导致"放荡淫乱的行为"，"降低了女人的地位和
尊严"（*OR* 225）。[20] 米勒的确在《阶层》的第一版（1771）和第三
版（1779）中谈了很多这方面的内容。他在后来的详细阐释中引用了
尤文纳尔第六讽刺诗的熟悉例子，并以"骄奢淫欲年代"的罗马为例
（cf. *HV* IV，4/769），进而指出，"相似的结果"也可以在"现代欧洲
国家"看到（*OR* 228）。他以法国和意大利为例（和斯密所举的例子
一样［*TMS* V.2.10/207］），在这些国家，"优雅艺术"和"精致高雅
的文娱活动遍地都是"（*OR* 225［还可以见 *Obs* 75-6］）。[21] 在整个这
场讨论中，米勒从奢侈批评中利用了一些常见的关联。这应该不是夸
大其辞。这是苏格兰谱系在这个问题上的部分内容，而且我认为，不
能归因于他个人立场上强烈的"共和式"同情。[22] 譬如，这里极少
提到对美德的腐蚀（不过参见 *OR* 223，在第一版上增加的内容），或
缺乏社会热情。然而，米勒明确承认商业进步带来的危险，就像我们
在下文第三部分会再次看到的一样。

　　怀疑米勒严格奉行共和主义的另一个理由，是他对禁奢法缄口不
言。我们已经指出，休谟对这些法律不屑一顾，而这是苏格兰人的
基本立场。禁奢法是罗马共和国和帝国时期反复出现的特征（Arena
2011，Berry 1994: Chap. 3），也是欧洲中世纪和现代早期的顽疾；几
乎没有哪个国家幸免于此。[23] 潜藏其后的哲学是斯多葛主义。这些
法律追求的是按照假设的理性、客观上健全的"好生活"的叙述、或
"良好的政治秩序"成分来管制欲望。[24] 用实践的或现实的用语来
说，它们是控制政治腐败的尝试（尤其是罗马的腐败），进而通过控

制社会阶层准许的服饰来维持某种阶层秩序。这些法律无济于事，即便以不同的速度也仍然逐渐萎缩了。

我们已经提到斯密对禁奢法的鄙夷谴责（第 109 页），而且，这 167 也是他对"奢侈批评"态度的最好说明。这种态度最好被形容为"中立"；奈尔·德马尔希（de Marchi 1999: 18）称他"怀疑主义"，不过这更多是针对他个人的苛刻而非道德立场。他没有与凯姆斯交流过看法，也没有采取休谟极具争议的立场。当然，人们能够发现奢侈和行为举止的娇柔（*LJA* iii.121/189）以及意志涣散（*TMS* I.ii.3.4/35）之间根深蒂固的关联的例证，但是，这些例子非常少——实际上，在论道德情感的书中，这种稀疏性最有说服力。他对于"奢侈"转化为"必需品"给出了最具历史意义的看法，他对后者采取了一种社会关联的叙述，将前者正式定义为没有沦落到"必需品"的情形（*WN* V.ii.k.3/870）。[25] 这预示着他对征税的看法，不过他对奢侈品最常见的提法是我们第 2 章讨论过的封建主义崩溃的背景中。那里，他感兴趣的是因果关联，而非判断。斯密的确似乎冒险批评的一处是在《法学讲义》的一段中，在那里，他评论说，"众人……不断运用他们的心智，投身于奢侈技艺之中，他们变得女人气且懦弱"（*LJB* 330/540）。这一评论的语境是列举"商业精神"产生的三大"麻烦"（*LJB* 328/539）。然而，这种列举换了一种方式又出现在《国富论》中，它也不能直接被理解为一种批评。随着我们的深入讨论，这一点会清晰起来。第三种麻烦是关于商业"消灭勇猛精神"的趋势。这就引向下文第三小节的讨论。

国防

柔和的、女人气的奢侈和强硬的、男子气概的德性，两者之间在性别化的相提并论，最明显地体现在军事事务上。商业社会面临的危险，是以下这种不堪一击的辩护：温和的商业让社会趋于和平，乃至军事能力未被优先对待。更显著的是，战斗被当作一项商业性事务，或者付钱给雇佣军，让他们代替自己去打仗，或者用税收的岁入支付给常备军。这两者都违背了共和主义强调公民承担社会福利义务、自备武装的重要意义。因马基雅维利影响深远的观点，雇佣军或常备军的道德替代是民兵组织。罗马再次给出了一种设想中的恰当的历史"教训"；奢侈腐化的糜烂生活，它理所当然在军事上无法匹敌勇猛好战的游牧民族汪达尔人和哥特人。

和以往一样，诉诸罗马史并不是什么艰深晦涩的僵死的历史问题，而是不列颠活生生的政治问题的代表。七年战争（1756—1763）产生了一些军事问题以及随之而来的财政问题（不列颠不得不从汉诺威和黑塞以相当昂贵的价格引入军队以补给自己的军事力量［Rayner 2008: 65］）。军事费用在 1756 年得以增加并在下议院通过，不过尽管在上议院中受挫，它还是变成了法律。这就导致大量人口填充到军役中，但这在那些应征入伍的人们中间不得人心，其实际战斗力如何可能也是个问题（Langford 1989: 334）。在后詹姆斯党的苏格兰，有一项建立本土给养、基础深厚的民兵制度的单独运动。在两种情形下，虽然这两种情形并不一致，但当时"政治"的阴谋策划是其驱动因素。尽管如此，但被采纳的政治立场仍然需要辩护和宣传。所以，托利党对民兵组织的辩护——主要由乡村绅士引导——打出的口号是强调土地拥有权（独立性）和社会义务两者完整联系的"思想"渊源，以反驳（如他们所认为的那样）辉格党对国家防卫、归因于他们贸易上的参与这些毫无说服力的承诺。苏格兰文人中间辉格式的广泛一致并不妨碍他们利用德性语言以及他们那个社会不断商业化所产生的威胁来讨论民兵制度。

从早期的讨论来看，弗格森作为民兵制度的主要鼓吹者，而斯密为常备军的优势辩护，这一点并不奇怪。而且，他们相关的立场不应该被极端化；两者的观点都有细微的差别。这种"讨论"也有其他苏格兰人参与进来。隐藏在背后的问题是，一个人人都是商人的社会如何保卫自己。其危险是，出于体系性原因，自卫可能会被非常无效地执行。这里有一个关键性的隐忧，也是最后一节所包含的奢侈讨论中最关键的问题。

在《道德情感论》中，斯密说，一个好公民应该促进他同胞的福利，并尊重和服从法律。但他提到，"在和平安宁的年代"，这两个原则并行不悖——"对现有政府的支持似乎显然是维持我们同胞安全、受尊重、幸福状态最好的权宜之计"（*TMS* i.ii.2.12/231）。这些必要的"年代"——作为一般规则——由商业社会提供。正是将商业和"和平安宁"联系在一起，引起了弗格森的警惕。他洞悉到的主要危险是，如果"平等正义和自由的托辞将终结于让每个阶层变得同等卑屈、同样唯利是图的话，那么我们缔造的就是一个奴隶的国家，一个自由公民也没有"（*ECS* 186）。公民应该"心甘情愿亲自挑起政府和国防的重任"，而不是把这副担子甩给别人（*ECS* 266）。

在军事问题上，社会学意义上的劳动分工，弗格森所谓的"职业分离"，是非常危险的、不合时宜的。在回应奢侈批评的性别化语言时，他说起让"战争技艺"变成一项职业，是让公民和士兵变得像"男人和女人"那样截然有别（*ECS* 231）。他承认，男装裁缝和制革工人的技术性分工让我们有更好的衣服和鞋子，不过，问题的要害是，"将塑造公民和政治家的技艺、施政和战争的技艺分割开来，却是肢解人类个性的尝试"（*ECS* 230）。商业不仅威胁到"积极德性"的驻足，还通过专业化的扩大侵蚀了"社会精神"，以至于将战争技艺变成了一种技术性的职业。我会在下面一部分再回到弗格森对劳动分工的看法，这里的问题是他如何看待这种危险的化解。

答案在于古代自由的传统资源中，即民兵制度。民兵制度的优势在于，"在较高地位的人们中"，它同时保持了"议政和战场上的天赋才能"，而与此同时，它赋予"人民大众""对祖国的热爱、让他们在捍卫国家权利时勇于分担的军事个性"（*ECS* 227；cf. 266）。依赖雇佣军就是快速散漫地考虑这些权利；作为商业行为人，谁付钱多而不是谁的理由正义，雇佣军就替谁打仗。同样，依赖职业的"常备"军也会威胁到这些权利，因为这支军队不仅被用来抵抗外敌，而且也是共和主义者对任何察觉到的"内部敌人"的一贯恐惧（引用了苏拉、庞培和恺撒的例子）（cf. *ECS* 227, Millar *OR* 286, Kames *SHM* II, 12，37）。

弗格森的担忧在实践中表达出来。他写了一本小册子作为讨论民兵费用的稿件（在开头几页，他提到了"这种场合"［*Reflections* 5］）（这个小册子本身大致勾勒了《文明社会史论》中的很多要点）。[26]他引用了最近一些成功的例子，指出建立一种民兵组织的目标不是"不实际的"（*Reflections* 5）。为了保持民兵制的成功，他建议复兴本"民族"熟知通晓武器装备的传统（*Reflections* 20），并将"绅士"的荣誉和社会服务（重新）关联起来（*Reflections* 38）。这些与破坏商业相关的建议对行为举止起了一些作用。然而，这意味着它们的贯彻

170 不容易成为一种"速效政策"。正是在这个基础上，弗格森认为自己对这一讨论是有贡献的——应该更关注军团成功建立的前提条件而少关注它们的形式（*Reflections* 48）。[27]

弗格森是苏格兰发起建立民兵运动的领导者之一。他是"扑克俱乐部"的成员。实际上，根据亚历山大·卡莱尔（Carlyle 1910: 439）的说法，是弗格森提出了这个名字。该俱乐部 1762 年创建，和英格兰法案的复兴同步，它包括文人中的休谟、布莱尔、罗伯逊、达尔林普尔和斯密，但大多数成员是贵族和绅士（Robertson 1985: 189-91）。和这些协会的典型特征一样，该俱乐部同时具有"社会"关怀（尽管提到它的节俭和温和［Carlyle 1910: 440］）和公共目标。[28] 至少其部分支持要归功于它标志着苏格兰人的被接受，即在卡洛登战役之后，苏格兰人是忠诚的汉诺威拥护者，因此他们能够被委以武装力量。

凯姆斯是扑克俱乐部的另一成员（Ross 1972: 180），他和弗格森一样，是最关心这个问题的苏格兰人，并写了一篇完整的"论军队"纲要（*SHM* II, Sk. 9）。可以预测的是，他断定"我们的人民""一看到敌人的武器"就变得"柔弱、被吓怕了"（*SHM* II, 9），不过，常备军的补救措施却是可疑的（*SHM* II, 10）。但他也意识到民兵的问题。他参考了哈林顿和索尔顿的弗莱彻这位哈林顿的苏格兰继承者（*SHM* II, 12-13）的"共和"方案。[29]凯姆斯承认古典民兵有损于制造业和商业，而他也承认制造业和商业现在是权力的来源。意识到这个事实，他提出了自己详细的计划。根据他的方案，有一个定期征兵制，这样人人都可能到军队服役。这将复兴"我们上层人的某些

勇武精神"（官员是最重要的力量）（*SHM* II，19），而对于"个人"来说，定期服役意味着"勤勉精神"与"战争"精神有机统一起来（*SHM* II，24）。他承认其计划的不完美之处在于质朴而无特征，他提出的一种尝试是让常备军变成循环制，让"为了和平和战争而训练大多数人"（*SHM* II，37）。

凯姆斯反复提到的勇武精神也出现在斯密那里，不过虽然斯密是扑克俱乐部的成员，但他对民兵的看法却异于弗格森，而后者也承认这一点。[30] 在斯密看来，如他在格拉斯哥大学教室中宣讲的那样，民兵制过时了；常备军"必须引进"（*LJB* 337/543）。在一个人人都是商人的社会，此时，付钱给军人没什么不合适。从更实际的层面上讲，随着时代的进步（技艺和奢侈的发展），"比较优秀的一类人"不愿意去打仗，"比较娴熟的技工"如果不得不时间花费在民兵武装中不能获得充分的补偿，其结果是，如果一个人不得不"充实到常备军中"那将是"最残忍的"（*LJA* iv.169/265–6）。另外，在现代战争中，炮术是决定性因素（cf. Hume *HE* I，498），其发展本身就是技术进步的产物。这一结果就是大大减少了对个人熟练掌握武器的依赖。现在起作用的是"正规、秩序、即刻服从命令"，这些特征更适合于职业军人，而非临时召集的未经训练的业余者的乌合之众（*WN* V. i.a.22/699）。[31]

根据这些标准，常备军优于民兵。还有其他一些原因削弱了"民兵制"。在一个"勤劳而富裕的国家"中，"实施军事训练"面对"人们的兴趣、天赋和偏好"时将需要"一项非常灵活的政策"（*WN* V.i.a.17/698）。在后来的语境中，他再次提到，维持民兵将需要"持续不断、厌烦费力地关注政府"（*WN* V.i.f.60/787）。米勒简洁地指出了这一点，他注意到，实施民兵制的困难"充分证明了它们与时代精神相悖"（*HV* IV，189）。从军事上讲，民兵不适合长期战役，这一点也被休谟指出来了（*E-Com* 261）。在斯密看来，在一个"富裕开化的国家"，职业军队是保护文明不受"贫穷野蛮民族"侵犯的手段。这不仅意味着早期"开化的"民族被野蛮民族蹂躏的命运可以避免，而且它还有本土的近期购买，就像从他《法学讲义》的评论

171

中看到的，如果几千"赤手空拳、毫无装备的高地人"1745年没有遭到常备军的抵抗，他们将"不费吹灰之力"攫取王冠（*LJB* 331-2/540-1；cf. Millar *HV* IV，4/757）。

如我们上文提到的，对职业军队或常备军的担忧是它可能被用来压制国内自由。斯密直接表达了这种担忧。在明确反驳"那些持共和原则的人"的立场时，他声称这种军队"在某种情况下有利于自由"（*WN* V.i.a.41/706）。这种主张显然是有限制的。只有在以下情形下才能使用——军队的主要军官出于"最重要的高尚品质和贵族精神"，因此他们"对支持行政当局表现出最浓厚的兴趣"（*WN* V.i.a.41/706）。[32] 在后来的讨论中，斯密也承认，如果"每个公民都具备军人的精神"，那么，较小规模的（不太昂贵的）常备军就足够了。这同一种"精神"同时也会减少常备军产生的那些假设的对自由的危险（*WN* V.i.f.59/787）。虽然爱德华·哈珀姆（Harpham 1984：765，769）认为斯密这里体现他与公民人文主义的距离，但莱昂尼达斯·蒙特斯却从这些限制中看到了"一种共和意识"，如果仔细听一下，他说的是，"经济发展不会消除古典共和主义的道德基础"（Montes 2009: 328）。蒙特斯的观点（以及其他看到斯密思想中公民人文主义的观点）最好从商业社会面临的另一种危险的角度来思考。

II
再论劳动分工

在斯密的叙述中，较小规模的常备军以及随之体现的勇武精神的优势之一，是这种常备军将会缩减成本。这不是偶尔发生的事情。他对这个问题的讨论出现在《国富论》"论公共设施和公共机构的经费"一节中。这个语境对于理解斯密为什么在第5卷再次回到劳动分工非常关键。这一节还包括军事组织以及勇武精神这些问题，这些内容对于弄清弗格森劳动分工的讨论也很重要。

真正让弗格森对劳动分工感到焦虑的是其社会学意义上的维度（见第3章）：它将社会进行分割，乃至其各个不一、单独分散的元

素本身完全"激不起社会精神"（*ECS* 218）。弗格森的成见，如他的
民兵顾虑所揭示的那样，是当这种分割影响到"决定政策和战争的高
级部门"时公共精神的丧失（*ECS* 181）。他对这种分割在"较高地
位的人们"中产生的影响非常警惕，这些人不再具有"英勇高尚的心
灵"，他们在"缺乏男子气概的职业"中萎靡不振。这种萎靡不振比
"穷人"遭遇的状况还要糟糕（*ECS* 259-60）。大卫·克特勒（Kettler
1977: 451）是考虑到弗格森的关注重心是"政治阶层"的少数几人
之一（不过还可以参见 Hill 2007: 353 和 Guena 2002: 189）。

这个重点构成了《文明社会史论》中两段话的关键性条件，而这
两段话成为某种夸张评论的主题。[33] 他提出，"制造业……最繁荣的
地方，思想却最少得到咨询，工厂……可以被当作一部引擎，是人类
的零部件"，并比较了提供给"工厂主"培育"宽阔视野"的机会和
"底层工人"的命运（*ECS* 183 ; cf. *PMPS* I，251）。然而，与其让这
几段话承载过多的回溯性意义，不如把它们放在应该置放的语境中；
它们既没有构成单独的立场，也不具备现在被认为具有重要意义的带
入式处理问题的方法。弗格森的观察是描述性的，而非实质性的。它
们很好地说明了他对神启的无意识结果的警觉。"河狸、蚂蚁、蜜蜂
的灵巧"归功于"自然的智慧"。他声称，"人类事务"也大同小异。
将这个主题和神的指挥联系起来，进而可以合理地设想，我们不打算
在这里找到持续的道德谴责。他的主要观点是，社会发展和个人发展
之间没有任何直接的相关性。因此，能够说明的是，制造业繁荣的地
方个人的理性没有得到锤炼，工厂可以比作"引擎的零部件"，"没有它
们彼此的协调也会同时为一个目标运行"。如此理解的话，工厂主/工
人的区别是一个发达社会的复杂而无法预见的特征的例证，而非"阶
级分析"。而且，在他的论证语境中，这个特殊的例证在文风上为论
等级制度的下一章设好了主题。

劳动分工带来的富裕对斯密而言也是无意识的结果，但这不是唯
一的结果；还有另一些不太温和的表现。如我们将要看到的，它和弗
格森对机械技艺带来无知的观察有相似之处，不过没有后者的神启
光环。劳动分工这些不良的结果在第 5 卷讨论。这稍后的讨论激起了

173

很多评论，[34] 总体上聚焦在它与第 1 卷讨论的连贯性上（我们在第 3 章分析了第 1 卷的讨论）。这种评论往往忽视一个事实，即后来讨论的动机是，斯密想要概括出政府干预以及由此而来的花费为什么需要、以及何处需要的原因。劳动分工的主题再次出现，是因为斯密的确察觉到这种干预以公共设施的形式（这是政府三大职能之一——见第 4 章）寻求补救措施的毛病。

我们在上文提到《法学讲义》那段话中，斯密认为"商业精神"产生了三大麻烦。我们已经看到，第三个麻烦便是"勇武精神"，前两个麻烦指的是劳动分工（*LJB* 328-9/539-40）。虽然没有严格对应，但斯密在《国富论》第 5 卷中提出，总体说来，换取专业化运作的熟练程度（制针工人）的代价是工人的"思想的、合群的、勇武的德性"（*WN* V.i.f.50/782）。缓解"开化社会"中"劳苦大众"即大多数人"必然陷入"的这一状况，则需要岁入。筹集起来的款项将补贴政府干预。

斯密认为劳动分工在何种方式上削弱了这三种美德呢？"思想的"美德被侵蚀，是因为"制针工人""没有机会发挥他的理解力，或者实施他的发明"，与道德因果原则一致的是，他丧失了"践行的习惯"，由于这种丧失，他变得"愚蠢无知，就像人类这种生物可能变成的那样。他麻木的心灵让他……不能品鉴理性的讨论，或在其中承担一个角色"（*WN* V.i.f.50/782）。[35] 这种麻木不仁的特性被其他人抓住了。邓巴公然采取斯密的立场，在引用制针业之后，他提到工匠经受的"思想麻木"之苦（*EHM* 423）。米勒同样受惠。他提出，从事机械技艺的工人束缚在"单一的手工操作"中，"容易导致习惯性的思想空虚"，以至于他们被"无知和偏见的雾霾"尘封（*HV* IV，4/732，737）。实际上，他们变得"和机器一样"（*HV* IV，4/732）。这种形象让人想起弗格森的《文明社会史论》，在书中，他比较工厂主和工人时提到，后者的"天赋……白白浪费"。[36] 凯姆斯是另一个使用这种常用语的人。集中于"单一事物"排除了"思考和发明"，乃至操作者变得像"一个身负重担的野兽"一样"迟钝愚蠢"（*SHM* I，110）。

　　劳动分工对"合群之德"的影响来自其对思想的冲击，因为斯密在提到精神麻木的同一句话中继续说到，制针工人受限的工作让他不能"心怀任何慷慨的、高尚的、或温柔的情感，因此对很多个人生活的普通义务甚至都无法形成公正的判断"（WN V.i.f.50/782）。我们知道，斯密的道德哲学取决于同情的秉性，通过同情，我们的行为在相互往来的社会互动中被评判，这种判断在听取无偏旁观者命令的习惯性认知下被及时内化，形成良心。斯密在间接提到社会商业化所伴随的城市化时，他比较了两种情形：一种是"乡村农民"的情形，在那里他的行为受到自己和他人的"关注"，另一种是来到"大城市"时"身份卑微的人"的情形。在后一种环境下，他"沦落到默默无闻、悄无声息的地步"。他缺少社会之镜运行所必需的"光"（TMS III.i.3/110——见上文第 134 页）。在那种被束缚的、暗无天日的情况下，他往往"自暴自弃，陷入各种低贱的放荡和恶行之中"（WN V.i.g.12/795）。他唯一能够获得关注的方式是加入一个小型的宗教组织。在这里，他找到了他的镜子。结果，他的行为变得"出奇地守规矩并且井井有条"，不过，另一种无法意料的结果是，这些宗教组织的禁欲苦修往往让他们的"道德"常常变得"枯燥、不合群、令人不快"（WN V.i.g.14/796）。

　　这里提到的"不合群"不应该被误解。斯密在这一讨论中表达的不是以下观点，即，由于商业社会或其"精神"引入了自我中心主义的态度、促进了自我追求的行为，因而变得反社会。大量的阐释者（e.g. Dwyer 1987；Dickey 1986；Tegos 2013），特别挑出 1776 之后《道德情感论》的增补内容，寻求洞悉对危害德性的更深层次的忧虑（"情感的腐败"，作为 1790 年第 6 版一章新内容而提到这一点）。既然这些尤其与商业社会的评价有关，那么，这种担忧就与卢梭的影响——起源于斯密（1755）对卢梭《论人类不平等起源》（1755）的评论关联起来。皮耶尔·福斯（Force 2003）解释说，《国富论》作为协调休谟对商业社会的辩护和卢梭对商业社会的批评的尝试，并不完全成功（参见 Berry 2004）。瑞恩·韩雷（尤其是 Hanley 2008b，但也可见于 Hanley 2008a）、丹尼斯·拉斯穆森（Rasmussen 2008，还可参见 2013，该书有一份很好的参考文献）随后用斯密的评论作为讨论斯密商业社会论的切入口。这两位都认为卢梭的批评很有份量，斯密受惠于此。我觉得这两位的正面论述都过于夸大。如我们看到的，斯密很少不注意那些不利的结果，但他不打算背负安抚现代人灵魂深处的焦灼不安这一重任。韩雷和拉斯穆森比福斯更坚定地认为，在最后的分析中，对斯密而言，商业社会是"清楚明白的优先选择"（Rasmussen 2008: 9），而且，他是"商业社会的真正朋友"（Hanley 2009a: 8）。[37]

米勒的确说出了他对所谓"商业民族"追求财富时的担忧。这种追求"变成人人之手反对他人的抢夺"，因为"不计其数的竞争、对抗……熏染着人们的心"（HV IV，6/778-9）。但这与一般认为的卢梭的深度控诉又保持着一定距离。实际上，在其他地方，他和斯密是接近的。他提到，那些"制针工人"不实际工作时从同样深受折磨的同伴群体中获得的提升几乎没有，而互动的形式将是"饮酒作乐、放荡纵欲"（HV IV，4/732）（这可能也是斯密所说的"身份卑微"的人的真实写照 [Weinstein 2006: 109]）。他还——某种程度上预示性的——担心社会在具备美德和才智的人和缺乏这两者的人之间出现鸿沟，这种情况可能再造一次黑暗时代的欧洲（HV IV，4/737）。[38] 凯姆斯以同样的短语简单地将束缚在"单一事物"中的"操作者"的无知和不合群性联系在一起（SHM II，III）。

那勇武之德是怎样衰落的呢？斯密对这问题的情感或许是把他解释为一位（类）公民共和主义者的基础，如我们所见，蒙特斯就是很好的说明。[39] 当然，斯密的语言铿锵有力。制针工人生活的千篇一律"腐蚀了他心中的勇气"（WN V.i.f.60/782），换言之，它逐渐渗透进懦弱，包括"精神的毁损、丑陋、悲惨"（WN V.i.f.60/787）；这种情形因"熄灭了勇武精神"而将明显削弱国家的防御能力（LJB 331/540），当然，军事的职业化（作为一种社会学意义上的劳动分工模式）作为一种补救措施将使这一问题变得不太重要。劳动分工和军事弱化的直接关联不像其他人提出的那样公开。邓巴确实将精神麻木和"各种男子气概的美德的缺失或湮没"联系起来（在这些美德中，我们可以合理地设想"勇气"是主要成分），并断定，勇武之德在野蛮时代最受尊崇（那时劳动分工很少）（*EHM* 424，389；cf. Smith *LJB* 300/527）。我们在功劳的讨论以及其他关于民兵的讨论中看到，有一种常见的看法，用米勒的话说，"勇武精神的衰退在现代商业民族中已经发生"（*HV* IV，6/753）。但是，米勒也好，凯姆斯、弗格森也好，他们都没有从这种普遍的衰退中挑出"制针工人"。

在确认这些美德的威胁、商业社会的这些不足或病症时，斯密的想法都是纲领性的。应该指出，这个想法使得这一讨论有别于《法学讲义》中列举的不足，在那里，这些不足被提出来是为了对照商业社会的德性（比如诚实和守时——见上文第 139 页）。这一语境迷惑了不少评论者，比如赫希曼（Hirschman 1977）就将《法学讲义》中的这份列表误认为是斯密自己的看法。在《国富论》中，这个观点是明确需要政府行为、公共财政的目的是弥补这些不足。

虽然斯密本人没有按照这种方式继续探讨，不过我们可以根据三种病症来寻找三种补救措施。对麻木的思想美德的治疗，毫不意外，是教育；而且，斯密给予最多关注的正是教育（更多论述参见 Weinstein 2006 和 Skinner 1995 等）。在《法学讲义》中，商业社会三种不足的第二种据说是对教育的重大忽视（*LJB* 329/539）。政府的恰当任务之一就是终结或防止这种忽视。回想一下，建立并维持公共机构作为政府职能，不可能由个人承担（*WN* IV.ix.51/687-8），而且，后来他详细列出了促进商业、提升"对人们的教导"这一事项的衰落（*WN* V.i.c.2/723）。由于这一病症影响到（代表性的）"制针工人"，所以，这种补救措施不适用于所有"人"。那些"有地位、有财富"的人据称有时间、有爱好料理自己，而"普通人"既没时间也没心情（*WN* V.i.f.52-3/784）。这恰巧就落到"社会"头上，如在苏格兰建立地方学校，作为另一个社会性劳动分工的例子，孩子能够付费受教育，其付费标准是"即便连一个普通劳动者也能承担的"标准（*WN* V.i.f.55/785）。公共财政将支付教师薪资的剩余部分。[40]

斯密还对关于教什么提出了一些建议。基础知识应该涵盖在内。这意味着"读、写、说"的能力，另外，取消"浅显的拉丁语教

177

育"——偶尔教授拉丁语，但却几乎很少用到它们，代之以"几何和力学的基础知识"。斯密明确表示，这对于这一"阶层的人"足够了（*WN* V.i.f.55/785）。社会还可以给予那些特别优秀的人"少量额外费用以及一点荣誉奖章"，"强迫"那些希望致力于商业或获得公司会员权的人"通过这些基础知识的考核或试用"，以此强化这一职能（*WN* V.i.f.56-7/786）。斯密所开的处方不是所有的都局限于普通人。对于"中等地位、中等财富的人及其以上的人"，国家可以强制他们在进入"任何文职"或"信托或盈利的荣誉职务"之前学习"科学和哲学"（*WN* V.i.g.14/796）。我们将会看到，这将对如何补救"制针工人"合群之德的缺失产生影响。

斯密显然接受教育具有功能作用的看法。国家从补贴"下层人民的教育"中获"益"。国家受益是因为越少无知的人，就越不会陷入"狂热和迷信"，这种"谬见""常常导致最可怕的混乱无序"（*WN* V.i.f.61/788）（我还会回到这个问题上来）。作为一种解释性行为，可能会过分强调这种功能，并将这种行为理解为一种社会控制（cf. Winch 1978: 120），因为在指出这些优势的同时，他还说到，即便他们没有受到这些教育也值得国家关注。而且，虽然拉丁文可能用处很少，但他认为，他偏爱的普通人所学的几何和力学课程是"最崇高也是最有用的科学的必要导论"（*WN* V.i.f.55/786）。

斯密解决思想美德欠缺的教育方案被其他人采纳了。比如，对米勒而言，建立"学校和教育研修班，尽可能与最有用但最底层的公民交流他们的生活方式某种程度上妨碍他们获得的知识"，消除"普通人"遇到的提高才智的障碍，这些"应该是社会的重要目标"。苏格兰的教区学校再次被当作范例（*HV* IV，4/738）。邓巴说，制针工人职业的不良影响需要"政府的应急之策"来抵消，虽然没有明说，但这里他心中所想的似乎是教育（*EHM* 423-4）。

提到"制针工人"合群之德的欠缺这方面，一开始容易想到的是斯密在《道德情感论》中说到的政府职能。他在该书中说到，法律制订者"可以制定……一定程度上指导彼此相互职能的规则"，挫败"恶行和不合宜"。但其语气是虚拟的，而非祈使句，而且他还建议，实施这些规则需要"最谨慎、最小心翼翼的态度"（*TMS* II.ii1.8/81；cf. *TMS* IV.2.1/187）。这种谨慎的语气就排除了将这一建议理解为道德改革的训令，甚至在原则上说，它是对公众关注合群之德合宜性的背书，但也可以说，如拉尔夫·林德格林（Lindgren 1973: 72）的说法，强制服从道德更加逾越了那个原则。而且从实践上，他在《国富论》中给实施这一华而不实的任务所开的处方也是适度的，这一点也能说明问题。捎带评论了一下利用税收制度减少酒馆数量，课收烈性酒的税率高于啤酒（*WN*V.ii.g.4/853；V.ii.k.50/891），[41] 除此之外，合群之德践行中的不足从以下两方面得到弥补。

第一个方面是再次依靠教育，不过是间接地。反社会或不合群的行为征兆之一是不守规矩、不好控制；如上文我们看到的，狂热可以导致混乱失序。在与启蒙语言的共鸣中，斯密宣称科学是"狂热和迷信这副毒药的最好解毒剂"，强迫较高社会地位的人学习科学将减少"底层人"暴露在那些染上破坏社会毒瘾的人中间的机会（*WN* V.i.g.14/796）。这里起作用的前提是（只能是）包含地位较高的那些人足够广泛的社会看法这面镜子现在反射回到这些阶层，前者现在置身于"科学"，所展现的将是智慧和德性，而非（我们可以设想的）流行的挥霍放荡（*TMS* I.iii.3.4/62–3）。[42]

对羸弱的合群之德的第二种补救措施赋予国家一种更直接的角色，即便仍然是隐晦间接地。它涉及苦修教派的作用。这些团体让制针工人变得社会化，但仍然喜欢灌输破坏社会的宗教狂热。为了消除这个问题，斯密认为，国家可以鼓励"公共娱乐"，比如戏剧、诗歌、音乐、舞蹈，等等。他的意思是，通过"鼓励"这些娱乐，给予那些"出于自己兴趣"而在这些娱乐消遣上转悠的人以"完全的自由"，如果这样做"没有流言蜚语、粗鄙下流"的话（*WN* V.i.g.15/796）。这一"宽容"政策不仅和斯密一贯支持的自然自由保持一致，而且还可以理解为"谨慎小心"的一个例子，作为对《道德情感论》所欠文债的偿还。[43] 这些娱乐消遣的影响是鼓舞了"忧郁悲伤的哀思"，斯密把这些情绪与那些宗派"枯燥、不合群、令人不快的"特性联系起来（*WN* V.i.g.12/796）。凯姆斯也在"公共表扬"和社会情感的维持之间

179

做了一种关联。他认为，这些表演和娱乐，各个阶层都可获得，有助于相处"因出身、职务或职业而形成的不同阶级人们之间"的分歧疏离（*EC* II，443）。

论及勇武之德的腐蚀，斯密的建议不是很明确。我们知道，建立民兵制不是解决办法。他参考了希腊罗马让公民执行的军事训练，认为他们在维持"勇武精神"方面是比现代民兵更好的工具（*WN* V.i.f.60/787），这只能理解成进一步说明了后者的过时。这些训练是他们所受教育的必修课（*WN* V.i.a.12/696——参考希腊人）（凯姆斯指出，罗马军队之所以"战无不胜"是因为它的公民从"一出生就接受军事训练"[*SHM* II，20]）。但是，进行这样的训练会让"改良的进程"衰退"除非政府忍受一定的痛苦支持"那种训练（*WN* V.i.f.59/786）。更甚于此，就像上文提到的，任何这样的训练在面对人们的偏好时都需要密集管理。约翰·罗伯逊（Robertson 1985: 216）和安德鲁·斯金纳在阐释斯密思想时认为，无论如何，它们都是当时公共教育的强制性内容。弗格森在一篇关于"部门划分"的未发表文章中，站在他的立场上确实鼓吹"军事策略和刀枪操练"应该适合囊括进"基础教育"（*MSS* 148）。特恩布尔也认为这种"训练"可以"保持男子气概、英勇无畏的精神"，但是，除了提到"塑造正确的教育"，他没给出任何细节（他还指出，这些训练应该受到限制，以便防止变成一个"只有军人的国家"）（*PMP* 362，361）。斯密同样不愿回应细节问题。他没说（根据罗伯逊和斯金纳的说法）这种训练应该强制，但政府那些"一定的痛苦"或"严肃的关注"（*WN* V.i.f.60/787）是什么，却不甚明了、没有说明（cf. Sher 1989: 255）。

180 最好的猜测是，谈到教区学校和希腊罗马共和国时，"附加费和荣誉奖章"（*WN* V.i.f.56 和 V.i.f.58/786）这个文本上重现的内容表明，这些训练可能构成了政府支持的诱导性结构以鼓励参与行为，这些行为有助于防止勇武精神的衰落。不过，即便这种费尽心思的方案似乎也不足以应对他所比作传染性疾病的缺憾（*WN* V.i.f.61/788）。

无论是这一严重病症的症状和表面上的缺憾不足，还是寻找补救措施表现出来的困难，用蒙特斯的话说"公民人文主义微妙的黄昏"，都是悬而未决的（Montes 2009: 328）。设想斯密在第一种情形下意味深长地认同公民"案例"，夸大这一特殊层面是冒险的。当我们考察商业社会招来的最终危险时，就有进一步理由怀疑他的这种认同。这最后一种威胁，是由信用体系和公债后果引起的。

III
公债

克雷格·马尔德鲁（Muldrew 1998: Chap. 10）所说的"信用文化"自 16 世纪缓慢形成。它始于依赖个人信托信誉的地方网络，逐渐扩展到变成他所说的"契约社会"。在这个过程中，信用不得不被制度化（Ito 2011）。这个过程的关键是将信用的能力延伸到流通之中。对此不可或缺的是银行业的发展，最终以 1696 年英格兰银行的创建以及所谓的"金融革命"达到巅峰，这就给政府投资提供了机会，进而也给它招来了债务。这些发展并非在毫无抵制的情形下取得的。最根本的担忧是信任不再牢固地拴在已知的人际关系上，而所剩的是飘荡在不确定和舆论的世界之中，如前文提到的尼古拉斯·巴尔本所宣称的，"信用的价值源自舆论"（Barbon 1905: 19）。在巴尔本看来，这不是一种消极的发展。那些为信用体系辩护的人指出信用对军事胜利的必要性（英格兰银行创建于与法国战争正酣之时），这种胜利依靠信用的能力刺激了制造业和商业。实际上，真正战事的范围，经常存在的国际冲突的威胁，尤其是如果不是专门因殖民扩张引起的冲突，是一种经久不变的背景（Dickson 1967: 7）。

必须承认，对信誉的依赖使得按照信用行事增添了更大的附加费（Hoppit 1990: 320），而且，自信用工具的发展开启盘剥之路后更是如此。例如，查尔斯·达文南特常常被引用的一段话就抓住了这个关键点——"人类心灵中唯一存在的所有事情中［参见巴尔本"心灵的需求"，引自第 159 页］，没有什么比信用更惬意、更愉快的了……它由舆论决定"（Davenant 1771: I，151）。这个捉摸不定的世界让投机分子和"股票掮客"兴旺发达，即达文南特形容的支持"各种计划、遥不可及的信用基金、让国家陷入更深债务"的那些人（Davenant 1771: IV，212）。在达文南特看来，他所想要的切实可行的信用体系，需要时代的"永恒不变、无视宗教"公正得体，需要类似于禁奢法机构促进的某些事物（Davenant 1771: I，167；I，347；V，379）。当然，如卡尔·维纳林德（Wennerlind 2011: Chap.4）所提出的，维持实践中的信用体系需要的不仅是极力劝说和假定存在的消费法令；还需要严厉而适当的强制执行的法律。

达文南特的担忧再次被18世纪初期震惊一时的金融崩溃复苏（即臭名昭著的英格兰南海泡沫，但这绝不是一个孤立事件）。对奢侈的批评，如我们所知的，提出了一个相应契机，信用基础的不牢固性进一步说明了奢侈的浮华不实。把欲望放在第一位，就像时尚的稍纵即逝、风靡蔓延，与此匹配的是各种"心怀计划者"和以股票掮客们的兴盛为标志的投机经济所代表的非理性和反复无常。这倒契合性别化的批评性语言；女人渴望时尚，所以表现出她们众所周知的多变和不可靠。这些女性气质全都可以用来批评以信用为基础的经济。相比以土地为基础的经济，地主就是爱德蒙·伯克确认的"伟大而有男子气概的美德"的堡垒："持之以恒、一言九鼎、宽宏大量、顽强坚韧、忠诚尽职、坚定不移"（Burke 1889: 427）。[44]

正如商业社会的拥护者受到奢侈批评的挑战，他们也面临着对信用文化的批评。后者的挑战可能更为深远。商业社会抽象、信念依赖的特性意味着这种危险更为隐蔽、有害。不确定性或风险是商业的本质，没法保证你能够卖出货物，而这些货物是你决心专门工作的成果。我们在第4章提出，劳动分工的范围（以及由此而来的社会财富）取决于对未来的信心。信用体系同样依赖于信心；斯图亚特确实将其定义为"合理的期望"（*PPE* II，440）。基金被提前预付（去买所需要的股票以便开工），是在期望这些钱将获得回报的基础上的，需要有信心相信钱存进去（存款由此能被借给别人）是安全的，在需要时可以取出来。政府的经费基金也不例外。它现在需要钞票来支付目前（可预见的）的开销，尤其是战争产生的开销，所以它借钱（产生债务）所依靠的是将来从税收中得到岁入的能力。米勒为威廉三世

182

的政策涂抹掩饰但认为它们总体上适用，他列出了发行国债的三条理由："浪费和挥霍，这是财富和奢侈的通常结果"；导致超出岁入开销的"野心"；"最重要的是"，"由资本流通所产生的借钱能力，而资本流通是广泛的商业和制造业的自然结果"（*HV* III，7/657）。但信用的风险不是历史性的。我们在第 1 章提到的艾尔银行的破产说明，这些不是小事件，而且也不会消失。它还意味着，信用以及（相关的）公债的状况构成了商业社会观念清晰明确的危险。即便那些商业的拥护者，比如休谟，也敏锐地意识到这种威胁，并对如何成功化解感到疑惑。

休谟写了一篇以这个主题为名的文章（《论社会信用》）。这篇文章收在 1752 年《政治论文集》中，不过在这个文集中，它与《论势均力敌》而非《论商业》有更多共通之处。《论社会信用》的主要但不是唯一的关注点是公债导致防御能力的腐蚀，而且更重要的，如休谟明确所说的，是导致对权力平衡缺乏关注（*E-PC* 365）。他的说法由此与上文第一部分最后一节内容概括的危险胶合在一起了。他确实考虑了公债对"国内管理"的影响，这是事实。在这个层面上，他认为，经过权衡，债务财政的劣势远远超过它所设想的对促进商业和勤勉所具有的优势（确实，这也承认有一定积极作用）。尽管如此，但相较于债务给"作为政治实体的国家"所造成的损害来说，这些劣势是"微不足道的"（*E-PC* 355）。

恰是当时的时代特征、战争的普遍发生以及国防为休谟提供了视野（他的第一句话提到"和平"、"战争"、"征服"、"防御"［*E-PC* 349］）。这篇文章开局就比较"古代的一般实践"和"现代的权宜之计"。前者意味着囤积财富，后者意味着借钱度日（发行公债）。和平时期囤积财富，目的是战争时攻克或抵御外敌。借钱的背景在《论社会信用》中没有明说，但在《论势均力敌》中和战争的关联中说明了（*E-BP* 340）。现代政权不囤积财富，为了募集基金而抵押公共岁入，相信"子孙后代"会偿还这笔债务。但是，当然，下一代也会简单地采取相同的政策，将债务抛给他们的后代，然后后代再抛给后代。结果这样累积的债务将"越过所有争论"而最终崩溃；它将"几乎无可

183

回避地"导致"贫穷、凋敝、臣服于外国势力"（*E-PC* 350-1）。这揭示出这篇文章的特殊"政治"目的。虽然古代实践也会导致滥用，但"在这方面"它比现代政府谨慎（*E-PC* 350）。对商业来说有一些"内在的"危险（如我们可能提到的），比如由难以维持的债务所带来的高价劳动，主要表现为供应债务对更多税收所得不断增长的需要。而且，休谟反复重申他对纸币的疑虑（在《论货币》一文中［*E-Mon* 284]），因为社会证券或股票的功能就像一类货币（*E-PC* 355，356）。但是，"外部"危险是灾难性的。由此，形容"社会信用"的修辞流行开来——"要么国家必然毁灭公债，要么公债将毁灭国家"（*E-PC* 360-1）。

休谟概括了两条毁灭之路。为了新收入，税收负担过重，耗尽所有资源，政府应对紧急情况时将像一个绝对统治者那样行动（cf. *E-CL* 96），为了支付利息而攫取专款。虽然政府发誓会归还那些专款，但这种"社会信任"的实效将毁掉现代经济赖以为生的信任，进而彻底让那"摇摇欲坠的大厦"坍塌倒地。这幕场景，休谟称为"公债的自然死亡"（*E-PC* 363）。但更糟糕的场景也是可能的。诉诸自动破产与"民治政府"的机理大相径庭（cf. *E-CL* 96），其结果是，再无资源可用，国家脆弱不堪，难以抗拒外来征服者。这是"我们公债的猝死"（*E-PC* 365）。这为该文画上了圆满句号，不同于古代为应对战争而囤积财富的行为，现代的借钱之举毁掉了那种能力。

休谟在该文最后的话显然回到平平之调。他没有回应达文南特恢复古代节俭（Davenant 1771: IV，424）的鼓吹（实际上我们看到他剔除了这个方法），反而呼吁避免"大众疯狂和妄想的影响"。这是对《论势均力敌》的回应，那篇文章写道，"最致命的妄想"是因为战争（奥地利王位继承战争）这种仅有的燃眉之急而抵押岁入所得（*E-BP* 340）。邓肯·福布斯指出（Forbes 1975a: 174），国际视野（尤其是面对着法国）构成了休谟信用论文的核心主旨。[45] 这不是说，休谟，尤其是后来版本中这篇文章的重述（Hont 2005: 340），没有传达对商业危险达文南特式的担忧。他以这种语气宣称，一个负债累累、税收过重的社会是"不自然的"，在这个社会中，只有"股票掮客们"有收入（超过了从辛勤劳动中直接获得的收入）。但这些人"和国家没有任何关联"；他们可以在任何地方享用他们的收入。[46] 休谟宣称，他们将"沦为懒散愚蠢、骄奢淫逸"的城市居住者（*E-PC* 357），其真正的问题还是怠惰，而非感官满足。而且，这些基金的流动性不允许他们凝固到世袭权力中。这就消除了良好统治的传统堡垒——"国王和人民"中间独立行政的"中等势力"（*E-PC* 358）。[47] 据推测，这种"势力"的作用是抗衡"大众疯狂"和不受约束的统治者的"妄想"。

包括休谟在内的其他苏格兰人也评论了债务的危险性。当时爱丁堡出版的一份小册子提到过休谟，但认为他太过凝重了。这个小册子的作者不明[48]，只因为它没有任何冲击力——"公债……是共和国的蛆虫，除了切除别无他法"（其他地方比作水蛭和害鸟，是道德堕落的产物、反映了赌徒心理 [Anon. 1753: 1，2，6，12，13]）。但是，华莱士却不同意休谟的看法。信用是商业所必需的，休谟对"纸币信用"的反对是搞错了（*CGB* 27）。同样，他强调公债在促进商业方面的优势，这一点休谟承认，但认为超过了劣势（*CGB* 49）。华莱士确实声称，"一个国家可以富裕繁荣的同时保持高额公债"（*CGB* 95）。他把观点反过来说，股票掮客是懒惰无用，因为这种描述同样适用于他们的主要批评者——"地主"（*CGB* 50）。他承认，对借钱范围固定一个限制并不容易（*CGB* 5），这个结论和弗格森一致。弗格森比华莱士更接近休谟，他认为契约债务作为权宜之计，而非"搁置私人事业"，为的是实施"伟大的国家计划"，因而是有利的，但也是"非常危险的"，他还影射荷兰，认为可能导致毁灭（*ECS* 234-5）。在《道德和政治科学原理》中，他强调债务基金引诱出借者和借贷者双方的"诱惑"的危险。债务越多，增长越快，这里还回应了匿名小册子作者和斯密（*LJB* 326/538）的比喻："它就像一张兴衰变迁的赌桌"（*PMPS* II，450-1）（私人和国家发起的彩票方案是 17 世纪晚期的特征 [Murphy 2009: 34-5]）。对弗格森和华莱士来说，结论是，危险不是公债的行为，但应该把它限制在一定范围之内（*PMPS* II，455）。185

斯图亚特并没有点名提到休谟，但对"结果"的列举回应了休谟《论社会信用》中的担忧。然而，他认为不可能"预言"它们的可能性（*PPE* II, 601）。[49]斯图亚特相信，"过去的经历"表明问题可以被控制，但现在债务人占主流地位，所以"我相信情形会不同"（*PPE* II, 636）。他提到野心勃勃的战争，是债务增长的原因（*PPE* II, 636），这种方式进一步让人想起休谟。但是，他反对休谟式的结局——破产不可避免（*PPE* II, 647），并将他的"政治家"手中的信任恢复视为偿还债务的手段（*PPE* II, 656）。

斯图亚特声称，公债"建立在国家或政治实体中栖息的信心"（*PPE* II, 472）。这种信心或信任是关键，这一点也被华莱士（*CGB* 47）和弗格森（*PMPS* II, 449）所接受。就其本身而言，这一观点语不惊人，却是斯密的重点。对斯密而言，那句广为接受的格言，如我们所见被华莱士采纳（上文第166页），即自由的滥用是公债体系的很好说明。自由的行动带来"未曾意料的结果"。

和休谟一样，斯密比较了古代和现代的做法。在商业民族中，奢侈品的可获得性和招人喜欢的性质意味着，和平时期，基金都花掉了，而非储存起来。结果，战争时期，为了应对额外开支，需要向岁入借钱，和债务订契（*WN* V.iii.4/909）。但产生这一需要的"道德因"，其运行也产生了解决它的手段，即有钱可借的商人和制造业者的出现（*WN* V.iii.5, 6/910; cf. Steuart *PPE* I, 182）。在这个语境下，斯密对常规实施正义的重要意义作出了最强烈的声明。商业社会享有的这种常规性让这些商人对政府赊账充满信任和信心（*WN* V.iii.7/910）。由于政府处于极端困窘中，所以借款条约将对出借者很有吸引力（*LJB* 321/536）。但是，由于政府现在能够预见收入来源，所以斯密宣称，"这就豁免了储蓄的义务"（*WN* V.iii.8/911）。斯密没有解释这一点——甚至没有间接诉诸休谟所依据的科学规律。由于他的讨论以一种历史叙述继续展开（如斯图亚特所做的），因此这一宣言给人的印象是描述性的。

186 一旦政府放弃储蓄，一连串的事件就处于运转之中，这根链条产生了那些"目前压制住的巨额债务，长远看来将可能毁掉所有欧洲的伟大民族"（*WN* V.iii.10/911）。斯密长篇列出了用以偿还这一债务的各种措施。然而，和一般认为的临时募集税收这种防御措施，以及

"不断发行长期债券来回收短期债券的毁灭性权宜之计"一样，这些措施让情况变得更加严重（*WN* V.iii.39, 41/920-1）。虽然这样体现了智谋，对过去的贷款宣布破产——当收入不足以偿还利息时，让资金自行运转——却是最终的结局（休谟在《论社会信用》后来版本中删除的一段话中提到这一点［*E-v* 638］）。这种"杂耍式的花招"只会加速恶化情况，把"灾难"蔓延到更多无辜的人身上（*WN* V.iii.60/930）。斯密认为"期望"公债一直会被偿还是徒劳无果的（*WN* V.iii.66/933）。

这种语言避免了休谟修辞上末日式的语调。原则上是有解决方案的：债务可以通过增加公共收入来减少（包括从殖民地征税），并且/或者减少公共开销（*WN* V.iii.66/933）。在实践上，斯密对"政治"限定性的看法（Teichgraeber 1986: 18）意味着他对这些解决方案轻而易举的结果不抱任何幻想。可以说，他更倾向于把债务作为商业生活的一个事实，即便这个事实是，我们理想中的生活没有债务会更好。这说明了商业市场的形成导致的未曾意料的结果如何不仅有利于摧毁封建权力、推动法治，而且，由于债务以那种方式产生，还有威胁到社会崩溃的危险。商业社会不是所有可能的世界中最好的。这就告诉我们什么是苏格兰人商业社会的观念以及对这个观念意义的评价，即最后一章的主题。

注释

［1］ "人，天生是政治动物"（'*antbrôpos phusei politikon zoon*'）（Aristotle 1944: 1253a10 -11）。尽管这里作为类的"人"（反映了亚里士多德的看法：人类不是唯一"政治的"），他的观点以及追随他的观点，是有性别的；男人参与政治（女人管理**家政**［oikos］，她们在城邦以及诸如此的事务中保持"谦卑的沉默"才是适宜的［Aristotle 1944: 260a31］）。

［2］ 就像一旦遇到满足需要的限制一样，古代自由的第一种气质就认为欲望无限制，与此相同，亚里士多德认为追求发财也没有限制，而发财是通过获取财产的技艺得来的（Aristotle 1944: 1257b17-18）。

［3］ 斯密（*LJB* 301-2/527）提到商人被瞧不起，并确实评论说，这种偏见依然没有

完全消失，"严重妨碍了商业的发展"。

[4] 大卫·克特勒（Kettler 1965: 236）虽然承认弗格森有着"沉重的疑虑"，但其结论还是说，"最终的分析是……弗格森的立场终究还是为商业社会辩护"。这一结论前面是《道德和政治原理》的一长段引文（*PMPS* I，249-50）。

[5] 引用斯巴达的例子让弗格森和休谟有了冲突，休谟对斯巴达的政体是强烈批评的（见下文）。弗格森在一封信中承认了这一分歧（参见 *CorrF* I，76）。杰克（Jack 1989: 151）认为弗格森将斯巴达视为"理想政体"。

[6] 这一刺激因素挑起了诸多评论，特别因为它与"无意图的结果"的联系——参见 Lehmann（1930: 98-106）在英语世界中的开创性讨论，参见希尔（Hill 2006: Chap.7）的近期讨论。在弗格森那里，"冲突"的利益（不是意料之外地）体现在罗马贵族和平民之间的斗争（*Rom* I，85-6）。这一李维式的修辞是公民共和主义传统的主流，这一传统尤其经马基雅维利《论李维历史前十书》又获得再生。

[7] 弗格森讨论到罗马共和国的最后一些事件时评论说，加图、西塞罗、布鲁图等人带着"对自由令人称颂的狂热"支持他们的公民同胞，而事实上，他们不值得那样做（*Rom* V，71）。更一般地说，正是他《罗马史》中这个重现的主题，随着勇武之德和政治美德的松垮，"人性陷入堕落的深渊"（*Rom* V，397）。

[8] 波科克认为《文明社会史论》"可能是苏格兰论著中关于这个主题［腐败］最马基雅维利的了"（Pocock 1975: 429）。比较 McDowell（1983: 545）："弗格森对德性的理解是马基雅维利式的。"还可参见 Medick and Batscha（1988: 69）。

[9] 亚里士多德总体认为，"最好的城邦"（*beltistê polis*）不会将"劳动者"（*banausoi*）——那些不得不为生计而劳动的人们——当作公民（Aristotle 1944: 1278a8）；柏拉图在商人（*hoi kapeloi*）和让他们天然不适合军事任务的身体虚弱之间建立了一种联系（Plato 1902: 371，374a）。色诺芬将这些都关联在一起——商业（*banausikai*）（工具性的"不自由"或"狭隘的"活动）让身体变得柔和，弱化心灵，所以从事商业的人是糟糕的城邦保卫者（Xenophon 1923: IV，3）。

[10] 洪特 2006 年的著作提供了一份关于 18 世纪前半叶的调查，但限于不列颠和法国。关于法国的论争有大量文献，最全面的当属 Shovlin 2006。其他地方的争论涉及不多，不过关于意大利有一份很用心的研究（Wahnbaeck 2004）；对西班牙的捎带评论参见 Herr 1958。斯图亚特在"德国"很有影响，官房学派（Cameralist）的"**政策**"（*Polizei*）概念就包含了对奢侈的调控。

[11] 我从圣朗贝尔（St Lambert）给百科全书（第 9 卷）写的"奢侈"（Luxe）词条中抽出了这些列表。我们将会看到，前一个列表和休谟的观点相似，反映出休谟在法国的重要影响——参见 Charles 2008。

[12] 梅隆声称，"奢侈只是一个无意义的称呼"，它表达的是"含糊、混淆、错误

的观念",并建议考虑"政策和贸易"时排除这个词语(Melon 1735: 130)(梅隆的《论政治和贸易》影响很大——休谟对此书很熟悉)。狄德罗将"奢侈"当作一个例子,在这个例子中,奢侈被用于描述事物的无限性,这意味着它规避了严格的定义(《百科全书》词条[Diderot 1755: V 636r])。

[13]　对休谟论奢侈的其他讨论,参见 Cunningham 2005,Susato 2006,以及我自己早期的论文 Berry 1994: 144-9。

[14]　休谟在《英国史》中含蓄地将炮术的发展和人道(这条链条上的第三个环节)关联在一起,在这里他指出,虽然火炮"设计出来是为了毁灭人类",但它"让战争不那么血腥,而且赋予文明社会更大的稳定性"(*HE* I, 498)。

[15]　休谟对当时军事竞争行为也不抱任何幻想。他亲眼目睹了 1746 年布列塔尼圣克莱尔大区的灾难性战役(Mossner 1980: Chap. 15)。

[16]　费纳隆(Fénelon)是 18 世纪法国初期最有影响力的奢侈批评家,他将自然强加的不必要的技艺与真实需要进行了比较(Fénelon 1962: 453-4),关于费纳隆的讨论,参见 Bonolas 1987 和 Hont 2006。

[17]　休谟在《人性论》中称奢侈(和挥霍浪费、犹豫不决、摇摆不定)为"邪恶的",具备这些特征的缺陷"让我们不适合于商业和行为"(*T* 3.3.4.7/*SBNT* 611)。与休谟后来在《论技艺的进步》中论述一致的是,这种缺陷在于它们在引导生活时没什么好处,而非某种本质上的不足。感谢卡尔·维纳林德一开始引我对这段话的关注。

[18]　曼德维尔对《蜜蜂的寓言》中"主要设计"的描述是,享受(事实显然如此)"生活中所有最优雅的舒适品"(就像"勤勉、富裕、强大的国家"中的生活一样),同时根据合宜行为的判断标准是"黄金时代渴望的所有美德和纯真",这两者不可能同时存在(Mandeville 1988: I, 6)。

[19]　参见他对伊丽莎白统治下的英格兰的论述,在那里,他说,"高贵在某种程度上需要奢侈的优雅品位";虽然这导致了"美好的殷勤好客"的衰落,但"可以更合理地认为,这种花费的新转向促进了技艺和勤勉,而古代的殷勤好客是邪恶、混乱、叛乱和懒惰的根源"(*HE* II, 601)。

[20]　休谟指出,在文雅年代,放荡不羁的爱情经常发生(*E-RA* 272)。在凯姆斯看来,"忠贞变成了一种纯粹的名声"(*SHM* I, 338)。

[21]　但是,即便在 1779 年,这也不太能运用到英格兰和德国;在这两国中,对"更必要、更有用的技艺"的强调妨碍了这一发展(不过英格兰也被包括在《英国政府历史观》的相应段落中[*HV* IV, 4/770])。这一小节的侧重是关于精细技艺或高雅技艺的,就像第三版相关部分的新标题所表明的。米勒提到了局限性(*OR* 225;*Obs* 77),而且这很容易让人回想起长期以来的修辞,即这样的技艺在衰落之后还有一段时间苟延残喘。

[22]　米歇尔·伊格纳季耶夫在米勒对性欲放荡的讨论中看到了"他思想中的公民共

和主义气质"，但认为他对现代的个人主义是"犹豫不决的"，而且这也表现出他作为一个理论家困在公民人文主义的伦理道德和政治经济学"两种语言"之间的立场（Ignatieff 1983: 340，336，341）。无论他是否被如此"困住"，他所依赖的当然是处理这两种语言的能力。努德·哈孔森在米勒将正义之事与道德化的德性区分开来的方式这里看到了"论证典范"（Haakonssen 1996: 169）。凯瑟琳·莫兰（Moran 2003: 79，71）察觉到米勒这部分的焦虑，但步伊格纳季耶夫后尘，将米勒理解为采取了"一种一直未变的女性气质"来对抗衡量"男人的欲望和情感"的标准。

[23] 参见穆扎勒利（Muzzarelli 2009）和亨特（Hunt 1996）。关于特殊的"民族"风俗习惯有大量的研究。

[24] 比如哈特（Harte 1976: 39）引用的 1533 年《英国着装法案》的序言。

[25] 斯密指出，一位日工若没有一件亚麻衬衫将会羞于出现在公众面前（没有这件衬衫，实际上说明"穷到丢脸的地步"了），而早先时代的希腊和罗马没有这样一件袍子却生活得很舒适（*WN* V.ii.k.3/870）。斯密对此的影响，相关的论述参见 Robert 1998，更广泛的论述见 Berry 1994 第 7、8 两章。

[26] 例如，"我们确实忍受宁静侵噬心灵"。另一些例子，包括他承认"我们已经达到"商业时代，它影响了我们的风俗，消除了以前对"谋利之道"的歧视，导致"拥有武器"这种状况的衰落，因为"其利润太少了"；不列颠将成为一个制造业者的国家，每个制造业者被限制在自己的领域中，将允许公共服务变为营生之计（*Reflections* 14，8-9，12，43）。

[27] 另一个主要论点是，无论加入民兵组织应该自愿或被迫，他的立场都是不明了的——而一项法案可能在拟定的时候以强制形式呈现，虽然是"欢欣鼓舞、心甘情愿地服从"，几乎不需要强制实施，如果风俗变了的话，这种情形可能会产生（*Reflections* 49）。雷纳（Rayner 2008: 70，72）将这个小册子理解为倾向于自愿安排，并指出它似乎是写出来反对强迫服役的情形的。

[28] 罗伯逊（Robertson 1985: 186）倾向于强调前一个方面，谢尔（Sher 1989: 259 n）倾向于后者。

[29] 民兵是哈林顿大洋国（1656）的核心部分——参见下文注释30。弗莱彻在《政治论文选》（1698）中专门讨论过这个话题，他赞扬民兵制是"自由的真正象征"，构成了"美德的学校"（Fletcher 1979: 19，24）。戴维（Davie 1981；cf. Pocock 1985: 230）提出，弗莱彻有着重要的影响，但支持这个提议的证据少得可怜。凯姆斯是他著作中少数参考的人之一。

[30] 弗格森读完《国富论》后给斯密写信说，他在很多观点上都支持他，不过在民兵问题上与他相反（*CorrF* I，193-4）。谢尔讨论了斯密和弗格森在这个问题上的关系，他总结道，他们"从根本上"意见相左（Sher 1989: 208）。同时参见水田洋（Mizuta 1981）。作为扑克俱乐部的成员，斯密并没有转而支

持民兵制，休谟同样也没有。不过，大卫·雷纳的部分观点是，《佩格修女》（1760）这个小册子是休谟写的（更常见的说法认为是弗格森写的），并提到休谟"热烈鼓吹民兵制"（Rayner 1982: 26）。其他人（例如 Robertson 1986: 70ff；cf. also 1983 and Forbes 1975a: 212）认为休谟讨厌常备军、支持民兵制的证据，将他认为是一种公民共和主义派的重要依据，是他的文章《完美共和国的观念》，但这篇文章显然是设计出来作为想象地实践哈林顿所确认的"唯一有价值的典范"（E-IPC 514）。我倾向于认同理查德·泰西格勒贝尔（Teichgraeber 1986: 117）的巧妙形容，他形容这篇文章是"戏谑的反讽"。

[31] 虽然现代军队的确如此，不过这一总体主旨可以用到较早的时期（见前面第75页）。斯密列举的是罗马和迦太基的例子，就像我们看到的，弗格森也从中选取了很多例子；但斯密得出的观点是，由于战斗时间的延长，这两国的军队都呈现出职业军队的特征。罗马人打败了希腊、叙利亚和埃及的民兵，这些民兵"不堪一击"（WN V.i.a.32-5/702-3）。弗格森却将这同一发展看作腐败的标志。

[32] 这回应了他的观点（第4章第111页中提出的），即绅士和社会的利益是一致的。这也不那么明显地暗合了他的看法：他们在做政治判断时智力不够，当然，除非可以依赖有效的军事首领，而非自己的聪明才智。

[33] 这或许开始于——或者说，马克思导致的——马克思在《资本论》中对这一段的引用（Marx 1967: I，361——他还在别处提到弗格森，并认为他是斯密的老师，感谢《文明社会史论》在《国富论》之前发表［I，123 n，354］）。这些提法和"青年马克思"的"发现"以及他对"异化"或"疏离"的分析结合在一起时，就导致了一种观点，认为弗格森在"勾勒一幅鲜明的阶级压迫的图景时"预示了马克思的见解（McDowell 1983: 543），或者说，他是"资本主义最敏锐的批评家"（Blaney and Inayatullah 2010: 106）。这段话（以及弗格森在《文明社会史论》更宽泛的思想）预示了对"企业文化"（Benton 1990）以及对"市场"（Varty 1997: 38；Ehrenberg 1999: 96）的广泛批评，这一看法也得到传播。邓肯·福布斯（Forbes 1967: 46）声称，在弗格森那里能够发现"第一次明确宣告现代思想史上最具爆炸性的主题：异化的观念"，大卫·克特勒（Kettler 1965: 9-10）说，弗格森的"担忧显然预示了超-合理化、去人道化、原子化、异化以及阶层化等问题"。

[34] 比如，参见韦斯特（West 1964，1969）后来和兰博（Lamb 1973）的争论，还可以参见罗森伯格（Rosenberg 1965）和维尔亨（Werhane 1991）。马克思的异化在多数讨论——如果不是全部的话——画了一个框框；从这个视角看，比如温奇（Winch 1978）、希尔（2007）、唐纳德·麦克雷（MacRae 1969: 793）嘲讽说，如果这个问题浮于表面，那么多数异化讨论认为他就是"空壳"。

[35] 这一点在稍后内容中以更强烈的语言强调，"开化社会"中的"底层阶级"经

受着"粗俗恶劣的无知、愚蠢"的折磨,最令人鄙视的莫过于"人没有恰当运用智力才能"(*WN* V.i.f.61/788)。

[36] 在他后来的著作中,他表示自己受惠于斯密,弗格森在一篇未发表的文章(1806)中提到别针制造的背景,评论了那些"工作只是动手动脚的"人的"麻木"(*MSS* 15/145)。《道德与政治科学原理》中充分讨论了劳动分工,但没有提到它对德性的影响(*PMPS* II, 42-30)。

[37] 对斯密/卢梭联系最早也是最具洞察力的研究之一可以从伊格纳季耶夫(Ignatieff 1984: Chap.4)那里找到。最近的研究还可参见格里斯沃尔德(Griswold 2010)对这种联系的哲学研究,他突出了斯密相互依赖的深层含义。

[38] 汉斯·梅迪克和安·莱伯特-福根(Medick and Leppert–Fogan 1974: 31)用马克思主义术语将这种分工解释为米勒思想中揭示"阶级理论"(*Zweiklassentheorie*)的其他元素的表征。在他们看来,作为分裂状态的标题,米勒是一个小资产阶级的理论家,其思想被"矛盾"撕裂开来(Medick and Leppert–Fogan 1974: 34, 47 以及全篇)。

[39] 其他察觉到斯密公民人文主义的人包括(以一种适当的方式)Robertson(1983)、McNally(1988)、Hirschman(1977)、Evensky(2005)、Tanaka(2007)。温奇(Winch 1978)受波科克的影响,其阐释内容很多采用了这些术语,但在后来的论文中(Winch 1983, 1988)对这种解释做了清晰的限定。

[40] 斯密反对全部由公共基金出资,因为这样会鼓动老师"忽视他的业务"(*WN* V.i.f.55/785);这也是斯密推广到大学教育的一条原则(*WN* V.i.f.7–8/760–1),所采取的比较一暗一明,暗指苏格兰值得称赞的实践,明指牛津制度(还可参见 *Corr* 178)。

[41] 斯密明确说到后一种措施,即采取这一政策"由于它们被认为会损害普通人的健康和道德"而妨碍烈酒的消费。他宣告了这一点,却发现没有为其合宜性辩护的理由,他还为税收分级辩护,以反对达文南特(*WN* V.ii.k.51/891)。

[42] 斯密这里在这章的担忧(第 6 版添加的内容 [1790])是否与商业积累有关,而非与地租和贵族环境有关,这一点悬而未决。有关深刻分析,见 Tegos 2013。

[43] 这同一条"宽容"原则涵盖了斯密的以下看法,即这些"宗派"在人数很少的时候只是麻烦,众多宗派将散布这些麻烦。他进一步认为,如果政府"让他们独自发展",但强迫它们相互尊重,它们可能会分裂繁殖(*WN* V.i.g.9/794)。他甚至认为,多样发展这一事实可能确实会导致"纯粹而理性的宗教,摆脱荒唐的混杂、狂热的欺骗"(*WN* V.i.g.8/793)(斯密对"多元社会的展望"的观点,参见 Boyd 2004: 137)。这不同于已形成固有宗教的国家的角色。这里的问题是政府的第一职能,即提供安全保护,而非社会的事务。为防止教士阴谋反对君主权威,为了"社会安宁",政府应该对"绝大部分宗教老师"施加"相当程度的"影响,这一点是有必要的。这种"影响"将主

要通过控制职业结构；一个世俗君主把自己卷入实际的"信仰问题""不是其恰当的职责范围"（*WN* V.i.g.18/798）。

［44］这种性别化的词汇比较了德性（virility）和幸运女神，后者的"好处"（财富、名誉）都是转瞬即逝的。这种并列使用在文艺复兴时期很常见（著名的例子是马基雅维利《君主论》[尤其 Chap.25]），也被诸如萨鲁斯特这样的罗马道德学家引用，萨鲁斯特强调幸福女神的反复无常（*ex lubidine*）（由此才有奢侈的主宰和喀提林的崛起）（Sallust 1921: para 8）。波科克（1975: Chap. 2）讨论了这种词汇的作用及其与信用的关系（Pocock 1975: 452ff）。他后来警告人们不要预设土地和信用之间的对立，但强调"商人的道德"和公民美德有矛盾（Pocock 1975: 449, 445 ; cf. 466）。

［45］福布斯未充分论述的观点，由洪特（Hont 2005）更全面地贯彻到底了，实际上他是为福布斯辩护，反对波科克（Pocock 1985: 132）的解释，这一解释认为休谟谴责社会信用，将其作为商业社会自我毁灭的催化剂。田中英朗（Tanaka 2007: 43）巧妙地抓住这一问题，并评论说，休谟的"矛盾不是关于对商业社会的看法，而是关于商业社会和国际强权政治的联系"。

［46］比较一下波林布鲁克"货币人"的形象，他们"不过是[政治巨轮中]的乘客而已"（Bolingbroke 1754: III，174）。斯密也表达了这种情感（*WN* V.ii.f.6/848 ; cf. III.iv.24/426），不过未加严厉谴责。

［47］在后来的《论政府的起源》一文中，休谟认为自由政府的标志之一，是其拥有"不同成员之间的权力划分"（*E-OG* 41）。从《论社会信用》的语境上说，中等势力似乎包括土地士绅（博林布鲁克把作为"乘客"的货币人和作为"我们政治巨轮真正主人"的地主做了比较[Bolingbroke 1754: III，174]）。但是，这与《论技艺的进步》中的观点并不那么一致。休谟在《论技艺的进步》中认为，行商坐贾似乎是"中等阶层"，他们是社会自由的最好基础（*E-RA* 377 ——见上文第 56 页）。关于"势力"和"阶层"差别的讨论，参见 Giarrizzo（1962: 52，68 n）。

［48］不列颠图书馆将这本小册子归到埃利班勋爵（Lord Elibank），但苏格兰国家图书馆认为作者是埃格林顿勋爵（Lord Eglinton）。埃利班是休谟的朋友，是文人圈的核心人物，他属于群贤会，而且是民兵制拥护者（卡莱尔[Carlyle 1910: 63，279]对其才智评价甚高）。埃格林顿，是位"改良家"，也与休谟相识，在伦敦政治圈中颇有影响。

［49］休谟承认这事"很难预料"，但还是提到"自然结果"和"事物的自然进程"（*E-PC* 357，360）。这些似乎是基于行为的某种可预测的持续性（他提到"人和牧师的本性"以及"各个时代的人"都"受到同样的诱惑"[*E-PC* 360，363]）。尽管如此，这种修辞上突出的预测性还是表现为合理的"猜测"（*E-PC* 360）。

7

商业社会的观念

　　最后一章，我的目的是厘清苏格兰人理解的"商业社会"及其特征。这么做还会凸显前面几章所讲故事的个别片段。

　　商业社会的核心观念是"社会"，既非政体也非氏族，即便它包括了政府和家庭。后面两个是构成"社会"的制度、行为、价值这一相互关联系列的要素。这一整体在易洛魁、鞑靼、封建时期的欧洲、古代城邦、文艺复兴时期的欧洲以及商业社会，都是真实存在的。商业社会有自己的独特之处，这种独特性是历史的杰作。重申一下我前面的构想（第49页）：在苏格兰人的著作中，商业社会既有共时性维度，也有历时性维度。

　　我们可以将早先讨论的一些商业社会的主要特征拼凑在一起。在第3章中，我们知道，商业社会由于劳动分工的系统运用而繁荣。我们也知道这种繁荣是分散的；所有的市场参与者，即便相对贫穷的人，都比任何其他时代的生活有绝对的改善。这种"普遍财富"的分散进一步让现代商业社会与威尼斯这样的贸易城市的生活区分开来，后者被严格管制以维持他们的寡头统治，保持他们卓尔不群的地位，即便很多城市还是以奴隶制为基础的古典共和国。商业社会的普遍利益，是因为它促进了大多数人而非少数几个人的物质福利，一些禁奢令，比如威尼斯的那些法律，在雅典和罗马是受挫并被排斥的。在第4章中我们看到，一旦"扣动扳机"，现代的繁荣就会与法治和严格的正义实施同步进行；公正裁决的制度化再次与法律上严格实施的阶层化的禁奢法和奴隶制背道而驰。只有在安全公平的法律体系运行下，并内嵌持续性和可预测性，以未来为导向的市场行为所需要的信心才可能存在。这些行为天生就包括很多人的互动。但是，质的差异和量的差异同样多。大多数互动将是间接的、不知名的，即便是直接互动，大多数也是和陌生人之间的互动，以至于互动模式主要是非人格的、离散式的运行，而不是人格化的、因其自身之故而有价值。法制运行下的社会生活产生了一种特殊的现代自由模式；这种自由，是按照自己的方式追求自己利益的自由，一如我们在第 5 章所展现的。认可这些不同追求的社会将是多元的。无论这些追求是否是商业性的，它们都将在和平的环境中进行，或者至少发生在无法无纪不是通病的地方。

尽管有这些积极的因素，商业社会也还有其消极方面。但是，如第 6 章论及的，这些也鲜明地表明商业社会的特征。这些特征不只是更多消费品，它们还可以是高品质的消费品，代表了品位和精美（奢侈）。商业社会将诸如军事事务的政治领域视为一个专业化领域；它是银行和信用的社会，在这里，公共资源被恰当利用到总体社会利益中。这些特征所必需的是行为举止的模式。依赖自利创造的财富带来更大范围的慈善；虚弱、不堪一击可能往往趋于消亡，不留余地。商业社会是文雅的，女人被尊重，人与人之间彼此坦诚，即便敌人也被人道地对待。

重要的是，这些特征并非随意共存在一起；它们体现了一种内在一致性，但是，如我们小心翼翼辨析的，这并不是说，这种一致性没有差异性，没有内在冲突和反常现象。这种一致性可以通过对目前尚未考虑的两种制度和规范——宗教和艺术——的简单考察来阐释。商业社会，作为一个社会更开明。这些社会成员的信仰反映了这一点。应该有条件地承认：这并不是一致或普遍情形（我会在讨论一致性中的差异性相关例子中回到这种限制条件）。由于拥有更多知识，受过教育的人能够领悟到这就是宇宙展现的秩序，它预示了一个必然来自全知全能的、主宰性智者那里的设计。这就是说，不同于 19 世纪"科学"和"宗教"的对峙，启蒙运动在科学知识和理解力上的增长被认为更清楚、更令人信服地说明了这个设计的完美。赫顿划时

196

代的《地球理论》就是很好的说明——"我们生活在一个处处都是秩序的世界；在这个世界中，终极因至少对于那些有效的部分是广为人知的"（Hutton 1795: 545；cf. 566）。优秀的科学家是真正的信仰者，比如牛顿，他自己阐释的就超越任何怀疑的阴影（cf. Gregory 1788: 248）。这种"真正理性的"宗教，如斯密所说的（上文 192 页注释），或自然神论，不同于具体的宗教实践；它尤其是和迷信有区别。

苏格兰人写了一部财产的自然史——它从具体的占有逐渐向抽象形式发展——与此同时，他们还写了一部宗教的自然史。休谟1757年发表了一篇以此为题的文章，其明确目标是研究人性中的宗教起源。不过休谟并非唯一一个这么做的人。凯姆斯《人类史纲要》中的一章就有同样的内容，这种历史的雏形也体现在斯密思想中（Berry 2000）。尽管有些不同，但他们共同认为：宗教信仰从迷信向理性发展，从具体的众神崇拜——这些神灵干预人类事务，并需要被人类安抚或祈祷——向抽象的神圣秩序的感激。这同样也是从无知向有知的发展，不过其本身内嵌在"社会"的历史中。多神论者不了解因果关联（cf. Kames *SHM* II，389），这种情况要归咎于他们的处境。他们在"无数需求和激情"的压迫下，没有闲工夫，没有闲暇意味着他们没机会获得引导。需要"自由的"时间让人类能够开启因果关联这个过程（cf. Smith *HA* III.3/50；Wallace *Prospects* 19，52 n）。随着社会的发展，人类变得文明，"科学和文学"作为"闲暇、宁静、富裕的自然结果"而发展起来（Millar *HV* III，3/507；*OR* 176）。

应该不奇怪：财产史与宗教史的一致性让苏格兰人有写一部"人类的自然史"的野心（苏格兰人中，比如米勒就公开声明过这一点［*OR* 180］）。同样，还可以有一部"文学的历史"（弗格森《文明社会史》其中一章的标题）。语言的发展自诗歌起，充满着鲜活的比喻形象，发展到散文，更强调明晰性（参见 Smith *LRBL* ii.115-16/137；cf. Amrozowicz 2013）。随着宗教信仰"品质"的改善，文学的品质也得到提高。这不是否认荷马（和欧西安）创造了我们现在仍然称颂的文学，而是说文学的价值在于原则，就如布拉克维尔在他论荷马（1735）的书中所宣称的，"每种作品，尤其是诗歌，取决于时

197

代的风尚"（Blackwell 1972: 68-9）。不过，当然这些并不是唯一印
证文学的证据，它们散布在整个社会之中。

相信文学在"提高"就相当于相信存在一些评价标准。所以，许
多苏格兰人都参与了启蒙运动"趣味标准"那场广泛的讨论（Berry
1997: 174-80）。这些讨论中反复出现的命题是，它是人性和"各种
人类情感""协调"、根据各种标准批评的普遍特性，"标准"的根源
是人性本身（Hume *E-ST* 229；Kames *EC* II,437-8；及其他）。而且，
"野蛮人"的道德和宗教不如商业社会的实践和信仰，与此同时，如
布莱尔（Blair 1838: 21）指出的，趣味在"野蛮、未开化的民族"中
"没有施展的素材"；相应地，在进行艺术评判时，正是"文雅繁荣
民族的人类情感"确立了标准。"未开化"的民族可能有标准，因为
审美思考是人性中一个真正普遍的内容，不过它们真正的价值却是粗
糙的，而且从定义上说缺乏高雅的趣味；所以，"损毁面容"和自毁
形象只是为了在敌人面前看起来让人害怕（Dunbar *EHM* 389），或者
是为了遵守某种宗教仪式（Kames *SHM* II，436）。

商业社会所产生的共时性画卷可以与第一阶段狩猎－采集阶段的
画卷进行历时性比较。由此大致上可以说，狩猎－采集阶段的社会只
有很少的人格化占有方式，更不用说政府机器这种形式了，几乎没有
地位差别——除了女性地位低下之外，他们将生活于一个人口众多的
世界，有众多神祇，这些神祇让他们的情感有处可诉。这些野蛮人还
将以充满生动活泼形象的言语回应这些事件，还可能在自己身上以各
种装饰涂抹或在脸上刻画并以各种偶像来表现他们的神。相反，商业
社会将一些难以确定的因素诸如债券视为财产，其成员生活在法治之
下，由一个致力于法治的政府非人格化地实施，尽管存在社会分层，
但在此方面还是享有一些平等，两性之间的关系同样也将获得某种平
等，这些人将是一神论者，言辞行为间充满趣味，分寸拿捏得当，商
务上谨慎小心，对个人和公共事务慷慨大方。这种对比符合从具体到
抽象、从简单到复杂、从野蛮到开化的自然史轨迹。这一情节的发展
可以被看作苏格兰人的一个版本，该版本在 19 世纪发展出各种不同   198
方案，比如梅因的从身份到地位，滕尼斯的从**社区**（*Gemeinschaft*）

到**社会**（ *Gesellschaft* ）；涂尔干的从机械团结到有机团结，或者斯宾塞的从同质到异质。

当然，这是两种理想类型，但即便这样的结构，它们还是值得进一步深思。我想列出三点：苏格兰人关于作为第四阶段商业社会的观念，其与众不同的地方究竟何在？如何、在何种假设下苏格兰人自己认为第四阶段优于前面的社会阶段？这种优越性的意义是什么，以及可以如何解释这种优越性？

苏格兰商业社会观念的独特之处

我们在第 2 章看到，阶段论在启蒙运动中很常见，但明确将商业社会作为一个独特（第四）阶段却并不常见。列举本身没什么决定性意义。比如，休谟就没有利用阶段论来解释社会变化，但他对这个主题关注颇多，正如他对商业社会的理想类型贡献了最多内容一样。这些不同的内容还可以在其他启蒙思想家中多少看到一些。所以（我们随处可见），孔狄亚克将信用和信任联系在一起，并指出自由贸易带来充裕物资（Condillac 1847: 296，339）；戈盖指出，在一个受调控的社会，贸易物资数量多、花样杂（Goguet 1758: I，573）；杜尔阁看到，游牧民族比狩猎民族有更好的财产观念，随着人类跨过野蛮状态，他们变得更人性化（Turqot 1973: 66，79）；杰诺韦西评论说，人人都有超越他人、鹤立鸡群的自然倾向（Genovesi 1765: 145），等等。苏格兰人得出的结论是，他们悟到商业的确构成了一种不同类型的社会特征。

一些简单的比较将有助于强化这个主张。例如，坎蒂隆、加利亚尼、杜尔阁、孔狄亚克，都曾对"商业"进行过分析（讨论货币、利息、税收等等），而且就这方面来说，《政治论文集》和《国富论》都谈不上有独到之处。但休谟和斯密作为一个整体确实又和他们区分开来，即便孔狄亚克和休谟一样也写过一部重要的"哲学"著作（《论人类知识的起源》[1746]）和一部"历史"（《古代史、现代史》[1758—1767]），休谟还是与他们保持着距离。尤其《人性论》，并不仅仅是第三卷，完整地讨论了"现代"社会的运行，而他的《英国史》则主要围绕着自由和商业的现代世界如何形成这个故事（参见　199
Danford1990 或 Capaldi and Livingston 1990）。《国富论》完整的辐射范围和雄心壮志显然让它与众不同、卓尔不群，正如它随后的名声所证明的那样。但是，当它与《道德情感论》中清晰充分阐释出的道德理论放在一起时，就可以看出，斯密所给出的远远超过议程设置式的"经济学"。这个思想的核心是这样一种理解，即，当时的世界见证了一种与众不同的社会体系的产生。我们现在生活在一个商业社会，其决定性的特征是普遍盛行的相互依赖性。孟德斯鸠（Montesquieu 1961: I，52）、爱尔维修（Helvetius 1843: 272）、杜尔阁（Turgot 1973: 73）可能都提到"商业精神"，但他们将其运用严格限制在已不存在的小型共和国。

即便考察一下表面上更有意义的用法，还是可以得出相同的结论。魁奈和米拉波（Quesnay and Mirabeau 1764: II，19）提到商业社会。然而，他们认为这些社会不是一个新类型，而是衍生出来的附加物（*seconde et postiches*）。和重农学派原则一致的是，这个"社会"不是基础性的，或者说自我维持的（实际上它还是不稳定的）。在一种奇怪但颇能说明问题的形象比喻中，农业是国家之根本，树干是人口，树枝是勤劳，而树叶是商业，虽然叶子是树最耀眼的部分，但它们确实不稳固的，更容易被暴风吹落、四散而去（Mirabeau 1759: II，12）（在与魁奈合写的书中，他再次使用了这个基本比喻［Quesnay and Mirabeau 1764: III，1］）。虽然农业和商业紧密联系在一起，但最终，商业社会还是依赖前者（Quesnay and Mirabeau 1764: II，24）。魁奈和米拉波以孟德斯鸠等人相似的方式，继续遵循这条标准，将商业社会和商业共和国联系在一起。

第2章中，我们已经表明，苏格兰人对商业社会从封建欧洲这种完全不同的社会形式中产生的历史分析，其核心让他们赋予商业社会这个概念一种不同于商业城邦国家预示的独特之处。斯密置于《国富论》中的历史和更完整的处理，尤其是罗伯逊、米勒和休谟的历史，提供了一个深层次背景，作为一种现代现象，商业社会的形成就在此背景之下。所以，虽然伏尔泰的历史，比如《路易十四时代》（1751）、《风俗论》（1756），确实提到了商业，但这两本书中，这些参考只是总体考察的一部分，以商业为题的章节没有连贯的论述，对商业的产生也没有详细的叙述。[1] 杰诺韦西和丹维拉虽然也将商业社会作为第四阶段，但是，我们在第 2 章同样也看到（第 61 页注释），这两位作者没有探索或提出商业社会是与众不同的社会形式这个说法，也没有像苏格兰人所做的那样赋予商业一种重要的预示性力量。

商业社会在质上的独特性，在斯密特有的定义中并不明显。人人都是商人的社会，它的核心是劳动分工，"工匠和制造业者"中的分工比农业工人中的分工更发达（*WN* IV. ix.35/676）。更大的发展，比数量上的扩张更有意义。它分别表现在——如理想类型所表明的——信仰结构、行为规范和整体制度。所以尽管斯密承认重农学派比重商主义者更具优势，但前者也没有说清商业社会观念的本质。斯密承认以商业为基础的社会本质上的独特，这种认识对其同胞来说一样是真实的，这样说是合理的。总之，如田中英朗所言（Tanaka 2007: 32），他们"为社会理论带来了一种范式上的变化"。

虽然适当承认存在模糊的而非鲜明的区分，但苏格兰人的与众不同之处还是会提出这样的问题：为什么是这样的情况？没有一个明确答案。人们提出了各种各样的解释。代表性的是，他们诉诸 18 世纪中期的苏格兰情况，这一点我在第 1 章开头一部分详细考察了。有一种并不例外的看法，认为他们反映"与自己如此近距离的政治、经济和社会形式多样化"的状态"并不奇怪"（Muller 1993: 23）。我对这些分析比较谨慎。他们越是冒险越过"每个人都是他们时代的产物"这一老生常谈之理，解释这种"环境"中的特殊方面如何说明具体作者的具体立场或观点就变得越困难。第 1 章还说到，"改良"是启蒙运动的核心主题。虽然法国的改良被有效阻止了（杜尔阁的革新尝试受挫就是见证），奥地利自上而下的努力同样失败，普鲁士和俄国缺乏适当的社会、经济根基（比如财产的不安全性），但改良在不列颠却兴盛起来，用阿塞莫格和罗宾逊（Acemoglu and Robinson 2012）的专门术语说，那些制度在"内容的广泛"方面比在"精华的提炼"

方面更有关联性。这里又一次与法国（比如像孟德斯鸠和伏尔泰这些亲英人士并非中立的主张）以及其他地区进行对比，不列颠与政治自由的亲近性让"改良"方案更加容易。从广泛意义上说，进步（社会改善和政治影响）需要商业，这一点是被认可的。

尽管这一点在英格兰和苏格兰都是事实，但它们的境况是不同 201 的。由于各种不同的原因，就像第1章勾画的，苏格兰有一些追赶的工作要做。我觉得，从周全细致的考虑来说，正是这种认知关键性地预示了苏格兰人在改良和商业上的"作为"。这一点由以下事实强化，即他们写历史当务之急的重心，是不列颠的历史如何从封建依赖脱胎为现代独立和自由的。这突出了苏格兰人对改良的关切，以及对他们自己社会从落后到紧跟时代步伐的文明社会这一转型的关切，后者涵盖在"商业"这一包罗万象的独特社会形式的观念之中。总之，约翰·罗伯逊（Robertson 2005: 326，379 及其全篇）挑起一种论调，认为那不勒斯和苏格兰之间在政治和经济状况以及思想渊源极为相似，但苏格兰与英格兰完全毗邻并共戴一君，而英格兰强调苏格兰"认知"所提供的意义。虽然那不勒斯人和苏格兰人都在讨论"政治经济学"，但"商业社会"如何产生的说法却出自后者的讨论。[2] 不过，我要强调一下这些推测的不确定性和疑虑。最后，我并不认为我的工作对于回答"为什么"苏格兰人有更独特（而非更少独特性）的观念有多大的作用（当然，这不是说，其他不同兴趣的作者们没有赋予它更多重要意义）。

第四阶段的优越性

上文概述的两种理想类型之间的对比，不仅仅是描述性的，而且也非常清晰；它体现了一套评价体系。商业社会，尽管面临第6章确认的一些危险，但它优于之前的那些阶段。我们已经涉及过这种表述；这里的任务是看看苏格兰人自己为这种优势给出——或者说明——的理由。

根据商业社会自己的体现，这个社会中的每个人都是自由人（原则上法律平等地适用于全体），而且与此前相比既健康又富裕。但是，商业社会和以前的社会一样，仍然存在阶层区分。这些可能比游牧社会、农业社会的流动性更强，因为商业财富在代际之间转让并不是特别容易（参见 Millar *OR* 291）。他们在社会地位上的区别可能更"明显"，基于商业财富的那个阶层可以合理地被"那位生意人"渴望跻身（Ferguson *ECS* 237）——这可不是牧民或农奴的选择权。不过，202 他们还是以财产／财富为基础的，由此比第一阶段构成阶层区分的人格因素有更安全的确立根基。我在本章开头提到自然神论，作为一种抽象信仰体系，它符合商业社会的性格。不过我还觉得，显然这将只对商业社会中一小部分相关启蒙过的人来说是事实。在这一点上，米勒曾在不同语境中指出，在"未开化的世界中"寻求自由和独立精神就像在"英国车夫"或"苏格兰人高地地位低下的人们"中间一样"徒劳无功"（*OR* 295）。文人圈也都意识到这个事实，不同于第 6 章提出的共时性担忧，这个意识影响了他们把商业社会历时性理解为一个时间段的形式。

这个理解包含在他们对"大众"的看法中。"大众"这个概念在他们的趣味讨论中最明显，不过其他地方也有体现。苏格兰人口中的"大众"不是某种去历史化的群体；他们也存在于商业社会。[3] 凯姆斯在此语境下的评论给人启发。他说，不仅野蛮人不能抓住财产和占有之间的概念差异——因为太抽象；而且，"直到今天大众也没有形成特殊的财产概念"（*HLT* 91）。当今的大众和过去的野蛮人的相似之处强调了人性连续性这一原则的基本情形；在人性"原则和运行"上没有任何变化（上文第 65 页注释，休谟引文）。过去的野蛮人和现在的大众，他们相似的原因在于相对来说他们都没有受到引导，在这个方面，他们是同样的一群人（cf. Hume *E-AS* 111）。由于相同的基础，所以他们都是迷信的。但是，他们还是有区别的。在"迷信的年代"，"最具判断力的人也会受到影响"，在"启蒙年代，迷信仅限于大众"（Kames *SHM* II，417；cf. Hume *NHR* 6，4/53 and Smith *TMS* V.2.15/210，论希腊哲学家对溺婴现象的容忍）。而且，总体上说，大众是这样一群人，在凯姆斯的"启蒙年代"，初步印象是他们与"智者"或"哲学家"形成对比，休谟也是这样做的（（Hume *U* 8.13/ *SBNU* 86；*T* 1.3.13.12/*SBNT* 150）。但是，这不应该被过度吹嘘，因为休谟还看到，"在所有积极的生活中"，"大体上"支配哲学家的准则与支配大众的相同。

尽管如此，这些哲学家才是趣味的仲裁者。相对无知，对大众的这一限定，意味着他们没有资格作为仲裁者（批评家）。休谟在其论趣味的文章中，先是作为一个事实概括了一个批评家的理想品质有哪些，接着马上宣称，这些品质将是"大多数人"所没有的（*E-ST* 241）。布莱尔也表达了这一主要观点。所有人都拥有鉴赏的"能力"，但就这个能力的范围而言，可能有一些天然的不同，类似这样的差异更多要归因于"教育和文化"。因此，"教育和进步在精细高雅的趣味上给开化民族的优势远远大于野蛮民族"，这一说法一再重复，在"同一民族"中，那些"研究人文艺术"的人的趣味要优于那些"粗鲁的、未受教育的庸俗大众"（Blair 1838: 12；cf. Kames *EC* II，446；Gregory 1788: 132-3，以及其他很多人）。这就强化了先前的一个观点，斯密关于哲学家和搬运工的例子很好说明的一个观点，即最主要的差异是社会意义上的（道德因）。闲暇和教育的存在（与否）才是最为关键的。

潜藏在价值判断背后的是知识好过无知，但普遍价值反映了另一个更基础的普世性，关于人性本身的普世性。与某些阐释者的指责或言外之意相反，苏格兰人独特的商业社会观念并没有预示 19 世纪历史主义的某些说法，即，野蛮人由于生活在远离文明社会的不同"文化"中，因此在某种意义上，他们是不同的人类。[4] 正是基于对价值普世性的认可，苏格兰人才能收放自如地批评那些非开化的民族。比如斯密，他虽然承认溺婴因"不受干扰的习俗"而获得地方上的批准，但还是谴责"这种可怕的行径"违背了我们情感品质；这些情感"以人性中最强烈和最充沛的激情为基础；尽管它们可能会有些歪曲，但不可能完全被颠倒"（*TMS* V.2.16；V.2.1/211，200）。[5] 普遍的人性中有不同的制度性表现，这一事实并不妨碍一种表现比另一种表现好的价值判断，所以——举个休谟的例子——虽然一夫一妻制和多

203

妻制都是人类设计的制度，但后者可以理所当然被认为是"让人厌恶的"（*E-PD* 185）。相同道理，奴隶制在现代社会的合法存在也可以被评判。

这并不是说，苏格兰人没有意识到文化偏见以及傲慢偏狭的判断的危险（参见 Pitts 2005: 26-7；Smith 2009）。邓巴认为"野蛮"和"文明"这样的标签应该被搁在一边，因为欧洲人往往认为"比其他民族优越"这一点太过普遍、过于明显（*EHM* 151-2；cf. 455）。弗格森表达了相同情感："我们假定自己是高雅、文明的标准；我们自己的特点没有表现出来的地方，我们就理解成那里没什么值得了解的东西"（*ECS* 75；cf. 245 认为自己时代的实践就是"人类的标准"是决疑论式的做法）。罗伯逊认为，在现在流行的观念基础上来"决断"过去的"制度和风俗"是"大错特错"（*VP* 417；cf. Kames *HLT* 82）。米勒批评欧洲商业公司压榨、掠夺当地居民（*HV* IV, 6/785）。而休谟虽然不怀疑"文明欧洲人"的优越性，但他强烈反对以这种优越性非人道地对待"野蛮的印第安人"的方式（*M* 3, 19/*SBNM* 191）。当然，如休谟在《论民族特性》一文中对"黑人"的著名评论表面上说明的 [6]，我们也不该否认，商业社会的"文明"优越性也不能免于偏见。

意义的阐释

不可否认，苏格兰人商业社会的观念及其将优越性归功于他们社会的自我意识，充满着喝采般的自我申辩。这并不令人感到奇怪，因为在将商业社会理论化的过程中，他们正在理论化自己的社会，实际上是将他们自己这群苏格兰精英人士进行理论化（Emerson 2009: 239ff）。然而，如第 6 章想要形成的印象一样，这并不是说苏格兰人是抱着幻想的盲目乐观主义者，忽略了商业社会的劣势以及它在社会秩序和一致性上可能面临的各种各样的危险。

尽管偶尔也会有长篇大论的哀叹，不过苏格兰人还是保持着谨慎的希望（cf. Broadie 2001: 38）。他们的希望源自于他们的洞见：社会制度是社会差异的核心所在，他们对社会因或道德因社会科学般的论述让他们意识到，行为和价值很大程度上都是制度的产物。制度变迁的过程中没有路障。人类并不完美，但没有不可逾越的障碍。虽然人类是并不完美的社会动物，但他们找到了合作的方式；实际上，人类制度的真实存在就是这种合作的证明（事实是，对很多人来说，那就是神所认可的）。但最好的合作方式在商业社会。任何假设的选项，像卢梭式的道德高尚的共和国，不仅与"人类的自然倾向"背道而驰（如休谟含蓄提到的斯巴达 [E-Com 263]，卢梭的"榜样"之一 [Shklar 1969: 12–32]），而且，还将缺乏财富的物质福祉和个人自由的精神福祉。他们的警醒同样来自他们的社会科学；因为道德因通过习俗运行，所以改善的变迁是一个缓慢的过程。米勒在他的评论中概述了这种看法，无论国家制度看似"多么不完美、多么有缺陷"，但是，它们"是唯一可能导致那些温和的改良，这些改良通过渐进的风俗改革一点一滴地实现"（ Obs v ）。真正改变事物的"革命"是平静的、静悄悄的、不知不觉的、渐进的，不是激烈的、喧嚣的、剧烈的、突然的。而且，即便温和的变化仍然容易受到严格的批评，因为人性本身在根本上没有变化；它的不完美将不会消失。反社会的方面，如自爱、贪婪、傲慢或对优先特权的偏好（如休谟指出的，宁近勿远）并不总是被制度框架统一或成功地引导到一边去。

在我看来，这并不能轻易地简化为对阶级意识形态的奉行，无论是农业资本主义（McNally 1988: 233），还是小资产阶级（Medick 1973: 288–9；cf. Medickand Batscha 1988: 85），或者"工业阶级的雏形"（Mizuta 1975: 115）。将他们理论上历时性的分析解释为从封建生产方式过渡到资本主义生产方式的说法，并将这分析归因于他们"阶级－身份认定"的语境，这样做也没有获得深刻的洞见（Pascal 1938；Meek 1967；Hobsbawm 1980）。虽然指出他们认为自己的社会是"自然的"，这种做法是以他们继承者的角度来理解他们，就像马克思对斯密的理解；但这种做法只是简单地在他们的观点上投射出一片影子而已。[7] 苏格兰人的观念似乎类似于勾勒出一幅社会的"自由"画面。当然，这样做无疑是在意识形态的磨坊上又撒了一把麦碎。而且，这种"自由"式的理解，往往容易导致形容其意识形态对立面的同一种简化论。很大程度上，这要归功于斯密身后作为一个（假想的）自由市场、倡导者、国家干预敌人的名声（换言之，作为一位综合思想的创造者，"反映了不断成熟的资本主义制度"〔Heller 2011: 149〕）。

那些反对把"自由主义"回溯性地强加在苏格兰人身上的人通常强调苏格兰人秉承共和主义的遗产。这也部分地解释了卢梭／斯密这一关联为什么引起如此众多的兴趣。正如波科克转述的，这种解释认为苏格兰人以文雅代替了城邦，换言之，提出了一种非古典的自由概念，并从社会的、相互交往的术语而非政治术语来看待人。不过，如波科克同时看到的，这种观点有另外一个说法，在这个说法中，苏格兰人的社会思想表现了以财产关系来定义个人的民法传统的演进。波科克看到了两者的并存，并建议不要采用超越－双重性的方法。

有人建议从上面这些角度来理解苏格兰人，这显然合乎情理，不过任何一个角度都无法抓住他们商业社会观念的关键。道德高尚的公民或个人权利的抓有者，两者都不是人人都是商人的社会的核心。商业社会既不是从政治也不是从法律角度来定义的。当然，这些都是必不可少的制度，正如诚实行为和尊重权利是个人不可或缺的。商业社会的核心是相互依赖的关系（这种关系避开了卢梭，他认为只有在独立公民的公意不是主权的共同体中才有依赖性）。安德鲁·斯金纳（Skinner 1996: 177）主张，作为斯密贡献的"真正体现"，换言之，他对"经济现象的相互依赖性"的把握，可以延伸到总体而言的苏格兰人以及他们作为一个整体的思想上。[8] 如果有一个比喻最能概括苏格兰人的观念，那么这个形象就是斯密所说的在制造过程中凝聚着千万人辛劳的"粗羊毛大衣"（上文第 77 页）。用杜格尔特·斯图尔特的话说，在与"未开化的""最初级的辛劳"相比时，这件大衣象征了"一个如此巧夺天工、如此曲折复杂的事物状态"（Smith EPS: 45/292；引自上文第 32 页）。

这个比喻非常重要，除了描述相互依赖性之外，它还说明了——从苏格兰人对商业社会的定义来说——商业社会如何以人性理路运转。作为一种历史形态，商业社会的制度反映了人类激情的结果。劳动分工，这一让缝制大衣得以可能的制度，不是如斯密公开指出的"预示并想要达到它所产生的普遍富裕的任何人类智慧的"结果（*WN* I. ii.1/25）。如我们在第 3 章中考察的，它源于人性中的交易倾向。苏格兰人对"现代主义的"心理学的使用，意味着他们将欲望而非理性作为人类行动的动机。当然，他们不否认人是理性的，不过这被表述为**合理性**（*Zweckrationalität*）——实现目的的工具。交易中的每个参与者都在独自计算（如果只是暗地里计算的话）自己在这个活动中的参与能让他们更好地获得他们想要的东西。若没有动机变化，这就会不断扩大。制造大衣过程中卷入了成千上万的人，每个人的行为都是相似的——和他人更好合作，能让每个人的欲望都得到实现（如果这只是获得下一顿饭的手段的话）。

　　大衣这个例子中包含两个其他的意思。取代理性这一动机力量的相同心理还支撑着道德判断的过程。苏格兰人所采用的这种情感主义的伦理学让道德判断变成了情感和想象的事情，而与理性命令无关。制造大衣的过程，作为一种人类活动，即便不是设计（"设计"是弗格森的词［*ECS* 122］），也不会发生在一种无是无非、没有道德判分的背景下。商人，换言之每个人（和女人——和卢梭绝对男子气的政体不同），都是道德代理人，大体上是温和德性的倡导者。他们是人，而非超人。商业社会不需要英雄或圣人，没有他们会更好。这种商业的道德（如我们对它的称呼）预示了第二种含义。

　　道德是让那件大衣出现在市场恰当位置中的无数背景条件之一。一旦相互联结的社会特性在脑海中生成，道德就成了唯一被期待的东西。这种明确的相互依赖性不是武力的产物（Wolin 1960: 291）。虽有正式的胁迫威压，不过强迫人们制造大衣不是"国家"的任务。这里又一次和人性保持了一致：成千上万个身处"自由社会"的个体相互来往，希望得到积极的收获而非出于对报复的恐惧。这种收获（更经常性的）将是相互的，设想的痛苦（更经常性的）可能是个人的。这种相互关系表现在每个参与者都看到自己的利益增进了。在适当的制度环境中（cf. Muller 1995），这就为可预测性提供了一个安全的基

207

础，避免了利维坦式的战争（cf. Cropsey 2001）。正如霍布斯所想，他在其激情理论的基础上开创了"公民哲学"（政治科学），与此同时，苏格兰人系统地在社会科学中铺石引路。[9]

这里轻描淡写的胁迫常常和形容为"自发的"社会秩序相联。[10]我觉得，这不是一个最巧妙的说法。自发秩序这个范式是市场协调，虽然斯密式的提炼——"人人都是商人"——可以说明，经济要素或市场是苏格兰人观点中的主要成分，但是，这对它的强调还是过分了。这种相互依赖性适用于所有社会制度。詹姆斯·奥特森（Otteson 2002）创造性地将自发性用到斯密的道德哲学中，不过我的看法更宽泛一些。法律和政治的去中心化并没有被经济交易的中心位置代替，错误在于那些可能想让苏格兰人"意识形态化"——无论是"马克思主义"还是"自由主义"的那些人中。苏格兰人是制度主义者；自发性在缝隙中产生。而且，如这里强调的，苏格兰人意识到商业世界是一种暂时的形态，他们相应地协调以适应制度的"黏性"（Berry 2003a）。

这种相互联结的复杂整体不是某个完美的功能性体系；如我在上文简要概述的，它是一个"理想类型"，一种结构，其目标是确认主要特征，不是提供经验性描述。作为一个不完美的整体，将"商业社会"视为沦为自我调整的结构则是一种误解。它将包含在其非同寻常的原理中。据说弗格森笔下的行为/设计特征、或斯密的"看不见的手"所阐释的所谓"无意图的结果这一原则"，正如我们不时提到的，并不必然是良性的。劳动分工导致精神麻痹的同时也带来了财富；信用刺激勤勉精神，也增加了防御的脆弱性；商业改善了女人的地位，也导致性欲的放纵；例行程序般地执行正义，但忽视了政治义务。苏格兰人的培根主义在这方面努力改善或纠正这些问题。所有的努力都得到社会科学的帮助，但同样的科学也提醒他们小心他们不得不面对的物质黏性。我们在这篇结论中所证实的，苏格兰人充分意识到商业社会的不完美，就像他们对于这些将被进步腐蚀的特征所保持的谨慎的乐观一样。

最后，让我们回到开头。苏格兰人商业社会的观念是"关于"改

良的。围绕这个轴线的，是该观念共时性和历时性的双重维度。商业
社会标志着地主社会的推进，就像后者是对游牧社会和狩猎－采集社
会的推进。前两种社会在对财产所有者的依赖性上连贯一致。后两者
没有财产权可言，生活极端贫困，而且在亲属关系或由于防御或进攻
目标而临时联合这些方面，他们拥有的社会连贯性也不强。在商业社
会中，财产的权力因其特征鲜明的相互依赖性而分散开来，还是这一
特征，让参与者的生活得到改善，摆脱了凄惨的贫穷。

　　就其性质而言，相互依赖涉及的不是少数几人，而是许许多多
人，此含义影响了社会生活的范围及其制度表现，恰当地将商业社会
从重商主义共和国中区分出来。正是由于这种同步——詹姆斯·福代
斯（Fordyce 1776: 7）将此称作"巨大的社会机器"——这些制度和
行为才大体上凝聚在一起。这些相似的一致性，为启蒙的改良工作提
供了范围。关于这个"工作"，重要的不是它的程度和野心（野心被
断定为需要可能更好），而是它被想象为发生在历史形式中的制度和
行为框架中（它将由科学揭示，而不是乌托邦的愿景）。这种界定既
是以下见解的产物，也是对该见解的强化，即，这种简单粗陋的一
致，这组自我说明的制度，确立了"商业社会"这样一种事物。尽管
"社会"这个词语不是专门挑出来使用的（它只是"人"或"国家"
这样的词语）[11]，但是米勒还是预示性地宣称（大概也可以说是我的
看法）"两性之间的状况和风俗……发生了革命"，这些源于"人类在
日常生活技艺所取得的进步，因此在社会总体史中有一定位置"（OR
228）。商业社会就被放置在这种历史中，而实践和追求这种社会"日
常生活技艺"的基础是：人人都是商人。

209

注释

[1]　罗伯逊（VP 492）坦承他没有利用伏尔泰的"历史"，因为他没能引用他的来
　　　源。伏尔泰对十字军东征之后欧洲商业发展的论述，在《论各民族的精神与风
　　　俗》全书一百多章中仅有一章（Voltaire 2001: III, Chap. 82），《路易十四时代》

其中一章部分主题事关商业，其他涉及内容只是捎带提到。

［2］ 罗伯逊关注的重点是1760年之前的时期，这意味着，特别是休谟，是他的主要对象（因为正是休谟"开启了苏格兰的启蒙运动"［Robertson 2005:381］），而《国富论》没有分析。

［3］ 这描述了布莱尼和伊纳亚图拉在解释斯密时的观点（Blaney and Inayatullah 2010: 45，不过他们自己的描述可以参见第48页）：野蛮社会和文明社会之间竖起了"时间的高墙"，就像斯密说的"在时间／伦理的要塞中封住了现代社会"。他们更宽泛的论证（覆盖其他苏格兰人和其他思想家）说的是，"野蛮社会"是一个"典范"，对于为商业社会申辩非常重要（Blaney and Inayatullah 2010: 192, 47），这一点回应的是米克（Meek 1976: 129-30）。

［4］ 这在一些关于休谟的阐释中有所暗示（参见Berry 2007的讨论）。尼古拉斯·菲利普森提到斯密"历史化了人性"（Phillipson 2000:84），将对不同文明的"不同心灵"和"不同自我"的认识归功于罗伯逊（Phillipson 1997:59）。

［5］ 比较的是福曼-巴尔奇莱（Forman-Barzilai 2010: 248），"斯密从未承认文化能胜过正义；他也从未承认多样性能胜过'人性中最强烈、最充沛的激情'。"但她也断言，"从根本上说"，斯密是"一个激进的地方主义者和特殊主义者"（Forman-Barzilai 2010:194）。

［6］ 休谟在《论文集》1753/4版本中的这篇文章里加了一注释，他在这个注释中声称，他"比较怀疑"黑人"天生低于"白人，因为在那个群体中"从未"有过"开化的民族"或"杰出的"个人。然而，在《论文集》的最后一版（1777年身后出版的一版［E-NC 208注释］）中，休谟修改了这个注释。他划掉了"从未"（never）这个词，代之于"几乎从未"（scarcely ever）（E-v 62）。这可能是贝蒂批评时接受的版本（而且可能只有在这里）（Beattie 1975:310-11）。参见伊梅瓦尔（Immernahr 1992），更广泛的背景见戴维斯（Davis 1966）。

［7］ 当然，这种特殊的意识形态理解没有取得垄断地位。根据特雷弗-罗伯尔的说法（Trevor-Roper 1977:375），"苏格兰社会的特殊性"说明了苏格兰人对政治经济学和社会史的强调（cf. Horne 1990: 73）。

［8］ 参见丹尼尔·布律迈尔（Brühlmeier 1996:24）简明扼要的概括："我们在苏格兰启蒙运动中发现了极为重要的社会相互依赖和互惠意识。"

［9］ 这不是说他们前无古人。在威廉·莱特温（Letwin 1964: vi; cf. Appleby 1978:184）看来，经济学作为一门科学的"基本原理"在17世纪末就被设置好了。但是，正是他们分析的广度和系统的特征让苏格兰人脱颖而出，因此，除了将斯密确认为"经济学之父"这种老调重弹，麦克雷（MacRae 1969:25）还将弗格森确认为"第一位社会学家"，凯姆斯在人类学史占一章，米勒的《阶层区分的起源》而被溢美为社会分层的开创性著作（Evans-Pritchard 1981）。关于霍布斯对其优先权的声明，参见其《论物体》的献词（Hobbes 1839: I, ix）。

［10］这个概念和弗里德里希·哈耶克有关。他认为苏格兰人作为合适的自由主义
　　　传统阐释者是最耀眼的主角（Hayek 1972:57）（哈耶克与苏格兰人的关系，
　　　系统的讨论参见克雷格·史密斯［Smith 2006］）。罗纳德·哈姆威（Hamowy
　　　1987:3）公开承认，哈耶克在确认苏格兰人社会学意义上的影响在于"自发
　　　秩序"这个概念。但是，这个术语在奥古斯特·孔德和赫伯特·斯宾塞也能
　　　找到，而这两人都不在哈耶克挑选的谱系中。还是那句话，克雷格·史密斯
　　　2006年出版的著作是必读书。

［11］人们生活在一个井然有序的共同体中（cf. *OED*），这种空间意义上的"社
　　　会"在18世纪中期以前很少见到。法国的情形也是一样，参见戈登（Gordon
　　　1994:52ff）在"语义学领域"的讨论。当然，斯密皇皇巨著《国富论》标题
　　　中的"国家"也提醒人们词义的不准确性。

参考文献

PRIMARY: SCOTTISH

Act Of Union, 1707, www.rahbarnes.demon.co.uk/Union/UnionwithEnglandAct.

Anderson, A. (1764), *A Historical and Chronological Deduction of the Origin of Commerce*, London.

Anderson, J. (1777), *Observations on the Means of Exciting a Spirit of National Industry; Chiefly Intended to Promote the Agriculture, Commerce, Manufactures and Fisheries of Scotland*, Edinburgh.

Anon. (1753), *An Inquiry into the Original and Consequences of the Public Debt*, Edinburgh.

Beattie, J. [1776] (1975), *Essay on the Nature and Immutability of Truth*, Hildesheim: Olms reprint.

Blackwell, T. [1735] (1972), *An Enquiry into the Life and Times of Homer*, Menston: Scolar Press reprint.

Blair, H. [1783] (1838), *Lectures on Rhetoric and Belles-Lettres*, in one volume, London.

— [1763] (1996), *A Critical Dissertation on the Poems of Ossian*, appended to *Poems of Ossian*, H. Gaskill (ed.), Edinburgh: Edinburgh University Press, pp. 343–408.

Carlyle, A. (1910), *The Autobiography of Dr Alexander Carlyle of Inveresk 1722–1805*, J. Burton (ed.), Edinburgh: Foulis.

Craig, J. [1806] (1990), *Account of the Life and Writings of John Millar*, J. Price (ed.), Bristol:Thoemmes.

Dalrymple, J. (1757), *Essay toward a General History of Feudal Property in Great Britain*, London.

— (1764), *Considerations upon the Policy of Entails in Great Britain*, Edinburgh.

Dunbar, J. (1781), *Essays on the History of Mankind in Rude and Cultivated Ages*, 2nd edn,London.

Ferguson, A. (1756), *Reflections Previous to the Establishment of a Militia*, London.

— (1766), *Analysis of Pneumatics and Moral Philosophy*, Edinburgh.

— (1776), *Remarks on a Pamphlet Lately Published by Dr Price*, London.

— [1783] (1813), *The History of the Progress and Termination of the Roman Republic*, 5 vols, Edinburgh.

— [1767] (1966), *An Essay on the History of Civil Society*, D. Forbes (ed.), Edinburgh: Edinburgh University Press.

— [1769] (1994), *Institutes of Moral Philosophy*, 3rd edn, London: Thoemmes reprint.

— [1792] (1995), *Principles of Moral and Political Science*, 2 vols, Hildesheim: G. Olms.

— (1995), *Correspondence*, 2 vols, V. Merolle (ed.), London: Pickering.

— (2006)*The Manuscripts of Adam Ferguson*, V. Merolle, R. Dix and E. Heath (eds), London:Pickering and Chatto.

Fletcher, A. [1698] (1979), *A Discourse of Government with Relation to Militias*, in D. Daiches (ed.), *Fletcher of Saltoun: Selected Writings*, Edinburgh: Scottish Academic Press, pp. 1–26.

Fordyce, D. (1776), *The Character and Conduct of the Female Sex*, 2nd edn, London.

Gregory, J. [1765] (1788), *A Comparative View of the State and Faculties of Man, in Works of the late John Gregory,* vol. 2, Edinburgh.

Halyburton, T. (1718), *Memoirs of the Life of the Reverend, learned and pious Mr. Thomas Halyburton*, London.

— [1714] (1798), *Natural Religion Insufficient; and Revealed Necessary to Man's Happiness in his Present State*, Montrose.

Home, F. (1756), *The Principles of Agriculture and Vegetation,* Edinburgh.

Hume, D. (1748), *A True Account of the Behaviour and Conduct of Archibald Stewart,* Edinburgh.

— (1875), *Philosophical Works*, T. Green and G. Grose (eds), London: Longmans.

— (1894), *History of England*, 3 vols, London: George Routledge.

— (1932), *The Letters of David Hume,* 2 vols, J. Greig (ed.), Oxford: Clarendon Press.

— (1975), *Enquiries concerning Human Understanding and concerning the Principles of Morals*,

L. Selby-Bigge and P. Nidditch (eds), Oxford: Clarendon Press.

— [1739–40] (1978), *A Treatise of Human Nature*, L. Selby-Bigge and NidditchP. (eds), Oxford:Clarendon Press.

— (1985), *Essays: Moral, Political and Literary,* E. Miller (ed.), Indianapolis: Liberty

Press.

—[1751] (1998), *An Enquiry concerning the Principles of Morals,* T. Beauchamp (ed.), Oxford:Oxford University Press.

—[1748] (1999), *An Enquiry concerning Human Understanding*, T. Beauchamp (ed.), Oxford: Oxford University Press.

—[1739–40] (2002), *A Treatise of Human Nature*, D. and M. Norton (eds), Oxford: Oxford University Press.

— (2007), *A Dissertation on the Passions and the Natural History of Religion,* T. Beauchamp (ed.), Oxford: Oxford University Press.

Hutcheson, F. (1728), *An Inquiry concerning the Original of our Ideas of Virtue or Moral Good,*3rd edn, London.

—[1726] (1989), *Observations on the Fable of the Bees*, Bristol: Thoemmes reprint.

— (1994), *Philosophical Writings,* R. Downie (ed.), London: Everyman.

—[1755] (2005), *System of Moral Philosophy*, 2 vols, London: Continuum.

—[1747] (2007), *A Short Introduction to Moral Philosophy,* L. Turco (ed.), Indianapolis: Liberty Press.

Hutton (1777), *Considerations on the Nature, Quality and Distinctions of Coal and Culm, with enquiries philosophical and political into the present state of laws and the questions now in agitation relative to the taxes upon these commodities*, Edinburgh.

— (1794), *An Investigation of the Principles of Knowledge and of the Progress of Reason*, 3 vols, Edinburgh.

— (1795), *Theory of the Earth, with Proofs and Illustrations*, Edinburgh.

Kames, H. Home, Lord (1732), *Essays upon Several Subjects in Law,* Edinburgh.

— (1747), *Essays upon several subjects concerning British Antiquities*, Edinburgh.

— (1758), *Essays on the Principles of Morality and Natural Religion*, 2nd edn, London.

— (1766), *Progress of Flax-Husbandry in Scotland,* Edinburgh.

— (1767), *Principles of Equity,* corrected 2nd edn, Edinburgh.

—[1774] (1779), *Sketches on the History of Man*, 3rd edn, 2 vols, Dublin.

— (1776), *The Gentleman Farmer: Being an Attempt to Improve Agriculture by Subjecting it to the Test of Rational Principles*, Edinburgh.

— (1777), *Elucidations respecting the Common and Statute Law of Scotland*, Edinburgh.

— (1779), *Historical Law Tracts*, 2nd edn, Edinburgh.

—[1779] (2005), *Essays on the Principles of Morality and Natural Religion,* 3rd edn, Indianapolis: Liberty Press.

— (1817), *The Elements of Criticism*, 9th edn, 2 vols, Edinburgh.

Leechman, W. (2005), 'An Account of the Life, Writings and Character of Francis

Hutcheson', prefixed to Hutcheson, *A System of Moral Philosophy*, London: Continuum Classic Texts, pp. i–xlviii.

Lindsay, P. (1733), *The Interest of Scotland Considered*, London.

Mackenzie, G. [1691] (1711), *Moral History of Frugality*, London.

MacLaurin, C. (1750), *An Account of Sir Isaac Newton's Philosophical Discoveries,* 2nd edn, London.

McQueen, D. (1756), *Letters on Mr Hume's History of Great Britain*, Edinburgh.

Melvill, T. (1734), *The True Caledonian*, Edinburgh.

Millar, J. (1771), *Observations concerning the Distinction of Ranks of Society*, London.

—[1779] (1971), *The Origin of the Distinction of Ranks*, 3rd edn, in W. Lehmann (ed.), John

Millar of Glasgow, Cambridge: Cambridge University Press, pp. 173–322.

—[1797/1803] (2006), *An Historical View of the English Government,* M. Salber Phillips and D.Smith (eds)in one volume, Indianapolis: Liberty Press.

Pennant, T. [1769] (1979), *A Tour in Scotland,* 3rd edn, Perth: Melven Press.

Ramsay, J. (1888), *Scotland and Scotsmen in the Eighteenth Century*, 2 vols, A. Allardyce (ed.), Edinburgh.

Reid, T. (1846), *Works*, in one volume, W. Hamilton (ed.), Edinburgh: Maclachan Stewart.

— (1990), *Practical Ethics*, K. Haakonssen (ed.), Princeton: Princeton University Press.

Robertson, W. (1840), *Works*, in one volume, D. Stewart (ed.), Edinburgh.

Sinclair, J. (ed.) (1973), *The Statistical Account of Scotland 1791–1799*, Wakefield: EP Publishing.

Smith, A. (1982), *Essays on Philosophical Subjects,* W. Wightman, J. Bryce and I. Ross (eds),Indianapolis: Liberty Press.

— (1982), *Lectures on Jurisprudence*, R. Meek, D. Raphael and P. Stein (eds), Indianapolis:Liberty Press.

— (1982), *The Theory of Moral Sentiments*, A. MacFie and D. Raphael (eds), Indianapolis: Liberty Press.

— (1982), *An Inquiry into the Nature and Causes of the Wealth of Nations*, R. Campbell and A.Skinner (eds), Indianapolis: Liberty Press.

— (1983), *Lectures on Rhetoric and Belles Lettres,* J. Bryce (ed.), Indianapolis: Liberty Press.

— (1987), *Correspondence of Adam Smith*, E. Mossner and I. Ross (eds), Indianapolis: Liberty Press.

Somerville, T. (1861), *My Own Life and Times 1741–1814*, Edinburgh: Edmonston.

Steuart, J. (1966), *An Inquiry into the Principles of Political Oeconomy*, 2 vols, A. Skinner (ed.),Chicago: University of Chicago Press.

Stewart, D. (1854), *Dissertation: Exhibiting the Progress of Metaphysical, Ethical and Political Philosophy since the Revival of Letters in Europe*, in W. Hamilton (ed.), Works, vol. 1,Edinburgh: Constable.

Stuart, G. (1768), *Historical Dissertation concerning the Antiquity of the English Constitution*, Edinburgh.

— (1779), *Observations concerning the Public Law and the Constitutional History of Scotland*, Edinburgh.

—[1792] (1995), *A View of Society in Europe in its Progress from Rudeness to Refinement*, 2nd edn, Bristol: Thoemmes reprint.

Turnbull, G. (1740), *Treatise on Ancient Painting*, London.

— (1741), *Discourse upon Moral and Civil Laws, appended to his edition of Heineccius' System of Universal Law*, Edinburgh.

—[1740] (2005), *The Principles of Moral Philosophy*, Indianapolis: Liberty Press.

Tytler, A. [1807] (1993), *Memoirs of the Life and Writings of the Honourable Henry Home of Kames*, 2 vols, Bristol: Thoemmes reprint.

Wallace, R. (1761), *Various Prospects of Mankind*, London.

—[1758] (1961), *Characteristics of the Present Political State of Great Britain*, New York: Kelley reprint.

—[1753 and 1809] (1969), *Dissertation on the Numbers of Mankind in Antient and Modern Times*, New York: Kelley reprint.

Wodrow, R. (1828), *Life of James Wodrow*, Edinburgh: Blackwood.

PRIMARY: OTHER

Aquinas, St Thomas [1259–64] (1928), *Summa Contra Gentiles*, vol. 3, trans. English Dominican Fathers, London: Burns and Oates.

Aristotle (1894), *Ethica Nicomachea*, L. Bywater (ed.), Oxford: Oxford Classical Texts.

— (1944), *The Politics*, trans. H. Rackham with text, London: Loeb Library.

Bacon, F. (1740), *Works*, 4 vols, London.

— (1853), *The Physical and Metaphysical Works of Lord Bacon*, J. Devey (ed.), London: Bohn Library.

— (1868), *The Moral and Historical Works of Lord Bacon*, J. Devey (ed.), London: Bohn Library.

Barbon, N. [1690] (1905), *A Discourse of Trade*, J. Hollander (ed.), Baltimore: Johns

Hopkins Press.

Beccaria, C. [1764] (1965), *Dei Delitti e delle Pene*, F. Venturi (ed.), Turino: Einaudi.

Berkeley, G. (1953), *Works*, A. Luce and T. Jessop (eds), 6 vols, Edinburgh: Nelson.

Bolingbroke, H. St John, Viscount (1754), *Works*, 5 vols, London.

Brown, J. (1758), *An Estimate of the Manners and Principles of the Times*, 7th edn, London.

Burke, E. [1774] (1889), *Speech on American Taxation*, in *Works*, vol. 1, London: Bohn.

Butler, J. [1726] (1964), *Fifteen Sermons Preached at the Rolls Chapel*, London: Bell.

Chambers, E. (1728), *Cyclopedia or an Universal Dictionary of Arts and Sciences*, London.

Cicero (1913), *The Offices*, trans. W. Miller with text, London: Loeb Library.

— (1927), *Tusculan Disputations*, trans. J. King with text, London: Loeb Library.

— (1931), *De Finibus*, trans. H. Rackham with text, 2nd edn, London: Loeb Library.

Condillac, E. [1776] (1847), *Le Commerce et le gouvernement*, in E. Daire and G. Molinari (eds), *Mélanges d'économie politique*, Paris: Guillaumin, pp. 247–443.

—[1746] (2001), *Essay on the Origin of Human Knowledge*, trans. H. Aarsleff (ed.), Cambridge: Cambridge University Press.

Condorcet, M. [1795] (1933), *Esquisse d'un tableau historique des progrès de l'esprit humain*, O. Prior (ed.), Paris: Boivin.

Constant, B. [1819] (1988), *The Liberty of the Ancients Compared with that of the Moderns*, trans. B. Fontana, Cambridge: Cambridge University Press.

d'Alembert, J. [1751] (1963), *Preliminary Discourse to the Encyclopedia*, trans. N. Schwab, Indianapolis: Bobbs Merrill.

Danvila y Villagrassa, B. [1779] (2008), *Lecciones de Economia Civil o del Comercio*, P. Ferri (ed.), Zaragoza: CISC.

Davenant, C. (1771), *Works*, 5 vols, C. Whitworth (ed.), London.

de la Condamine, C. (1745), *Relation abrégée d'un voyage fait dans l'intérieur de l'Amérique Méridionale*, Paris.

Deleyre, A. (1755), 'Epingle', in *Encyclopédie ou dictionnaire raisonnée des sciences, des arts et des métiers*, vol. 5, Paris, pp. 804–6.

Descartes, R. [1637] (1912), *A Discourse on Method*, trans. J. Veitch, London: Everyman Library.

Diderot, D. (1755), 'Encyclopédie', in *Encyclopédie ou dictionnaire raisonnée des sciences, des arts et des métiers*, vol. V, Paris, pp. 635–49.

Diogenes Laertius (1925), *Lives of Eminent Philosophers* (Zeno), vol. 7, trans. R. Hicks, London: Loeb Library.

Domat, J. [1703] (1722), *The Civil Law in its Natural Order*, trans. W. Strahan, London.

J.-B.Dubos [1719] (1760), *Réflexions critiques sur la poésie, la peinture et la musique*, 2 vols, Paris.

Epictetus (1928), *The Manual and Discourses*, trans. W. Oldfather with text, London: Loeb Library.

Fénelon, F. [1699] (1962), *Les aventures de Télémaque*, J. Goré (ed.), Firenze: Sansoni.

Florus (1943), *Epitome of Roman History*, trans. E. Foster with text, London: Loeb Library.

Galiani, F. [1751] (1915), *Della Moneta*, F. Nicolini (ed.), Bari: Laterza.

Genovesi, A. (1765), *Delle Lezioni di Commercio o sia d'economia Civile da Leggesi*, Naples.

Godwin, W. [1798] (1976), *Enquiry concerning Political Justice*, I. Kramnick (ed.), Harmondsworth: Penguin Books.

Goguet, Y. (1758), *De l'Origine des Loix, des Arts et des Sciences et de leur Progrès chez les Anciens Peuples*, Paris.

— (1761), *The Origin of Laws, Arts and Sciences and their Progress among the most Ancient Peoples*, Edinburgh.

Grotius, H. [1625, trans. 1738] (2005), *The Rights of War and Peace*, R. Tuck (ed.), Indianapolis: Liberty Press.

Harrington, J. [1656] (1977), *Oceana*, in *Political Writings*, J. Pocock (ed.), Cambridge: Cambridge University Press, pp. 155–359.

Harris, J. (1757), *An Essay upon Money and Coins*, London.

Helvétius, C. [1758] (1843), *De l'Esprit*, P. Christian (ed.), Paris: Lavigne.

Hobbes, T. [1655] (1839), *Epistle Dedicatory to De Corpore*, in Works, vol. 1, W. Molesworth (ed.), London, pp. vi–xii.

—[1651] (1991), *Leviathan*, R. Tuck (ed.), Cambridge: Cambridge University Press.

Houghton, J. (1677), *England's Great Happiness*, London.

Johnson, S. [1773] (1791), *A Journey to the Western Islands of Scotland*, London.

Livy (1919), *From the Founding of the City*, vol. 1, trans. B. Foster with text, London: Loeb Library.

Locke, J. (1854), *Philosophical Works*, 2 vols, H. St John (ed.), London: Bohn Library.

—[1689] (1965), *Two Treatises of Government*, P. Laslett (ed.), New York: Mentor Books.

Macaulay, C. (1769), *History of England from the Accession of James I to the Elevation of the House of Hanover*, 3rd edn, London.

Machiavelli, N. [1532] (1998), *Il Principe*, in A. Capata (ed.), *Tutte le opere storiche*, *politiche e letterarie*, Rome: Newton, pp. 6–55.

Mandeville, B. (1729), *Free Thoughts on Religion*, 2nd edn, London.

—[1732] (1988), *The Fable of the Bees*, 2 vols, ed. F. Kaye, Indianapolis: Liberty Press.

Martin, H. [1701] (1952), 'Considerations on the East-India Trade', reprinted in J. McCulloch (ed.), *Early English Tracts on Commerce*, Cambridge: Economic History Society, pp. 541–630.

Marx, K. (1967), *Capital*, 3 vols, trans. S. Moore and S. Aveling, ed. F. Engels, New York: International Publishers.

Melon, J.-F. (1735), *Essai politique sur le commerce*, Amsterdam.

V.Mirabeau (1759), *L'Ami des hommes*, 6 vols, Amsterdam.

— (1760), *Tableau Oeconomique avec ses Explications*, Amsterdam.

Montesquieu, C. [1748] (1961), *De l'Esprit des Lois*, 2 vols, G. Truc (ed.), Paris: Garnier.

— (1989), *The Spirit of the Laws*, trans A. Cohler, B. Miller and H. Stone, Cambridge: Cambridge University Press.

Mun, T. [1664] (1952), *England's Treasure by Forreign Trade*, reprinted in J. McCulloch (ed.), *Early English Tracts on Commerce*, Cambridge: Economic History Society reprint, pp. 115–210.

Newton, I. (1953), *Newton's Philosophy of Nature: Selections from his Writings*, H. Thayer (ed.), New York: Hafner.

Nicole, P. (1999), *Essais de morale*, L. Thirouin (ed.), Paris: Presses Universitaires de France.

North, D. [1691] (1952), *Discourse on Trade*, reprinted in J. McCulloch (ed.), *Early English Tracts on Commerce*, Cambridge: Economic History Society reprint, pp. 505–40.

Perkins, W. (1609), *Three Books of Cases of Conscience*, in *Works*, vol. 2, Cambridge, pp. 1–176.

—[1597–1601] (1612), *Treatise of the Vocations*, in *Works*, vol. 1, Cambridge, pp. 747–79.

Petty, W. [1683] (1899), *The Economic Writings of Sir William Petty*, C. Hull (ed.), 2 vols, Cambridge: Cambridge University Press.

Plato (1902), *Politeia*, J. Burnett (ed.), Oxford: Clarendon Press.

Pufendorf, S. [1672] (1934), *On the Law of Nature and of Nations*, trans. C. and W. Oldfather,Oxford: Classics of International Law.

Quesnay, F. (1764), *Philosophie rurale ou économie générale et politique de l'agriculture*, Amsterdam.

Rousseau, J.-J. [1755] (1962), *Discours de l'ineqalité parmi les hommes*, Paris: Garnier.

St Lambert (1757), 'Luxe', in *Encyclopédie ou dictionnnaire raisonnée des sciences, des arts et des métiers*, vol. IX, Paris, pp. 763−71.

Sallust (1921), *The War with Catiline*, trans. J. Rolfe with text, London: Loeb Library.

Seneca (1932a), *Letters to Lucilius*, trans. R. Gummere with text, London: Loeb Library.

— (1932b), *Moral Essays*, vol. 2, trans. J. Basore with text, London: Loeb Library.

Sidney, A. [1698] (1990), *Discourses concerning Government*, T. West (ed.), Indianapolis: Liberty Press.

Sprat, T. (1702), *The History of the Royal Society of London*, 2nd edn, London.

Swift, J. (1721), *Bubble: A Poem*, Edinburgh.

Temple, W. (1680), *Miscellanea*, London.

Tucker, J. (1755), *The Elements of Commerce and Theory of Taxes*, Bristol.

Turgot, A. (1973), *On Progress, Sociology and Economics*, trans. R. Meek (ed.), Cambridge:Cambridge University Press.

Voltaire, A. [1751] (1929), *Siècle de Louis XIV*, 14th edn, E. Bourgeois (ed.), Paris: Hachette.

—[1734] (1956), *Philosophical Letters*, in H. Block (ed.), Candide and Other Writings, New York: Modern Library, pp. 323−56.

—[1756] (2001), *Essai sur les Moeurs et l'esprit des Nations*, in *Les Oeuvres Complètes de Voltaire*, 3 vols (22−4), Oxford: Voltaire Foundation.

Xenophon (1923), *Oeconomicus*, trans. E. Marchant with text, London: Loeb Library.

SECONDARY

Acemoglu, D. and J. Robinson (2012), *Why Nations Fail: The Origins of Power, Prosperity and Poverty*, London: Profile Books.

Allan, D. (1993), *Virtue, Learning and the Scottish Enlightenment*, Edinburgh: Edinburgh University Press.

Alvey, J. (2003), *Adam Smith: Optimist or Pessimist*, Aldershot: Ashgate.

Amrozowicz, M. (2013), 'Adam Smith: History and Poetics', in C. Berry, M. Paganelli and C.Smith (eds), *Oxford Handbook of Adam Smith*, Oxford: Oxford University Press, pp. 143−58.

Annas, J. (1993), *The Morality of Happiness*, New York: Oxford University Press.

Appleby, J. (1978), *Economic Thought and Ideology in Seventeenth-Century England*, Princeton: Princeton University Press.

Arena, V. (2011), 'Roman Sumptuary Legislation: Three Concepts of Liberty', *European Journal of Political Theory*, 10: 463−89.

Aspromourgos, T. (2009), *The Science of Wealth: Adam Smith and the Beginnings of Political Economy*, London: Routledge.

Baier, A. (1991), *A Progress of Sentiments: Reflections on Hume's Treatise,* Cambridge, MA: Harvard University Press.

Baker, K. (1975), *Condorcet: From Natural Philosophy to Social Mathematics*, Chicago: University of Chicago Press.

Baugh, D. (1983), 'Poverty, Protestantism and Political Economy', in S. Baxter (ed.), *England's Rise to Greatness*, Berkeley: University of California Press, pp.63–107.

Benton, T. (1990), 'Adam Ferguson and the Enterprise Culture', in P. Hulme and L. Jordanova (eds), *The Enlightenment and its Shadows*, London: Routledge, pp. 63–120.

Berg, M. and E. Eger (2003), 'The Rise and Fall of the Luxury Debates', in M. Berg and E. Eger (eds), *Luxury in the Eighteenth Century*, Basingstoke: Palgrave, pp. 7–27.

C.Berry (1994), *The Idea of Luxury: A Conceptual and Historical Investigation*, Cambridge: Cambridge University Press.

— (1997), *Social Theory of the Scottish Enlightenment*, Edinburgh: Edinburgh University Press.

— (2000), 'Rude Religion: The Psychology of Polytheism in the Scottish Enlightenment', in P.Wood (ed.), T*he Scottish Enlightenment: Essays in Re-Interpretation*, Rochester, NY: Rochester University Press, pp. 315–34.

— (2003a), 'Sociality and Socialisation', in A. Broadie (ed.), *The Cambridge Companion to the Scottish Enlightenment*, Cambridge: Cambridge University Press, pp. 243–57.

— (2003b), 'Lusty Women and Loose Imagination: Hume's Philosophical Anthropology of Chastity', *History of Political Thought*, 24: 415–33.

— (2004), 'Smith under Strain', *European Journal of Political Theory*, 3: 455–63.

— (2006a), 'Smith and Science', in K. Haakonssen (ed.), *The Cambridge Companion to Adam Smith*, Cambridge: Cambridge University Press, pp. 112–35.

— (2006b), 'Hume and the Customary Causes of Industry, Knowledge and Humanity', *History of Political Economy*, 38: 291–317.

— (2007), 'Hume's Universalism: The Science of Man and the Anthropological Point of View, *British Journal for the History of Philosophy*, 15: 535–50.

— (2008), 'Hume and Superfluous Value (or What's Wrong with Epictetus' Slippers)', in C. Wennerlind and M. Schabas (eds), *David Hume's Political Economy*, London: Routledge, pp. 49–64.

— (2009a), 'Ferguson and the Principle of Simultaneity', in E. Heath and V. Merolle (eds), *Adam Ferguson: Philosophy, Politics and Society*, London: Pickering and Chatto, pp. 143–53, pp. 214n–17n.

— (2009b), *David Hume*, London: Continuum.

— (2010), 'Creating Space for Civil Society: Conceptual Cartography in the Scottish Enlightenment', *Giornale di Storia Constituzionale*, 20: 49–60.

— (2011), 'Science and Superstition: Hume and Conservatism', *European Journal of Political Theory*, 10: 141–55.

— (2012), 'Adam Smith's Science of Human Nature', *History of Political Economy*, 44: 471–92.

Blaney, D. and N. Inayatullah (2010), *Savage Economics: Wealth, Poverty and the Temporal Walls of Capitalism*, London: Routledge.

Bonolas, P. (1987), 'Fénelon et le luxe dans le Télémaque', *Voltaire Studies*, 249: 81–90.

Booth, W. (1993), *Households: On the Moral Architecture of the Economy*, Ithaca, NY: Cornell University Press.

Bowles, P. (1985), 'The Origin of Property and the Development of Scottish Historical Science', *Journal of the History of Ideas*, 46: 197–209.

— (1986), 'John Millar, the Legislator and the Mode of Subsistence', *History of European Ideas*, 7: 237–51.

Boyd, R. (2004), *Uncivil Society: The Perils of Pluralism and the Making of Modern Liberalism*, Lanham, MD: Lexington Books.

— (2008), 'Manners and Morals: David Hume on Civility, Commerce and the Social Construction of Difference', in C. Wennerlind and M. Schabas (eds), *David Hume's Political Economy*, London: Routledge, pp. 65–85.

— (2013), 'Adam Smith and Civil Society', in C. Berry, M. Paganelli and C. Smith (eds), *Oxford Handbook of Adam Smith*, Oxford: Oxford University Press, pp. 443–63.

Broadie, A. (2001), *The Scottish Enlightenment*, Edinburgh: Birlinn.

— (2006), 'Sympathy and the Impartial Spectator', in K. Haakonssen (ed.), *The Cambridge Companion to Adam Smith*, Cambridge: Cambridge University Press, pp. 158–88.

Brooke, C. (2012), *Philosophic Pride: Stoicism and Political Thought from Lipsius to Rousseau*, Princeton: Princeton University Press.

Brown, M. (1988), *Adam Smith's Economics*, London: Croom Helm.

Brown, S. (1997), 'William Robertson (1721–93)and the Scottish Enlightenment', in S. Brown (ed.), *William Robertson and the Expansion of Empire*, Cambridge: Cambridge University Press, pp. 7–35.

Brühlmeier, D. (1996), 'Die Geburt der Sozialwissenschaften aus dem Geiste der Moralphilosophie', in D. Brühlmeier, H. Holzhey and V. Mudroch (eds), *Schottische Aufklärung:" A Hotbed of Genius"*, Berlin: Akademie Verlag, pp. 23–38.

Bryson, G. [1945] (1968), *Man and Society – the Scottish Enquiry of the Eighteenth Century*, New York: Kelley reprint.

Buckle, S. (1991), *Natural Law and the Theory of Property: Grotius to Hume*, Oxford: Clarendon Press.

Burtt, S. (1992), *Virtue Transformed: Political Argument in England, 1688–1740*, Cambridge: Cambridge University Press.

Caffentzis, G. (2001), 'Hume, Money and Civilization: Or Why Was Hume a Metallist?', *Hume Studies*, 27: 301–35.

— (2008), 'Fiction or Counterfeit? David Hume's Interpretations of Paper Money and Metallic Money', in C. and M. Schabas (eds), *David Hume's Political Economy*, London: Routledge, pp.146–67.

Calkins, M. and P. Werhane (1998), 'Adam Smith, Aristotle and the Virtues of Commerce', *Journal of Value Inquiry*, 32: 43–60.

Cameron, A. (1995), *Bank of Scotland, 1659–1995*, Edinburgh: Mainstream.

Campbell, N. and R. Smellie (1983), *The Royal Society of Edinburgh (1783–1983)*, Edinburgh: RSE.

Campbell, R. H. (1982), 'The Enlightenment and the Economy', in R. H. Campbell and A. Skinner (eds), *Origins and Nature of the Scottish Enlightenment*, Edinburgh: John Donald, pp. 8–25.

Campbell, T. (1971), *Adam Smith's Science of Morals*, London: G. Allen and Unwin.

Cant, R. (1982), 'Origins of the Enlightenment in Scotland: the Universities', in R. Campbell and A. Skinner (eds), *Origins and Nature of the Scottish Enlightenment*, Edinburgh: John Donald, pp.42–64.

N.Capaldi and D. Livingston (eds) (1990), *Liberty in Hume's 'History of England'*, Dordrecht:Kluwer Academic.

Carey, D. (2006), *Locke, Shaftesbury and Hutcheson: Contesting Diversity in the Enlightenment and Beyond*, Cambridge: Cambridge University Press.

Castiglione, D. (2000), ' "That Noble Disquiet" : Meanings of Liberty in the Discourse of the North', in S. Collini, D. Winch and J. Burrow (eds), *Economy, Politics and Society*, Cambridge:Cambridge University Press, pp. 48–69.

Chamley, P. (1975), 'The Conflict between Montesquieu and Hume', in A. Skinner and T. Wilson (eds), *Essays on Adam Smith*, Oxford: Clarendon Press, pp. 274–305.

Charles, L. (2008), 'French "New Politics" and the Dissemination of David Hume's Political Discourses on the Continent', in C. Wennerlind and M. Schabas (eds), *David Hume's Political Economy*, London: Routledge, pp. 81–202.

Chitnis, A. (1976), The Scottish Enlightenment: A Social History, London: Croom Helm.

Clark, I. (1970), 'From Protest to Reaction: The Moderate Regime in the Church of Scotland 1752–1805', in N. Phillipson and R. Mitchison (eds), *Scotland in the Age of Improvement*, Edinburgh: Edinburgh University Press, pp. 200–24.

Coats, A. (1958), 'Changing Attitudes to Labour in the Mid-Eighteenth Century', *Economic History Review*, 11: 35–51.

— (1992), 'Economic Thought and Poor Law Policy in the Eighteenth Century', in *On the History of Economic Thought*, vol. 1, London: Routledge, pp. 85–100.

Cohon, R. (2008), *Hume's Morality: Feeling and Fabrication*, Oxford: Oxford University Press.

Collingwood, R. (1946), *The Idea of History*, Oxford: Clarendon Press.

Cropsey, J. [1957] (2001), *Polity and Economy. With Further Thoughts on the Principles of Adam Smith*, South Bend: St Augustine's Press.

Cunningham, A. (2005), 'David Hume's Account of Luxury', *Journal of the History of Economic Thought*, 27: 231–50.

Danford, J. (1980), 'Adam Smith, Equality and the Wealth of Nations', *American Political Science Review*, 24: 674–95.

— (1990), *David Hume and the Problem of Reason*, New Haven, CT: Yale University Press.

Daston (1988), *Classical Probability in the Enlightenment*, Princeton: Princeton University Press.

Davie, G. (1981), *The Scottish Enlightenment*, pamphlet no. 99, London: Historical Association.

Davis, D. (1966), *The Problem of Slavery in Western Culture*, Ithaca, NY: Cornell University Press.

de Marchi, N. (1999), 'Adam Smith's Accommodation of "Altogether Endless" Desires', in M. Berg and H. Clifford (eds), *Consumers and Luxury*, Manchester: Manchester University Press, pp. 18–36.

Devine, T. (1985), 'The Union of 1707 and Scottish Development', *Scottish Economic and Social History*, 5: 23–40.

— (1990), *The Tobacco Lords: A Study of the Tobacco Merchants of Glasgow*, Edinburgh: Edinburgh University Press.

Dickey, L. (1986), 'Historicizing the "Adam Smith Problem": Conceptual, Historiographical and Textual Issues', *Journal of Modern History*, 58: 579–609.

Dickson, P. (1967), *The Financial Revolution in England*, London: Macmillan.

Donovan, A. (1982), 'William Cullen and the Research Tradition of Eighteenth-Century Scottish Chemistry', in R. Campbell and A. Skinner (eds), *Origins and Nature of the*

Scottish Enlightenment, Edinburgh: John Donald, pp. 98–114.

Duke, M. (1979), 'David Hume and Monetary Adjustment', *History of Political Economy*, 11: 572–87.

Durie, A. (1979), *The Scottish Linen Industry in the Eighteenth Century*, Edinburgh: John Donald.

— (2010), 'Movement, Transport and Travel', in E. Foyster and C. Whatley (eds), *A History of Everyday Life in Scotland, 1600–1800*, Edinburgh: Edinburgh University Press, pp. 252–72.

Dwyer, J. (1987), *Virtuous Discourse: Sensibility and Community in Late Eighteenth-Century Scotland*, Edinburgh: John Donald.

Dwyer, J. and A. Murdoch (1983), 'Paradigms and Politics: Manners, Morals and the Rise of Henry Dundas', in J. Dwyer, R. Mason and A. Murdoch (eds), *New Perspectives on the Politics and Culture of Early Modern Scotland*, Edinburgh: John Donald, pp. 210–48.

Ehrenberg, J. (1999), *Civil Society: The Critical History of an Idea*, New York: New York University Press.

Elton, M. (2008), 'Moral Sense and Natural Reason', *The Review of Metaphysics*, 62: 79–110.

Emerson, R. (1973), 'The Social Composition of Enlightened Scotland: The Select Society of Edinburgh 1754–64, *Studies in Voltaire*, 114: 291–329.

— (1984), 'Conjectural History and the Scottish Philosophers', *Historical Papers of the Canadian Historical Association*, 63–90.

— (1986), 'Science and the Origins and Concerns of the Scottish Enlightenment', *History of Science*, 26: 333–66.

— (1989), 'The Religious, the Secular and the Worldly: Scotland 1680–1800', in J. Crimmins (ed.), *Religion, Secularization and Political Thought*, London: Routledge, pp. 68–89.

— (1992), *Professors and Patronage: The Aberdeen Universities in the Eighteenth Century*, Aberdeen: Aberdeen University Press.

— (1995a), 'Did the Scottish Enlightenment Emerge in an English Cultural Province?', *Lumen*, 15: 1–22.

— (1995b), 'Politics and the Glasgow Professors, 1690–1800', in A. Hook and R. Sher (eds), *The Glasgow Enlightenment*, East Linton: Tuckwell Press, pp. 1–39.

— (1998), 'Lord Bute and the Scottish Universities, 1760–92', in K. Schweizer (ed.), Lord Bute: *Essays in Re-Interpretation*, Leicester: Leicester University Press, pp. 147–79.

— (2008a), 'The Scottish Contexts for David Hume's Political-Economic Thinking', in C. Wennerlind and M. Schabas (eds), *David Hume's Political Economy*, London: Routledge, pp. 10–30.

— (2008b), *Academic Patronage in the Scottish Enlightenment: Glasgow, Edinburgh and StAndrews Universities*, Edinburgh: Edinburgh University Press.

— (2009), *Essays on David Hume, Medical Men and the Scottish Enlightenment*, Farnham: Ashgate.

Evans-Pritchard, E. (1981), *A History of Anthropological Thought*, London: Faber and Faber.

Evensky, J. (2005), *Adam Smith's Moral Philosophy*, Cambridge: Cambridge University Press.

Fauré, M. (1997), 'John Millar ou la culture politique d'un homme des Lumières', in *L'Écosse des Lumières: Le XVIII siècle autrement*, Grenoble: Université de Stendhal, pp. 209–29.

Ferguson, J. (1958), *Moral Values in the Ancient World*, London: Methuen.

Filonowicz, J. (2008), *Fellow-Feeling and the Moral Life*, Cambridge: Cambridge University Press.

Finlay, C. (2006), 'Rhetoric and Citizenship in Adam Ferguson's Essay on the History of Civil Society ', *History of Political Thought*, 27: 29–49.

— (2007), *Hume's Social Philosophy*, London: Continuum.

Fiori, S. and E. Pesciarelli, E. (1999), 'Adam Smith on the Relations of Subordination, Personal Incentives and the Division of Labour', *Scottish Journal of Political Economy*, 46: 91–106.

Fitzgibbon, A. (1995), *Adam Smith's System of Liberty*, Oxford: Clarendon Press.

Fleischacker, S. (1999), *A Third Concept of Liberty: Judgment and Freedom in Kant and Adam Smith*, Princeton: Princeton University Press.

— (2004), *On Adam Smith's Wealth of Nations: A Philosophical Companion*, Princeton: Princeton University Press.

— (2013), 'Smith on Equality', in C., M. Paganelli and C. Smith (eds), *Oxford Handbook of Adam Smith*, Oxford: Oxford University Press, pp. 486–500.

Foley, V. (1976), *The Social Physics of Adam Smith*, West Lafayette, IN: Purdue University Press.

Forbes, D. (1954), 'Scientific Whiggism: Adam Smith and John Millar', *Cambridge Journal*, 7:643–70.

— (1967), 'Adam Ferguson and the Idea of Community', in J. Young (ed.), *Edinburgh in the Age of Reason*, Edinburgh: Edinburgh University Press, pp. 40–7.

— (1975a), *Hume's Philosophical Politics*, Cambridge: Cambridge University Press.

— (1975b), 'Sceptical Whiggism, Commerce and Liberty', in A. Skinner and T. Wilson (eds), *Essays on Adam Smith*, Oxford: Clarendon Press, pp. 179–201.

— (1977), 'Hume's Science of Polities', in G. Morice, *David Hume: Bicentenary Papers*, Edinburgh: Edinburgh University Press, pp. 39–50.

— (1982), 'Natural Law and the Scottish Enlightenment', in R. Campbell and A. Skinner (eds), *Origins and Nature of the Scottish Enlightenment*, Edinburgh: John Donald, pp. 186–204.

Force, P. (2003), *Self-Interest before Adam Smith*, Cambridge: Cambridge University Press.

Forman-Barzilai, F. (2010), *Adam Smith and the Circles of Sympathy*, Cambridge: Cambridge University Press.

Foyster, E. and C. Whatley (2010), *A History of Everyday Life in Scotland, 1600 –1800*, Edinburgh: Edinburgh University Press.

Francesconi, D. (1999), 'William Robertson on Historical Causation and Unintended Consequences', *Cromohs*: 1–18.

Frankel, C. (1948), *The Faith of Reason*, New York: Octagon Books.

Frazer, M. (2010), *The Enlightenment of Sympathy*, Oxford: Oxford University Press.

Fricke, C. (2013), 'Adam Smith: The Sympathetic Process and the Origin and Function of Conscience', in C. Berry, M. Paganelli and C. Smith (eds), *Oxford Handbook of Adam Smith*, Oxford: Oxford University Press, pp. 177–200.

Furniss, E. (1920), *The Position of the Laborer in a System of Nationalism*, Boston: Houghton Mifflin.

Gatch, L. (1996), 'To Redeem Metal with Paper: David Hume's Philosophy of Money', *Hume Studies*, 22: 169–91.

Gaukroger, S. (2001), *Francis Bacon and the Transformation of Early-Modern Philosophy*, Cambridge: Cambridge University Press.

Gay, P. (1967), *The Enlightenment: The Rise of Modern Paganism*, London: Weidenfeld and Nicolson.

Geertz, C. (1975), *The Interpretation of Cultures*, London: Hutchinson.

Giarrizzo, G. (1962), *David Hume: Politico e Storico*, Turin: Einaudi.

Goldsmith, M. (1994), 'Liberty, Virtue and the Rule of Law, 1689–1770', in D. Wootton (ed.), *Republicanism, Liberty and Commercial Society 1649–1776*, Stanford: Stanford University Press, pp. 197–232.

Golinski, J. (1988), 'Utility and Audience in Eighteenth-Century Chemistry: Case Studies of William Cullen and Joseph Priestley', *British Journal for the History of Science*, 21:

1-31.

Gordon, D. (1994), *Citizens without Sovereignty: Equality and Sociability in French Thought1670 -1789*, Princeton: Princeton University Press.

Griffin, M. (1976), Seneca: A Philosopher in Politics, Oxford: Clarendon Press.

Griswold, C. (1999), *Adam Smith and the Virtues of Enlightenment*, Cambridge: Cambridge University Press.

— (2010), 'Smith and Rousseau in Dialogue', *Adam Smith Review*, 8: 59–84.

Groenewegen, P. (1977), 'Adam Smith and the Division of Labour', *Australian Economic Papers*, 16: 161–74.

Guena, M. (2002), 'Republicanism and Commercial Society in the Scottish Enlightenment: The Case of Adam Ferguson', in M. van Gelderen and Q. Skinner (eds), Republicanism: *A Shared European Heritage*, Cambridge: Cambridge University Press, vol. 2, pp. 177–95.

Guthrie, D. (1950), 'William Cullen and his Times', in A. Kent (ed.), *An Eighteenth-Century Lectureship in Chemistry*, Glasgow: Jackson, pp. 49–65.

Haakonssen, K. (1981), *The Science of a Legislator*, Cambridge: Cambridge University Press.

— (1996), *Natural Law and Moral Philosophy: From Grotius to the Scottish Enlightenment*, Cambridge: Cambridge University Press.

Hamowy, R. (1987), *The Scottish Enlightenment and the Theory of Spontaneous Order*, Carbondale: Southern Illinois University Press.

Hanley, R. (2007), 'Adam Smith, Aristotle and Virtue Ethics', in E. Schliesser and L. Montes (eds), *New Voices on Smith*, London: Routledge, pp. 17–39.

— (2008a), 'Enlightened Nation Building: The "Science of the Legislator" in Adam Smith and Rousseau', *American Journal of Political Science*, 52: 219–34.

— (2008b), 'Commerce and Corruption: Rousseau's Diagnosis and Adam Smith's Cure', *European Journal of Political Theory*, 7: 137–58.

— (2009a), *Adam Smith and the Character of Virtue*, Cambridge: Cambridge University Press.

— (2009b), '*Social Science and Human Flourishing*', *Journal of Scottish Philosophy*, 7: 29–46.

— (2013), 'Smith and Virtue', in C. Berry, M. Paganelli and C. Smith (eds), *Oxford Handbook of Adam Smith,* Oxford: Oxford University Press, pp. 219–40.

Hardin, R. (2007), *Hume's Moral and Political Theory*, Oxford: Oxford University Press.

Hargraves, N. (2002), 'The "Progress of Ambition": Character, Narrative and Philosophy in the Works of William Robertson', *Journal of the History of Ideas*, 63:

261–82.

Harkin, M. (2002), 'Natives and Nostalgia: The Problem of the "North American Savage" in Adam Smith's Historiography', *Scottish Studies Review*, 3: 21–32.

Harpham, E. (1984), 'Liberalism, Civic Humanism and the Case of Adam Smith', *American Political Science Review*, 78: 764–74.

Harris, J. (2010), 'Hume on the Moral Obligation to Justice', *Hume Studies*, 36: 25–50.

Harrison, J. (1981), *Hume's Theory of Justice*, Oxford: Clarendon Press.

Harte, N. (1976), 'State Control of Dress and Social Change in Pre-Industrial England', in D. C. Coleman and A. H. John (eds), *Trade, Government and Economy in Pre-Industrial England*, London: Weidenfeld and Nicolson, pp. 132–65.

Hayek, F. [1960] (1972), *The Constitution of Liberty*, Chicago: Gateway.

Heath, E. (2013), 'Adam Smith and Self-Interest', in C. Berry, M. Paganelli and C. Smith (eds), *Oxford Handbook of Adam Smith*, Oxford: Oxford University Press, pp. 241–64.

Heller, H. (2011), *The Birth of Capitalism: A Twenty-First Century Perspective*, London: Pluto Press.

Henderson, W. and W. Samuels (2004), 'The Etiology of Adam Smith on Division of Labor:Alternative Accounts and Smith's Methodology Applied to Them', in W. Henderson, K. Johnson, M. Johnson and W. Samuels (eds), *Essays in the History of Economics*, London: Routledge, pp. 8–85.

Herr, R. (1958), *The Eighteenth-Century Revolution in Spain*, Princeton: Princeton University Press.

Hill, C. (1968), *Puritanism and Revolution*, London: Panther Books.

Hill, L. (1999), 'Hume, Smith and Ferguson: Friendship in Commercial Society', *Critical Review of International Social and Political Philosophy*, 2: 33–49.

— (2006), *The Passionate Society: The Social, Political and Moral Thought of Adam Ferguson*, Dordrecht: Springer Press.

— (2007), 'Adam Smith, Adam Ferguson and Karl Marx on the Division of Labour :', *Journal of Classical Sociology*, 7: 339–66.

Himmelfarb, G. (1984), *The Idea of Poverty: England in the Early Industrial Age*, London: Faber and Faber.

Hirschman, A. (1977), *The Passions and the Interests*, Princeton: Princeton University Press.

Hobsbawm, E. (1980), 'Scottish Reformers of the Eighteenth Century and Capitalist Agriculture', in *Peasants in History*, Calcutta: Oxford University Press, pp. 3–29.

Hollander, S. (1973), *The Economics of Adam Smith*, Toronto: University of Toronto Press.

Hont, I. (2005), *Jealousy of Trade: International Competition and the Nation-State in Historical Perspective*, Cambridge, MA: Belknap Press.

— (2006), 'The Early Enlightenment Debate on Commerce and Luxury', in M. Goldie and R. Wokler (eds), *The Cambridge History of Eighteenth-Century Political Thought*, Cambridge: Cambridge University Press, pp. 379–418.

— (2009), 'Adam Smith's History of Law and Government as Political Theory', in R. Burke and R. Geuss (eds), *Political Judgement*, Cambridge: Cambridge University Press, pp. 131–71.

Hont, I and M. Ignatieff (1983), 'Needs and Justice in the Wealth of Nations', in I. Hont and M. Ignatieff (eds), *Wealth and Virtue*, Cambridge: Cambridge University Press, pp. 1–44.

Höpfl, H. (1978), 'From Savage to Scotsman: Conjectural History in the Scottish Enlightenment', *Journal of British Studies*, 7: 20–40.

Hoppit, J. (1990), 'Attitudes to Credit in Britain, 1680–1790', *The Historical Journal*, 33: 305–22.

Horne, T. (1990), *Property Rights and Society: Political Argument in Britain 1605–1834*, Chapel Hill: University of North Carolina Press.

Hundert, E. (1994), *The Enlightenment's Fable: Bernard Mandeville and the Discovery of Society*, Cambridge: Cambridge University Press.

Hunt, A. (1996), *Governance of the Consuming Passions*, London: Macmillan.

Hunter, M. (1992), 'Aikenhead the Atheist: The Context and Consequences of Articulate Irreligion in the Late Seventeenth Century', in M. Hunter and D. Wootton (eds), *Atheism from the Reformation to the Enlightenment*, Oxford: Clarendon Press, pp. 221–54.

Hutchinson, T. (1988), *Before Adam Smith: The Emergence of Political Economy 1662–1776*, Oxford: Blackwell.

Ignatieff, M. (1983), 'John Millar and Individualism', in I. Hont and M. Ignatieff (eds), *Wealth and Virtue*, Cambridge: Cambridge University Press, pp. 317–43.

— (1984), *The Needs of Strangers*, London: Chatto and Windus.

Immerwahr, J. (1992), 'Hume's Revised Racism', *Journal of the History of Ideas*, 53: 481–86.

Inwood, B. (1985), *Ethics and Human Action in Early Stoicism*, Oxford: Clarendon Press.

Ito, S. (2011), 'The Making of Institutional Credit in England, 1600 to 1688', *The European Journal of the History of Economic Thought*, 18: 487–519.

Jack, M. (1989), *Corruption and Progress: The Eighteenth-Century Debate*, New York: AMS Press.

Jardine, L. (1974), *Francis Bacon: Discovery and the Art of Discourse*, Cambridge: Cambridge University Press.

Johnson, E. (1937), *Predecessors of Adam Smith*, London: P. King.

Kelly, D. (2011), *The Propriety of Liberty*, Princeton: Princeton University Press.

Kennedy, G. (2005), *Adam Smith's Lost Legacy*, Basingstoke: Palgrave.

— (2011), 'Adam Smith and the Role of the Metaphor of an Invisible Hand', *Journal of the History of Economic Thought*, 33: 385−402.

— (2013), 'Adam Smith and Religion', in C. Berry, M. Paganelli and C. Smith (eds), *Oxford Handbook of Adam Smith*, Oxford: Oxford University Press, pp. 464−84.

Kennedy, T. (1995), 'William Leechman, Pulpit Eloquence and the Glasgow Enlightenment', in A. Hook and R. Sher (eds), *The Glasgow Enlightenment*, East Linton: Tuckwell Press, pp. 56−72.

Kent, A. (1950), 'William Cullen's History of Chemistry', in A. Kent (ed.), *An Eighteenth-Century Lectureship in Chemistry*, Glasgow: Jackson, pp. 49−77

Kettler, D. (1965), *Social and Political Thought of Adam Ferguson*, Columbus: Ohio State University Press.

— (1977), 'History and Theory in Ferguson's Essay on the History of Civil Society: A Reconsideration ', *Political Theory*, 5: 437−60.

Kidd, C. (1993), *Subverting Scotland's Past: Scottish Whig Historians and the Creation of an Anglo-British Identity 1689−c. 1800*, Cambridge: Cambridge University Press.

— (2004), 'Subscription, the Scottish Enlightenment and the Moderate Interpretation of History', *Journal of Ecclesiastical History*, 55: 502−19.

Krause, S. (2004), 'Hume and the (False)Luster of Justice', *Political Theory*, 32: 628−55.

Lamb, R. (1973), 'Adam Smith's Concept of Alienation', *Oxford Economic Papers*, 25: 275−85.

Langford, P. (1989), *A Polite and Commercial People: England 1727−1783*, Oxford: Oxford University Press.

Laudan, L. (1970), 'Thomas Reid and the Newtonian Turn in British Methodological Thought', in R. Butts and S. Davis (eds), *The Methodological Heritage of Newton*, Oxford: Oxford University Press, pp. 103−31.

Law, R. (1969), *James Watt and the Separate Condenser*, London: HMSO.

Lehmann, W. (1930), *Adam Ferguson and the Beginnings of Modern Sociology*, New York: Columbia University Press.

— (1971)*Henry Home, Lord Kames and the Scottish Enlightenment*, The Hague: M. Nifhoff.

Lenman, B. (1981), *Integration, Enlightenment and Industrialization: Scotland 1746−*

1832, London: E. Arnold.

Letwin, W. (1964), *The Origins of Scientific Economics*, New York: Doubleday.

Lieberman, D. (1989), The Province of Legislation Determined: *Legal Theory in Eighteenth-Century Britain*, Cambridge: Cambridge University Press.

Lindgren, J. (1973), *The Social Philosophy of Adam Smith*, The Hague: Nijhoff.

Livingston, D. (1984), *Hume's Philosophy of Common Life*, Chicago: University of Chicago Press.

Lough, J. (1971), *The Encyclopédie*, London: Longman.

McArthur, N. (2007), *David Hume's Political Theory: Law, Commerce and the Constitution of Government*, Toronto: University of Toronto Press.

McDowall, G. (1983), 'Commerce, Virtue and Politics: Adam Ferguson's Constitutionalism', *Review of Politics*, 45: 536–52.

McElroy, D. (1969), *Scotland's Age of Improvement*, Pullman: Washington State University Press.

Macfie, A. (1967), *The Individual in Society: Papers on Adam Smith*, London: G. Allen and Unwin.

Macfie, A. and D. Raphael [1976] (1982), *'Introduction' to A. Smith The Moral Sentiments*, Indianapolis: Liberty Press.

MacInnes, A. (1999), 'Scottish Jacobitism: In Search of a Movement', in T. Devine and J. Young (eds), *Eighteenth-Century Scotland: New Perspectives*, East Linton: Tuckwell Press, pp. 70–89.

Mcintosh, J. (1998), *Church and Theology in Enlightenment Scotland: The Popular Party, 1740 –1800*, East Linton: Tuckwell Press.

MacIntyre, A. (1998), *Whose Justice? Which Rationality?*, London: Duckworth.

McKenna, S. (2006), *Adam Smith: The Rhetoric of Propriety*, Albany: SUNY Press.

Mackie, J. (1954), *The University of Glasgow: 1451–1951*, Glasgow: Jackson.

McNally, D. (1988), *Political Economy and the Rise of Capitalism*, Berkeley: University of California Press.

MacRae, D. (1969), 'Adam Ferguson', in T. Raison (ed.), *Founding Fathers of Sociology*, Harmondsworth: Penguin Books, pp. 17–26.

Malcolm, N. (2002), *Aspects of Hobbes*, Oxford: Clarendon Press.

Manuel, F. (1959), *The Eighteenth Century Confronts the Gods*, Cambridge, MA: Harvard University Press.

Marshall, P. and G. Williams (1982), *The Great Map of Mankind*, London: Dent.

Martin, J. (1992), *Francis Bacon, the State and the Reform of Natural Philosophy*, Cambridge: Cambridge University Press.

Medema, S. and W. Samuels (2009), ' "Only Three Duties" : Adam Smith on the Role of Government', in J. Young (ed.), *Elgar Companion to Adam Smith*, Cheltenham: Edward Elgar, pp. 300–14.

Medick, H. (1973), *Naturzustand und Naturgeschichte der bürgerlichen Gesellschaft*, Göttingen:Vandenhoeck and Ruprecht.

Medick, H. and Z. Batscha (1988), *Einleitung: A. Ferguson Versuch über die Geschichte der bürgerlichen Gesellschaft*, Frankfurt-am-Main: Suhrkamp.

Medick, H. and A. Leppert-Fögen (1974), 'Frühe Sozialwissenschaft als Ideologie des kleinens Bürgertums: J. Millar of Glasgow', in H. Wehler (ed.), *Sozialgeschichte Heut*, Göttingen:Vandenhoeck and Ruprecht, pp. 22–48.

Meek, R. (1967), '*The Scottish Contribution to Marxist Sociology*', in Economics and Ideology, London: Chapman and Hall, pp. 34–50.

— (1973), *Introduction to Turgot: On Progress. Sociology and Economics*, ed and trans. R. Meek, Cambridge: Cambridge University Press.

— (1976), *Social Science and the Ignoble Savage*, Cambridge: Cambridge University Press.

Mercer, P. (1972), *Sympathy and Ethics*, Oxford: Clarendon Press.

Miller, E. (1996), 'Sympathetic Exchange: Adam Smith and Punishment', *Ratio Juris*, 9: 182–97.

H.Mizuta (1975), 'Moral Philosophy and Civil Society', in A. Skinner and T. Wilson (eds), *Essays on Adam Smith*, Oxford: Clarendon Press, pp. 114–31.

— (1981), 'Two Adams in the Scottish Enlightenment: Adam Smith and Adam Ferguson on Progress', *Studies in Voltaire*, 191: 812–19.

Mokyr, J. (2009), *The Enlightened Economy: An Economic History of Britain 1700–1850*, New Haven, CT: Yale University Press.

Montes, L. (2004), *Adam Smith in Context*, London: Palgrave Macmillan.

— (2009), 'Adam Smith on the Standing Army versus Militia Issue: Wealth over Virtue', in J. Young (ed.), *The Elgar Companion to Adam Smith*, Cheltenham: Elgar, pp. 315–34.

Moore, J. (1977), 'Hume's Political Science and the Classical Republican Tradition', *Canadian Journal of Political Science*, 10: 809–39.

— (2000), 'Hutcheson's Theodicy', in P. Wood (ed.), *The Scottish Enlightenment: Essays in Re-Interpretation*, Rochester, NY: Rochester University Press, pp. 239–66.

— (2009), 'Montesquieu and the Scottish Enlightenment', in R. Kingston (ed.), *Montesquieu and his Legacy*, Albany: SUNY Press, pp. 179–95.

Moran, C. (2003), 'The Commerce of the Sexes: Gender and the Social Sphere in Scottish

Enlightenment Accounts of Civil Society', in F. Trentman (ed.), *Paradoxes of Civil Society*, revd edn, New York: Berghahn, pp. 61–84.

Mossner, E. (1980), *Life of David Hume*, 2nd edn, Oxford: Clarendon Press.

Muldrew, C. (1998), *The Economy of Obligation: The Culture of Credit and Social Relations in Early Modern England*, Basingstoke: Macmillan.

Muller, J. (1993), *Adam Smith in his Time and Ours*, Princeton: Princeton University Press.

Murdoch, A. (1980), *The People Above: Politics and Administration in Mid-Eighteenth-Century Scotland*, Edinburgh: John Donald.

Murdoch, A. and R. Sher (1988), 'Literary and Learned Culture', in T. Devine and R. Mitchison (eds), *People and Society in Scotland*, vol. 1, Edinburgh: John Donald, pp. 127–42.

Murphy, A. (2009), *The Origins of the English Financial Markets*, Cambridge: Cambridge University Press.

Murphy, J. (1993), *The Moral Economy of Labor*, New Haven, CT: Yale University Press.

Muzzarelli, M. (2009), 'Reconciling the Privilege of a Few with the Common Good: Sumptuary Laws in Medieval and Early Modern Europe', *J. Medieval and Early Modern Studies*, 39: 587–617.

Myers, M. (1983), *The Soul of Economic Man*, Chicago: University of Chicago Press.

Norrie, A. (1989), 'Punishment and Justice in Adam Smith, *Ratio Juris*, 2: 227–39.

Nussbaum, M. (1986), *The Fragility of Goodness*, Cambridge: Cambridge University Press.

Ostrom, E. (1998), 'A Behavioral Approach to the Rational Choice of Collective Action', *American Political Science Review*, 92: 1–22.

Otteson, J. (2002), *Adam Smith's Marketplace of Life*, Cambridge: Cambridge University Press.

Oz-Salzburger, F. (2008), 'Ferguson's Politics of Action', in E. Heath and V. Merolle (eds), *Adam Ferguson: History, Progress and Human Nature*, London: Pickering and Chatto, pp. 147–56, 214–17.

Paganelli, M. (2006), 'Vanity and the Daedalian Wings of Paper Money in Adam Smith', in E. Schliesser and L. Montes (eds), *New Voices on Adam Smith*, London: Routledge, pp. 271–89.

— (2010), 'The Moralizing Role of Distance in Adam Smith', *History of Political Economy*, 42: 425–41.

— (2013), 'Commercial Relations: From Adam Smith to Field Experiments', in C. Berry, M. Paganelli and C. Smith (eds), *Oxford Handbook of Adam Smith*, Oxford: Oxford

University Press, pp. 333−50.

Pascal, R. (1938), 'Property and Society: The Scottish Historical School of the Eighteenth Century', *Modern Quarterly*, 1: 167−79.

Passmore, J. (1971), 'The Malleability of Man in Eighteenth-Century Thought', in E. Wassermann (ed.), *Aspects of the Eighteenth Century*, Baltimore: Johns Hopkins University Press, pp. 21−46.

Perez-Ramos, A. (1996), 'Bacon's Legacy', in M. Peltonen (ed.), *Cambridge Companion to Francis Bacon*, Cambridge: Cambridge University Press, pp. 311−34.

Pesciarelli, E. (1978), 'The Italian Contribution to the Four-Stages Theory', *History of Political Economy*, 10: 597−605.

Phillipson, N. (1973), 'Culture and Society in the Eighteenth-Century Province: The Case of Edinburgh and the Scottish Enlightenment', in L. Stone (ed.), *The University in Society*, vol.1, Princeton: Princeton University Press, pp. 407−48.

— (1976), 'Lawyers, Landowners and the Civic Leadership of Post-Union Scotland', *Juridical Review*, 21: 97−120.

— (1981), 'The Scottish Enlightenment', in R. Porter and M. Teich (eds), *The Enlightenment in National Context*, Cambridge: Cambridge University Press, pp. 19−40.

— (1987), 'Politics, Politeness and the Anglicisation of Early Eighteenth-Century Scottish Culture', in R. Mason (ed.), *Scotland and England 1286−1815*, Edinburgh: John Donald, pp. 226−46.

— (1997), 'Providence and Progress: An Introduction to the Historical Thought of William Robertson', in S. Brown (ed.), *William Robertson and the Expansion of Empire*, Cambridge: Cambridge University Press, pp. 55−73.

— (2000), 'Language, Sociability and History: Some Reflections on the Foundations of Adam Smith's Science of Man', in S. Collini, R. Whatmore and B. Young (eds), *Economy, Polity and Society: British Intellectual History 1750−1950*, Cambridge: Cambridge University Press, pp. 70−84.

— (2010), *Adam Smith: An Enlightened Life*, London: Allen Lane.

Pitts, J. (2005), *A Turn to Empire*, Princeton: Princeton University Press.

Pocock, J. (1975), *The Machiavellian Moment*, Princeton: Princeton University Press.

— (1983), 'Cambridge Paradigms and Scottish Philosophers', in I. Hont and M. Ignatieff (eds), *Wealth and Virtue*, Cambridge: Cambridge University Press, pp. 235−52.

— (1985), *Virtue, Commerce and History*, Cambridge: Cambridge University Press.

— (1999), *Barbarism and Religion: Narratives of Civil Government*, Cambridge: Cambridge University Press.

Poovey (1988), *A History of the Modern Fact*, Chicago: University of Chicago Press.

Pulkkinen, O. (2003), *The Labyrinth of Politics: A Conceptual Approach to the Modes of the Political in the Scottish Enlightenment*, Jyväskylä: Jyväskylä Studies in Education, Psychologyand Social Research.

Rae, J. [1895] (1965), *Life of Adam Smith*, J. Viner (ed.), New York: Kelly reprints.

Rahmatian, A. (2006), 'The Property Theory of Lord Kames (Henry Home)', *International Journal of Law in Context*, 2: 177–205.

Ranke, L. (1824), *Geschichte der Romanischen und Germanischen Völker*, Leipzig and Berlin: G.Reimer.

Raphael, D. (2007), *The Impartial Spectator: Adam Smith's Moral Philosophy*, Oxford: Oxford University Press.

Rashid, S. (1986), 'Adam Smith and the Division of Labour: A Historical View, *Scottish Journal of Political Economy*, 33: 292–7.

— (2009), 'Adam Smith and Economic Development', in J. Young (ed.), *The Elgar Companion to Adam Smith*, Cheltenham: Elgar, pp. 211–28.

Rasmussen, D. (2008), *The Problems and Promise of Commercial Society: Adam Smith's Response to Rousseau*, University Park: Pennsylvania State University Press.

— (2013), 'Adam Smith and Rousseau: Enlightenment and Counter-Enlightenment', in C. Berry, M. Paganelli and C. Smith (eds), *Oxford Handbook of Adam Smith*, Oxford: Oxford University Press, pp. 54–76.

Rayner, D. (1982), *Introduction: Sister Peg: A Pamphlet Hitherto Unknown by David Hume*, Cambridge: Cambridge University Press.

— (2008), 'Ferguson's Reflections Previous to the Establishment of a Militia', in E. Heath and V. Merolle (eds), *Adam Ferguson: History, Progress and Human Nature*, London: Pickering and Chatto, pp. 65–72, 196–7.

Rendall, J. (1978), *The Origins of the Scottish Enlightenment 1707–1776*, London: Macmillan.

Riley, P. (1978), *The Union of England and Scotland*, Manchester: Manchester University Press.

Rist, J. (1969), *Stoic Philosophy*, Cambridge: Cambridge University Press.

Roberts, M. (1998), 'The Concept of Luxury in British Political Economy: Adam Smith to Alfred Marshall', *History of Human Sciences*, 11: 23–47.

Robertson, J. (1983), 'The Scottish Enlightenment at the Limits of the Civic Tradition', in I. Hont and M. Ignatieff (eds), *Wealth and Virtue*, Cambridge: Cambridge University Press, pp. 137–78.

— (1985), *The Scottish Enlightenment and the Militia Issue*, Edinburgh: John Donald.

— (1986), 'Scottish Political Economy beyond the Civic Tradition: Government and Economic Development in the Wealth of Nations ', *History of Political Thought*, 4: 451–82.

— (2005), *The Case for the Enlightenment; Scotland and Naples 1680 –1760*, Cambridge: Cambridge University Press.

Robinson, E. (1964), Mathew Boulton and the Art of Parliamentary Lobbying', *Historical Journal*, 7: 209–29.

Robinson, J. (1962), *Economic Philosophy*, London: Watts.

Rockoff, H. (2011), 'Upon Daedalian Wings of Paper Money: Adam Smith and the Crisis of 1772', *Adam Smith Review*, 6: 237–68.

Rosen, F. (2000), 'The Idea of Utility in Adam Smith's "The Theory of Moral Sentiments" ', *History of European Ideas*, 26: 79–103.

Rosenberg, N. (1965), 'Adam Smith on the Division of Labour: Two Views or One?', *Economica*, 32: 127–49.

— (1975), 'Adam Smith on Profits – Paradox Lost and Regained', in A. Skinner and T. Wilson (eds), *Essays on Adam Smith*, Oxford: Clarendon Press, pp. 377–89.

Ross, I. (1972), *Lord Kames and the Scotland of his Day*, Oxford: Clarendon Press.

— (2010), *The Life of Adam Smith*, 2nd edn, Oxford: Oxford University Press.

Rothschild, E. (2002), *Economic Sentiments: Adam Smith, Condorcet and the Enlightenment*, Cambridge, MA: Harvard University Press.

Salber Phillips, M. (2000), *Society and Sentiment: Genres of Historical Writing in Britain 1740–1820*, Princeton: Princeton University Press.

— (2006), '*Introduction*', in John Millar, *An Historical View of the English Government*, Indianapolis: Liberty Press, pp. ix–xix.

Salter, J. (1994), 'Adam Smith on Justice and Distribution in Commercial Societies', *Scottish Journal of Political Economy*, 41: 299–314.

Sampson, R. (1956), *Progress in the Age of Reason*, London: Heinemann.

Schabas, M. (1994), 'Market Contracts in the Age of Hume', in N. de Marchi and M. Morgan (eds), *Higgling: Transactors and their Markets*, Durham, NC: Duke University Press, pp. 117–34.

— (2005), *The Natural Origins of Economics*, Chicago: University of Chicago Press.

— (2008), 'Temporal Dimensions in Hume's Monetary Theory', in C. Wennerlind and M. Schabas (eds), *David Hume's Political Economy*, London: Routledge, pp. 127–45.

Schofield, M. (2007), 'Epictetus on Cynicism', in T. Scaltas and A. Mason (eds), *The Philosophy of Epictetus*, Oxford: Oxford University Press, pp. 71–86.

Schumpeter, J. (1986), *History of Economic Analysis*, London: Allen and Unwin.

Scott, W. [1937] (1965), *Adam Smith as Student and Professor*, New York: Kelley reprints.

—[1900] (1966), *Francis Hutcheson*, New York: Kelley reprints.

Sebastiani, S. (1998), 'Storia Universale e Teoria Stadiale negli "Sketches on the History of Man" di Lord Kames', *Studi Storici*, 39: 113–36.

— (2005), ' "Race" , Women and Progress in the Scottish Enlightenment', in S. Knott and B. Taylor (eds), *Women, Gender and Enlightenment*, Basingstoke: Palgrave, pp. 75–96.

Seki, G. (2003), 'Policy Debate on Economic Developments in Scotland: The 1720s to the 1730s', in T. Sakamoto and H. Tanaka (eds), *The Rise of Political Economy in the Scottish Enlightenment*, London: Routledge, pp. 22–38.

Sen, A. (2011), 'Uses and Abuses of Adam Smith', *History of Political Economy*, 43: 257–71.

Sen, A. and E. Rothschild (2006), 'Adam Smith's Economics', in K. Haakonssen (ed.), *The Cambridge Companion to Adam Smith*, Cambridge: Cambridge University Press, pp. 319–65.

Shackleton, R. (1961), *Montesquieu: A Critical Biography*, Oxford: Oxford University Press.

Shaw, J. (1983), *The Management of Scottish Society 1707–64*, Edinburgh: John Donald.

Sher, R. (1985), *Church and University in the Scottish Enlightenment*, Edinburgh: Edinburgh University Press.

— (1989), 'Adam Ferguson, Adam Smith and the Problem of National Defense', *Journal of Modern History*, 61: 240–68.

— (2006), *The Enlightenment and the Book: Scottish Authors and their Publishers in Eighteenth-Century Britain and America*, Chicago: University of Chicago Press.

Shklar, J. (1969), *Men and Citizens: A Study of Rousseau's Social Theory*, Cambridge: Cambridge University Press.

Shovlin, J. (2006), *The Political Economy of Virtue: Luxury, Patriotism and the Origins of the French Revolution*, Ithaca, NY: Cornell University Press.

Simmel, G. [1907] (1990), *The Philosophy of Money*, D. Frisby (ed.), London: Routledge.

Simon, F. (2013), 'Adam Smith and the Law', in C. Berry, M. Paganelli and C. Smith (eds), *Oxford Handbook of Adam Smith*, Oxford: Oxford University Press, pp. 393–416.

Skinner, A. (1995), 'Adam Smith and the Role of the State: Education as a Public Service', in S. Copley and K. Sutherland (eds), *Adam Smith's Wealth of Nations: New Interdisciplinary Essays*, Manchester: Manchester University Press, pp. 70–96.

— (1996), *A System of Social Science*, Oxford: Clarendon Press.

Skoczylas, A. (2001), *Mr Simson's Knotty Case: Divinity, Politics and Due Process in Early Eighteenth-Century Scotland*, Montreal and Kingston: McGill-Queen's University Press.

Smith, C. (2006), *Adam Smith's Political Philosophy: The Invisible Hand and Spontaneous Order*, London: Routledge.

— (2008), 'Ferguson the Active Genius of Mankind', in E. Heath and V. Merolle (eds), *Adam Ferguson: History, Progress and Human Nature*, London: Pickering and Chatto, pp. 157–70, 217–22.

— (2009), 'The Scottish Enlightenment, Unintended Consequences and the Science of Man', *Scottish Journal of Philosophy*, 7: 9–28.

Smout, C. (1969), *A History of the Scottish People 1560 –1830*, London: Collins.

— (1999), 'The Improvers and the Scottish Environment: Soils, Bogs and Woods', in T. Devine, T. and J. Young (eds), *Eighteenth-Century Scotland: New Perspectives*, East Linton: Tuckwell Press, pp. 210 –24.

— (2012), 'A New Look at the Scottish Improvers', *Scottish Historical Review*, 91: 125–49.

Sombart, W. (1913), *Luxus und Kapitalismus*, Munich: Duncker and Humblot.

Spadafora, D. (1990), *The Idea of Progress in Eighteenth-Century Britain*, New Haven, CT: Yale University Press.

Stalley, R. (2012), 'Adam Smith and the Theory of Punishment', *Journal of Scottish Philosophy*, 10: 69–89.

Starobinski, J. (1993), *Blessings in Disguise; or the Morality of Evil*, trans A. Goldhammer, Cambridge: Polity Press.

Stein, P. (1988), 'The Four Stages Theory of the Development of Societies', in P. Stein, *The Character and Influence of the Roman Civil Law*, London: The Hambledon Press, pp. 395–409.

Stewart, J. (1992), *Opinion and Reform in Hume's Political Philosophy*, Princeton: Princeton University Press.

Suderman, J. (2007), *Orthodoxy and Enlightenment: George Campbell in the Eighteenth Century*, Montreal and Kingston: McGill-Queen's University Press.

Susato, R. (2006), 'Hume's Nuanced Defense of Luxury', *Hume Studies*, 32: 167–86.

Tanaka, H. (2007), 'Beyond the Ambivalent View of Commercial Society: Commerce, Industry and Alienation in the Scottish Enlightenment', *International Journal of Public Affairs*, 3: 32–55.

Tanaka, S. (2003), 'The Main Themes of Moral Philosophy and the Formation of Political Economy in Adam Smith', in T. Sakamoto and H. Tanaka (eds), *The Rise of Political*

Economy in the Scottish Enlightenment, London: Routledge, pp. 134–49.

Teggart, F. (1941), *Theory and Process of History*, Berkeley: University of California Press.

Tegos, S. (2013), 'Adam Smith Theorist of Corruption', in C. Berry, M. Paganelli and C. Smith (eds), *Oxford Handbook of Adam Smith*, Oxford: Oxford University Press, pp. 353–71.

Teichgraeber III, R. (1986), *'Free Trade' and Moral Philosophy*, Durham, NC: Duke University Press.

Thompson, E. (1991a), 'The Moral Economy of the English Crowd in the Eighteenth Century', in *Customs in Common*, London: Merlin Press, pp. 185–258.

— (1991b), 'Moral Economy Revisited', *Customs in Common*, London: Merlin Press, pp. 267–351.

Thomson, J. [1822] (1859), *An Account of the Life and Lectures of William Cullen*, 2 vols, Edinburgh: Blackwood.

Thornhill, C. (2011), *A Sociology of Constitutions and State Legitimacy in Historical-Sociological Perspective*, Cambridge: Cambridge University Press.

Tierney, B. (1959), *Medieval Poor Law*, Berkeley: University of California Press.

Tomkins, A. (2009), 'On Republican Constitutionalism in the Age of Commerce: Reflections from the Scottish Enlightenment', in S. Besson and J. Marti (eds), *Legal Republicanism*, Oxford: Oxford University Press, pp. 317–36.

Tooby J and L. Cosmides (1992), 'The Psychological Foundations of Culture', in J. Barkow, L. Cosmides and J. Tooby (eds), *The Adapted Mind: Evolutionary Psychology and the Generation of Culture*, New York: Oxford University Press, pp. 19–136.

Trevor-Roper, H. (1977), 'The Scottish Enlightenment', *Blackwood's Magazine*, 322: 371–88.

Turco, L. (2003), 'Moral Sense and the Foundations of Morals', in A. Broadie (ed.), *The Cambridge Companion to the Scottish Enlightenment*, Cambridge: Cambridge University Press, pp. 136–56.

Ulman, L. (1990), *The Minutes of the Aberdeen Philosophical Society 1758–1773*, Aberdeen: Aberdeen University Press.

Varty, J. (1997), 'Civic or Commercial? Adam Ferguson's Concept of Civil Society', in R. Fine and S. (eds), *Civil Society: Democratic Perspectives*, London: Frank Cass, pp. 29–48.

Vereker, C. (1967), *Eighteenth-Century Optimism*, Liverpool: Liverpool University Press.

Vickers, D. (1960), *Studies in the Theory of Money*, London: Peter Owen.

— (1975), 'Adam Smith and the Status of the Theory of Money', in A. Skinner and T.

Wilson (eds), *Essays on Adam Smith*, Oxford: Clarendon Press, pp. 482–503.

Viner, J. (1927), 'Adam Smith and Laissez-Faire', *Journal of Political Economy*, 35: 198–232.

Vivenza, G. (2001), *Adam Smith and the Classics*, Oxford: Oxford University Press.

Vlachos, G. (1955), *Essai sur la politique de Hume*, Paris: Institut Français Athènes.

Voges, F. (1986), 'Moderate and Evangelical Thinking in the later Eighteenth Century: Differences and Shared Attitudes', *Scottish Church History Society Records*, 22: 141–57.

Vyverberg, H. (1958), *Historical Pessimism in the French Enlightenment*, Cambridge, MA: Harvard University Press.

Wahnbaeck, T. (2004), *Luxury and Public Happiness: Political Economy in the Italian Enlightenment*, Oxford: Clarendon Press.

Waszek, N. (1984), 'Two Concepts of Morality: A Distinction of Adam Smith's Ethics and its Stoic Origin', *Journal of the History of Ideas*, 45: 591–606.

Webster, C. (1975), *The Great Instauration: Science, Medicine and Reform 1626–1660*, London:Duckworth.

Weinstein, J. (2006), 'Sympathy, Difference and Education: Social Unity in the Work of Adam Smith', *Economics and Philosophy*, 22: 79–111.

Wences Simon, M. (2006), *Sociedad Civil y Virtud Civica en Adam Ferguson*, Madrid: Centro de Estúdios Políticos y Constitucionales.

Wennerlind, C. (2001), 'The Link between David Hume's Treatise of Human Nature and his Fiduciary Theory of Money', *History of Political Economy*, 33:139–60.

— (2002), 'David Hume's Political Philosophy: A Theory of Commercial Modernization', *Hume Studies*, 28: 247–70.

— (2005), 'David Hume's Monetary Theory Revisited', *Journal of Political Economy*, 28: 247–70.

— (2008), 'An Artificial Virtue and the Oil of Commerce: A Synthetic View of Hume's Theory of Money', in C. Wennerlind and M. Schabas (eds), *David Hume's Political Economy*, London: Routledge, pp. 105–26.

— (2011), *Casualties of Credit: The English Financial Revolution 1620–1720*, Cambridge, MA: Harvard University Press.

Werhane, P. (1991), *Adam Smith and his Legacy for Modern Capitalism*, New York: Oxford University Press.

West, E. (1964), 'Adam Smith's Two Views on the Division of Labour', *Economica*, 31: 23–32.

— (1969), 'The Political Economy of Alienation: Karl Marx and Adam Smith', *Oxford*

Economic Papers, 21: 1–23.

— (1975), Adam Smith and Alienation: A Rejoinder', *Oxford Economic Papers*, 27: 295–311.

Whatley, C. (2006), *The Scots and the Union*, Edinburgh: Edinburgh University Press.

Winch, D. (1978), *Adam Smith's Politics*, Cambridge: Cambridge University Press.

— (1983), 'Adam Smith's "Enduring Particular Result"', in I. Hont and M. Ignatieff (eds), *Wealth and Virtue*, Cambridge: Cambridge University Press, pp. 253–69.

— (1988), 'Adam Smith and the Liberal Tradition', in K. Haakonssen (ed.), *Traditions of Liberalism*, St Leonards NSW: Centre for Independent Studies, pp. 83–104.

Withers, C. (2007), *Placing the Enlightenment: Thinking Geographically about the Age of Reason*, Chicago: University of Chicago Press.

Withers, C. and P. Wood (eds) (2002), *Science and Medicine in the Scottish Enlightenment*, East Linton: Tuckwell Press.

Wolin, S. (1960), *Politics and Vision: Continuity and Innovation in Western Political Thought*, Boston: Little, Brown.

Womersley, D. (1986), 'The Historical Writings of William Robertson', *Journal of the History of Ideas*, 47: 497–506.

Wood, P. (2003), 'Science in the Scottish Enlightenment', in A. Broadie (ed.), *The Cambridge Companion to the Scottish Enlightenment*, Cambridge: Cambridge University Press, pp. 94–116.

Wootton, D. (1986), 'Introduction', in *Divine Right and Democracy*, London: Penguin Books, pp.22–86.

Young, James D. (1979), *The Rousing of the Scottish Working Class*, London: Croom Helm.

Young, Jeffrey T. (1997), *Economics as a Moral Science: The Political Economy of Adam Smith*, Cheltenham: Elgar.

— (2005), 'Unintended Order and Intervention: Adam Smith's Theory of the Role of the State', in S. Medema and P. Boettke (eds), *The Role of Government in the History of Economic Thought* (supplement to vol. 37 of History of Political Economy), Durham, NC: Duke University Press, pp. 91–119.

Youngson, A. (1972), *After the Forty-Five: The Economic Impact on the Scottish Highlands*, Edinburgh: Edinburgh University Press.

Zeller, E. (1885), *Socrates and the Socratic Schools*, 3 vols, trans. O. Reichel, London: Longmans Green.

索引[*]

---

cultivation see civilization，开化，参见文明

custom see habit，惯例，参见习惯

D'Alembert, J., J.达朗贝尔, 18, 19, 23, 25

Dalrymple, J., J.达尔林普尔, 30 n, 37, 39, 44, 45, 51, 52, 53, 64 n, 170

Danvila y Villagrassa, B., B.丹维拉.维拉格拉萨, 61 n, 199

Davie, G., G.戴维, 190 n

De Marchi, N., N.德马尔希, 167

debt, public ; see also Hume ; Smith, 公债, 44, 100, 180-2, 184-5 ；同时参见休谟，斯密

Deism, 自然神论, 7, 11, 30 n, 147 n, 148 n, 196, 202

Deleyre, A., A.德雷尔, 86 n

Descartes, R., R.笛卡尔, 19, 25, 60 n, 127

Design, 设计, 138, 195-6

desire, 欲望, 46, 55, 69, 84, 85 n, 86 n, 97, 101, 106, 126, 127-8, 134, 140, 141, 145 n, 150, 151, 152, 159, 161, 163, 166, 181, 186 n, 206

despotism, 专制主义, 27, 28, 114, 115, 155, 157

determinism, 决定论, 72, 93, 94, 97, 139

Diderot, D., D.狄德罗, 86 n, 160, 188 n

division of labour ; see also Ferguson ; Smith, 劳动分工, 23, 181, 194, 208；同时参加弗格森，斯密

Domat, J., J.多玛, 148 n

Dubos, J-B., J-B.杜博斯, 72, 86 n

Dunbar, J., J.邓巴, 16, 34, 37, 44, 50, 54, 63 n, 64 n, 74, 81-2, 87 n, 91, 165, 174, 176, 178, 197, 203

Dundas, H., H.邓达斯, 5, 13

Edinburgh ; see also universities, 爱丁堡, 2, 3, 4, 8, 14, 15, 16, 19, 30 n, 40-1, 60 n, 75, 116, 184；同时参见大学

education ; see also Smith, 教育, 2, 11, 24, 26, 29, 50, 73, 88 n, 203；同时参见斯密

Elibank, Lord, 埃利班克勋爵, 193 n

Elton, M., M.埃尔顿, 147 n

Emerson, R., R.爱默森, 12, 13, 122 n

Empiricism, 经验主义, 25, 34, 146 n, 147 n, 148 n

Encyclopedia, 百科全书, 18, 86 n, 188 n

England, 英格兰, 5, 6, 44, 54, 55, 57, 61 n, 74, 82, 86 n, 95, 113, 116, 159, 162, 181, 188, 201

Enlightenment, the, 启蒙运动, 8, 11, 14, 17-29 ; passim, 各处启蒙运动, 33, 37, 47, 60 n, 61 n, 64 n, 125, 142, 145, 178, 196, 197, 198,

译后记

承蒙启真馆王志毅先生的信任，委托我翻译贝里教授的这本著作。翻译本书所用的一些术语，与译者对苏格兰启蒙思想的理解密切相关。在此，需要对几个术语做一点说明。

亚当·斯密的著作 *The Theory of Moral Sentiments*，在本书中译为《道德情感论》。与此相关的是 Virtue 一词，一直以来都有各种理解，比如"美德"、"德行"、"德性"。根据中文意思，"美德"一般指"美好高尚的品德"，"德行"一般指"道德品德的素质"，"德性"有"品性、品质"之意。在苏格兰启蒙运动中，virtue 一词基本属于中性，因此较少翻译为"美德"，除了几处有明显褒义的语境之外，其他地方多译为"德性"，取"品性"之意。文中出现的 social virtues/intellectual virtues/martial virtues，多采取上述做法。Social virtues，这一词语也出现在斯密的著作中，这里译为"合群之德"，相反的 anti-social 或 a-social，译为"反社会"或"脱离社会"。intellectual virtues 译为"思想之德"，意思是"能够思考的品质"；martial virtues/spirit，译为"勇武之德/精神"，这种品质或精神并非只有军人特有，而是苏格兰启蒙思想家所认为的每个人都应具有的品质。

Conjectural/theoretical/natural history，是苏格兰启蒙思想家在分析社会发展历史时共同使用的方法论，这里译为"推测史"、"理论史"、"自然史"。

Industry，这个词语在 18 世纪中期以前，多理解为"勤勉"、"勤劳",而在经济领域,industry 则理解为"产业",而非后来所理解的"工业",因此本书译为"产业"。

书中还有作者自己独有的一些概念,比如 soft determinism,the "stickiness" of institution,译为"柔性决定论"、制度"黏性",前者意为受习惯、风俗影响的决定论,后者理解为非常缓慢的发展。

本书的翻译得到格拉斯哥大学荣休教授贝里本人以及高级讲师克雷格·史密斯的极大帮助,译者与他们讨论之后确定了一些术语的用法;何啸锋编辑为此书的出版付出了辛勤的劳动,在此一并致谢!自我女儿出生以来,她的绝大部分生活由我母亲照料。没有我的母亲,这项翻译工作不可能进行。我在这里对我的母亲杨玉香女士表示由衷的感谢!

囿于个人学识,错谬之处在所难免,还请读者方家不吝赐教。联系方式为:zzping02@163.com。

张正萍

2016 年 11 月于格拉斯哥

图书在版编目（CIP）数据

苏格兰启蒙运动中的商业社会观念 / （英）克里斯托弗·贝里著；张正萍译 . —杭州：浙江大学出版社，2018. 8
（启蒙运动研究译丛）
书名原文：The Idea of Commercial Society in the Scottish Enlightenment
ISBN 978-7-308-18250-8

I.①苏… II.①克… ②张… III.①商业史—社会史—研究—苏格兰—近代 IV.①F735.619

中国版本图书馆CIP数据核字（2018）第103072号

苏格兰启蒙运动中的商业社会观念
[英]克里斯托弗·贝里 著　张正萍 译

责任编辑	王志毅
文字编辑	何啸锋
责任校对	王　军　牟杨茜
装帧设计	王小阳
出版发行	浙江大学出版社
	（杭州天目山路148号 邮政编码310007）
	（网址：http://www.zjupress.com）
制　作	北京大观世纪文化传媒有限公司
印　刷	北京时捷印刷有限公司
开　本	635mm×965mm　1/16
印　张	18.5
字　数	242千
版印次	2018年8月第1版　2018年8月第1次印刷
书　号	ISBN 978-7-308-18250-8
定　价	65.00元